리더십의 생명은 타이밍이다

리더십의 생명은 타이밍이다

초판 1쇄 인쇄 2011년 4월 1일
초판 2쇄 인쇄 2011년 5월 4일

지은이 김대희
펴낸이 우문식
펴낸곳 도서출판 물푸레

등록번호 제 1072
등록일자 1994년 11월 11일

주소 경기도 안양시 동안구 호계동 950-51 정현빌딩 201호
대표전화 (031) 453-3211
팩시밀리 (031) 458-0097
홈페이지 http://www.mulpure.com

ISBN 978-89-8110-294-4 03320
값 15,000원

■ 책에 관한 문의는 mpr@mulpure.com으로 해주시기 바랍니다.

'조직 순환 사이클'에 따른 4가지 리더십 성공법칙

리더십의 생명은 타이밍이다

김대희 지음

도서출판 물푸레

목 차

제5장 성과 역량 리더십 강화 – 타이밍이 생명이다

제6장 리더십이란 무엇인가? 결론은 타이밍이다!

'범사에 기한이 있고 천하만사가 다 때가 있나니'

전도서 3장 1절

프롤로그

중국의 철학자인 열자는 "때를 얻는 자는 흥하고, 때를 놓치는 자는 망한다."고 했다.

우리의 삶은 늘 살아 움직이는 생명체의 흔적으로서, 변화의 연속으로 채워진다. 그리고 우리는 원하든 원치 않든 항상 변화무쌍한 현실에 직면하며 살아가고 있다. 따라서 이런 변화를 남보다 한발 먼저 예측하여 준비하고 도전하며 때를 놓치지 않고 실행에 옮긴다면 그 결과가 어떻게 나타날지는 두 말할 필요도 없을 것이다.

필자는 우리의 생활 현장에서 무수히 반복되는 여러 가지 변화 중에서 특별히 리더십의 측면에서의 변화를 관찰해 왔다. 변화는 환경에 따라 빠르거나 느리게 다가오기도 하고, 그 미치는 영향이 높거나 낮을 수도 있다. 그러나 어떠한 변화라도 거기에는 분명한 질서가 존재한다. 필자는 그것을 '조직 순환 사이클'이라 부른다.

평범한 삶을 영위하는 사람들은 흔히 '그때 이러저러하기만 했더라면 이러저러했을 것을 그렇게 하지 못했기 때문에…….' 하는 후회를 해 본 적이 있을 것이다. 그것은 어떤 일을 하는 과정에서 아주 소중한 시기를 놓쳐 최선의 결과를 얻지 못했을 때, 그 '시기 놓침'을 후회하고 반성하는 '때늦은' 자각의 메아리이다. 그러나 누구나 인정하듯이 한 번 지나간 시간과 역사는 다시 되돌릴 수 없다.

조직의 흥망성쇠는 리더의 리더십의 역량에 따라 큰 영향을 받는다고 해도 지나친 말이 아니다. 왜냐하면, 리더십의 발휘에 따른 결과의 차이는 비교할 수 없을 정도로 크기 때문이다.

열심히 일한 리더는 결과로 말하는 것이 일반적이다. 그러나 열심히 일했다고 해서 항상 좋은 결과가 나오는 것은 아니다. 필자는 많은 리더들과 현장 경험을 해오면서 두 가지 의문을 갖게 되었다. 어떤 리더는 열심히 최선을 다해 일을 했는데도 좋지 못한 성적표를 받는 반면에 어떤 리더는 그리 열심인 것 같지 않았는데도 좋은 성적표를 받는 상황과, 어떤 리더는 좋은 성적을 냈는데도 조직원들로부터 배척을 당하는 반면 어떤 리더는 그다지 좋지 않은 성적을 냈는데도 조직원들로부터 존경을 받게 되는 불합리해 보이는 현상이 왜 생기는 것일까 하는 의문이 그것이다.

그러다가 최근에 지난 30년간의 조직 관리 경험을 바탕으로 '조직 순환 사이클'이라는 측면으로 리더십을 조명하다가 조직 순환의 각 사이클에 따라 요구되는 일정한 리더십의 역량들이 있음과, 그 역량들이 적절한 타이밍 하에 발휘되느냐 그렇지 않느냐에 따라 조직 운영의 결과는 엄청난 차이를 드러내게 된다는 사실을 깨닫게 되었다.

농부가 작물을 기를 때에는 물、햇볕、바람、온도 등 식물의 생장 조건에 알맞은 환경을 때맞추어 조성해 주어야 하듯이, 어부가 물때를 보아 그물을 내리고 고기를 기다리듯이, 한 사람의 리더가 일정한 조직원들을 대상으로 리더십을 발휘함에 있어서 그 타이밍이 얼마나 중요한가를 알게 된 것이다.

일찍이 리더십을 주제로 하여 쓰인 어떤 서적들 가운데에서도 찾아볼 수 없었던 그 깨달음을 생생한 현장 체험으로 얻을 수 있었던 필자는 마침내 '스토리'를 중심으로 한 글로써 그 내용을 정리해 '위대한 리더'의 꿈을 키워 가는 이 시대의 잠재된 리더들에게 소개하고자 이 책을 쓰게 되었다.

그것을 정리해 나가는 데 있어서, 필자는 다음의 원칙에 충실하고자 했다.

첫째, '조직 순환 사이클'에 주목하였다. 왜냐하면 조직의 현 위치가 순환 사이클 상 어느 시기에 해당하는지를 먼저 인지해야 올바른 리더십을 발휘할 수 있다고 생각했기 때문이다.

둘째, 조직에 관한 각 순환 사이클에 따른 리더십을 어떻게 구분하고 그것을 발휘하기 위해서는 어떻게 해야 할 것인가를 현장 사례 중심으로 제시하였다.

셋째, 단순한 이론보다는 현장에서의 해결 사례를 중시하여 생생한 지침이 될 수 있도록 했다.

제1장에서는 리더십에 대한 기본적인 이해를 돕고자 리더십의 4가

지 패러다임을 정리하였다.

제2장~제5장에서는 개인이나 조직의 순환 사이클에서 적용되는 네 가지 리더십 역량을 다루었다. 특히, 매 상황에서 '조직 순환 사이클'에 따른 가장 적절한 리더십은 무엇인가를 중점적으로 정리하였다.

이미 독자들은 많은 종류의 리더십 이론을 접해 보았을 것으로 안다. 그러나 리더십은 단순히 책 속에 있는 이론만으로써 완성되어지는 것이 아니다. 리더십과 관련된 문제는 항상 현장에서 발생한다. 그리고 그 문제에 대한 답도 항상 현장 속에서 찾아져야 한다. 리더란 바로 그 해답을 찾아내어 문제를 해결해야 하는 사람이기 때문이다.

이제 이 책을 접한 당신이 진정한 리더라면 잘못된 결과를 두고 더 이상 환경을 탓하거나 남을 탓하는 나약한 모습을 보이는 대신, 어떤 때 어떤 리더십 역량을 발휘해야 할 것인지 생각하며 실천하는 새로운 모습을 갖추려고 노력하게 될 것이다. 또한 당신이 행복한 성공을 희망하는 리더라면 지금 바로 자기 자신과 자신의 조직을 들여다보고, 자신에게 필요한 리더십 역량이 무엇인지 대답할 수 있게 될 것이다.

모쪼록 이 책이 현장의 여러 문제를 해결하는 데 도움이 되고 조직의 성과 향상에 밑거름이 되기를 기대한다. 아울러 리더십의 방향 제시와 전략 수립에 일조하는 가운데 명쾌한 리더십 교육의 교재가 되기를 희망하면서 리더들의 힘찬 도약을 기도한다.

제 1 장

리더십의 4가지 패러다임

"모든 사람의 사명은 다른 사람을 섬기는 것이다."

톨스토이

저 같은 문제투성이도 리더가 될 수 있나요?

훈련과 교육만으로 리더가 만들어질 수 있나요?

리더와 매니저는 어떻게 다른 건가요?

왜 리더는 끝없이 성장해야만 하는 거죠?

리더십의 핵심 역량은 무엇입니까?

리더십에서 타이밍이 왜 중요한 건가요?

제1장 오프닝

리더에 대한 이해는 그가 살았던 시대의 패러다임 안에서 이루어져야 한다. 왜냐하면, 어느 한 시대의 리더나 리더십은 그 시대 사람들의 견해나 사고방식 등을 지배하는 이론적 틀이나 개념들을 이끌어 나가야 하기 때문이다.

제1장 '리더십의 4가지 패러다임'은 오늘날의 리더십을 어떤 패러다임으로 바라보고 규정할 것인가를 언급한 장이다. 현장에서 많이 회자되는 내용을 중심으로, 여러 계층의 리더들이 제기한 의문에 대한 답을 모색해 보았다.

우선 리더십의 정의에 대해 언급하였다. 이는 리더십을 이해하는데 중요한 개념이 될 것이다. '리더십이란 개인이나 그룹에 영향을 끼쳐 목표를 달성하는 능력'이라고 정의할 수 있다. 그러고 나서 리더는 타고나는 것인지 만들어지는 것인지, 리더와 매니저는 어떤 점에서 다른지, 리더의 성장은 왜 필요한지를 다루었다.

또한 인간의 본질적 구조를 영(靈)·혼(魂)·육(肉)의 세 부분으로 보고, 이와 같은 인간의 본질적 세 가지 구조가 리더십의 네 가지 역량, 즉 태도 역량, 관계 역량, 비전 역량, 성과 역량들과 어떻게 연결되어 있는지를 규정했다. 태도 역량은 영(靈), 관계 역량은 혼(魂)의 기능 중 감성 기능, 비전 역량은 혼(魂)의 기능 중 이성 기능, 성과 역량은 육(肉)의 기능에 기인한 역량들이라고 보았다. 이처럼 리더십의 제 역량들이 인간의 본질적인 구조와 어떻게 연관되어 있는지를 알아보는 것은 대단히 중요하다. 왜냐하면 그것은 리더십을 개발하고 향상시키기 위해 매우 유용하게 활용될 수 있기 때문이다.

마지막으로는 이런 리더십의 네 가지 핵심 역량이 '조직 순환 사이클'의 어느 타이밍에 발휘되는 것이 효과적인가를 설명했다. 즉 '조직 순환 사이클'의 하강기에는 '태도 역량 리더십', 침체기에는 '관계 역량 리더십', 상승기에는 '비전 역량 리더십', 성숙기에는 '성과 역량 리더십'을 발휘해야 하는 타이밍이라는 것이다.

?! 저 같은 문제투성이도 리더가 될 수 있나요?

'리더십이란 무엇인가?' 하는 문제는 인간의 사회성을 떠나서는 생각할 수가 없다. 혼자만의 세계에서는 리더십의 존재 가치가 없다. 그러나 두 사람 이상이 공통의 생활 영역을 갖는다거나 공동 목표를 지닐 때 리더십은 어떤 양상으로든 존재하게 되고, 그에 따른 영향을 끼치게 된다.

많은 사람들이 리더십의 실체가 무엇인지에 대해 명확한 해답을 지니지 못한 채 살아가고 있고, 이 같은 현상은 스스로 리더의 입지에 있다고 자처하는 사람들에게도 별 차이가 없는 것이 엄연한 현실이다.

사람은 누구나 타인에게 어떤 형태로든 영향을 주고 살아가며, 또한 반대로 누구에게인가 영향을 받으며 살아간다. 그래서 리더십의 궁극적인 실체를 타인의 정신과 행동에 영향을 주는 것이라고 하면, 인간은 넓은 의미에서 볼 때 누구나 리더십을 지닌 리더라 할 수도 있을 것이다.

그러나 우리가 흔히 일컫는 리더십이란 '개인이나 그룹에 영향력을 끼쳐 목표를 달성하는 능력'을 말한다. 대개의 조직은 시간의 흐름에 따라 흥망성쇠를 반복하는 순환 사이클을 지닌다. 그리고 각 사이클의 단계마다 시의적절한 리더십 역량이 발휘될 때 그 조직은 좋은 결과를 얻으며 성장하게 된다. 훌륭한 리더십이 있을 때 어려움을 겪는 단계에서는 빠른 시간 안에 그 어려움에서 벗어나게 되며, 승승장구하는 국면의 단계에서는 그 성장 동력을 장기간 유지함은 물론 가일층 가속도를 낼 수도 있게 된다. 리더십이 발휘되었을 때의 결과와 리더십이 부재일 때의 결과는 때에 따라서 수십 배, 수백 배의 차이가 나기도 한다는 사실을 현장 경험을 쌓은 사람이라면 누구나 알 수 있을 것이다.

그런 점에서 진정한 의미에서의 리더십이란 많은 사람들에게 선한 영향력을 끼쳐 위대한 목표를 이루어 나가는 능력을 뜻하며, 그런 능력을 지닌 사람을 참 리더라고 할 수 있는 것이다. 조직 내의 사람들에게 더 크고 높은 꿈을 갖게 하여 그들로 하여금 더 많이 배우고 더 열심히 활동하고 더 훌륭한 소양을 갖추겠다는 의욕 속에서 실천하도록 이끌어 가는 사람이라면 명실상부한 리더라고 불릴 만하다.

하지만 수많은 변수가 부침하며 얽히고설키는 환경 속에서 수많은 사람들과의 역동적인 관계를 이끌어 위대한 목표를 이루어 나가는 리더로서 인정을 받는다는 것은 결코 쉬운 일이 아니다. 다만 누구든지 리더로서의 비전을 가지고 끊임없이 훈련을 쌓아 간다면 훌륭한 리더로 성장할 수 있다는 점만은 확실하게 말할 수 있다.

박 지점장은 국내에서 손꼽히는 보험 영업 조직 내에서 지점장 5년 차의 중견 리더이다. 그동안 자신이 지닌 리더십에 대해 회의를 해보기는커녕 도리어 누구에게도 뒤지지 않는 실적을 올리며 순탄히 지내 왔기에 스스로도 자신이 꽤 괜찮은 리더라고 자처해 온 편이었다. 주위로부터 인정도 받았다.

그러던 그가 리더십의 효과에 대해 의문을 품기 시작했다. 닭이 먼저인지 달걀이 먼저인지 알 수 없는 것처럼, 그가 이끌던 조직원들 사이에서 걷잡을 수 없는 이완의 조짐이 나타나는가 싶더니 삽시간에 모래 알갱이 흩어지듯 와해되기 시작했다. 그에 따라 영업 실적은 급전직하하여 다시 회복하기 어려운 상태에까지 빠져들고 말았다. 평소 같으면 시간이 지남에 따라 저절로 쑥쑥 올라가는 것 같던 계약 달성 건수그래프가 밑바닥에 주저앉은 모습으로 성장 정지의 답답한 시간을 이어 가고 있었다. 박 지점장으로서는 갑자기 매사가 뒤죽박죽 헝클어진 것 같았고, 그것을 풀 실마리는 어디에서도 보이지 않았던 것이다.

"원장님, 그 동안 저는 조직의 생리를 조금은 알고 있다고 자부하며 지내왔습니다. 그런데 이게 뭡니까? 모든 것이 엉망으로 헝클어진 것 같습니다. 제 자신이 몹시도 형편없는 존재라는 것을 부인하려야 부인할 수 없게 되었지 뭡니까? 그동안 제가 이루어 온 것은 한낱 모래성에 불과했을 뿐입니다."

리더인 그 자신이 극도의 혼란을 겪으며 갈피를 잡을 수 없는 상황에서 국면을 전환시키기 위해 갖은 방법을 다 동원한다고 해보았지만 고작 기존에 사용하던 방법의 테두리를 벗어날 수가 없었다.

자신이 지닌 리더십으로는 한계점에 도달했다는 절박감으로 그룹 내의 교육 책임자인 김 원장을 찾아온 그로서는 재충전의 시간을 가질 만한 여유조차도 없어 보였다. 조직을 운영하는 리더로서 항상 뜻한 대로 잘될 수만은 없다는 평범한 사실을 몸소 겪은 적이 없었던 그는 김 원장 앞에서 비로소 자신이 내리막에 처해 있음을 인정하였다.

"오르막이 있으면 내리막도 있는 법이라는 걸 미처 몰랐던 게 저의 잘못입니다. 지금의 어려움을 견뎌 낼 면역력도 제게는 없고, 그것을 헤쳐 나갈 능력이나 소양도 없으니 그저 속수무책으로 늪 속에 빠져드는 느낌입니다. 이런 것을 절망이라고 하는지는 모르겠지만…… 저는 이번에 처음으로 제 자신의 리더십이 부족하기 짝이 없다는 것을 뼈저리게 깨닫고 있습니다. 하지만 저는 정말로 능력 있는 리더가 되고 싶습니다. 원장님, 저 같은 문제투성이 인간도 리더가 될 수 있나요?"

박 지점장의 어깨가 한껏 움츠러든 것처럼 보이는 것은 그의 말투에서 활기찬 기운을 거의 느낄 수 없기 때문만은 아닌 것 같았다.

사실 어느 누구라도 자신을 진정한 리더라고 내세우기는 어렵다. 그리고 그것은 일면 솔직함의 발로이기도 하다. 스스로의 부족한 점은 그 자신이 가장 잘 알기 때문이다.

다만 중요한 것은 진정한 리더가 되고자 하는 사람은 스스로 리더가 되기 위한 희생과 대가를 지불할 준비가 되어 있느냐고 자문해 볼 필요가 있다. 즉 많은 것을 포기해야 참 리더가 될 수 있기 때문이다.

리더는 어떤 지식을 갖는다고 해서 되는 것이 아니다. 스스로의 훈련을 통해서 완성되는 것이 리더인 것이다.

7 훈련과 교육만으로 리더가 만들어질 수 있나요?

리더십의 시작은 바른 '지식의 습득'에서 시작된다. 바른 지식의 습득과 활용이 리더십의 전제 조건이라는 말이다.

옛날의 어른들은 우스갯소리로 '알아야 면장도 한다.'는 말씀을 곧잘 하시곤 했는데, 그 말은 리더십의 전제 조건이 지식이라는 것을 절묘하게 꿰뚫고 있다. 공자는 '사람 세 명이 모여 있으면 그중에 선생이 있다.'고 했다. 우리는 싫든 좋든, 원하든 원치 않든 인간관계 속에서 피차 선 · 악 간의 영향력들을 주고받으면서 인생을 살아가고 있다. 그렇기 때문에 리더가 되겠다는 의지를 가지고 있다면 누구에게라도 배우려는 자세가 중요하다. 그래서 리더에게는 언제 어디서라도 경청하려는 자세가 필수 덕목이 된다. 조금 성공한 리더들의 가장 취약한 점은 남의 말을 잘 들으려 하지 않고, 자기중심적인 가치관으로 상대방을 가르치려고만 한다는 것이다. 따라서 리더십을 기르기 위해 제일 먼저 시작해야 되는 것은 조직 내의 구성원들이 말하는 내용을 귀담아 듣고, 자신의 업무에 대해 올바르고 전문적인 지식을 갖는 것이라 하겠다.

그렇다면 리더는 타고나는 것인가, 아니면 훈련으로 만들어지는 것인가?

리더는 태어나는 것이 아니라 훈련을 통해서 '성장'하는 것이다. 존 맥스웰(John C. Maxwell)도 '85%의 리더는 훈련으로 만들어지며, 10%는 타고난 리더이며, 5%는 위기감에서 배출된 리더'라고 했다. 하지만 10%의 타고난 리더와 5%의 위기감에서 배출된 리더라도 리더십 훈련을 게을리 한다면 결국 탁월한 리더가 될 수 없다. 우리 주변에서는 누가 봐도 확실한 리더 감인데 그 역할을 감당하지 못하는 사람이 있는가 하면, 리더로서의 자질은 부족해 보이지만 늘 배우고 연마하여 당당한 리더로 그 역량을 발휘하는 사람도 볼 수 있다.

앞서가는 위대한 기업들이 리더십 교육에 막대한 시간과 비용을 투자하는 것만 봐도 리더십 훈련이 조직 운영에 있어서 얼마나 큰 비중을 차지하는지 알 수 있을 것이다. 특히 GE의 전 회장인 잭 웰치가 재임 시 그 바쁜 시간의 30%를 리더들의 교육에 투자하였다는 것은 널리 알려진 사실이다.

통상 리더십을 극대화시키기 위한 훈련은 업무에 대한 전문 지식과 흔히 'Plan-Do-See'로 대변되는 '관리 기술' 능력의 향상에 초점이 맞춰진다. 다시 말해 프로가 될 만한 '지식'의 바탕 위에서 '관리 기술'을 갖추어야 비로소 기본적으로 리더십을 극대화할 수 있는 준비가 되었다고 할 수 있는 것이다.

그 밖에도 리더가 되고자 하는 사람은 자신의 정서와 인격 도야를 위해 스스로 훈련하는 자세를 잃지 말아야 한다. 위대한 리더십은 단편적인 능력에 의해서 발휘되는 것이 아니라 종합적 인격체에서 우러나오는 것이기 때문에 더욱 그러하다. 그런 점에서 다음의 두 가지 요소는 준비된 리더로서 지니고 있어야 할 필수 항목이라고 생각한다.

첫째, 리더가 되기 위해서는 풍요로움이나 가난에 대한 다양한 경험을 갖고 있어야 한다. 리더에게는 모름지기 대단히 멋지고 풍요로운 세상에 대한 안목과 '눈물 젖은 빵'으로 은유되는 고난을 겪고 그것을 극복한 경험이 필요하다. 다시 말하자면 세상을 보는 시야와 세상일에 대처하는 데 있어서 넓은 진폭을 소유한 사람이 훌륭한 리더로 성장할 자질이 있는 것이다. 리더의 훈련은 책상에서 이루어지는 것이 아니다. 우리 삶의 현장에서 수많은 우여곡절을 겪으며 스스로 훈련 받으며 성장해 가는 것이 리더이다.

둘째, 환경에 반응하는 긍정적 자세를 꼽을 수 있다. 비슷한 상황에서도 어떤 이는 웃고 어떤 이는 우는 것을 보게 되는데, 이는 상황을 바라보고 인식하며 그것에 반응하는 자세에 따라 나타나는 차이이다. 상황을 긍정적으로 바라볼 때 목표에 대한 자신감과 소망을 잃지 않게 된다. 그리고 자신감과 소망을 잃지 않은 리더만이 앞으로 나아가 목표에 도달하게 된다.

강 본부장은 자신이 이끄는 조직의 교육 책임자로서 요즘 자신이 주안점을 두고 실행하는 리더십 교육 프로그램에 대해 심각한 회의감을 느끼고 있다. 그는 우선 리더십 훈련의 효과를 기대만큼 얻고 있지 못하다는 생각 때문에 실망하고 있는 것이다.

'될 성싶지 않은 사람들을 훈련시키고 교육한다고 해서 그들이 리더가 될 수 없다는 것은 눈앞의 현실이 증명하고 있지 않은가? 그렇다면 이뤄지지 않을 목표를 향해 머리를 짜내어 교육 프로그램 계획을 세우고 있는 나는 과연 무엇인가?'

적지 않은 비용을 써 가며 교육을 실시했다면 그에 따른 효과가 나타나야 하는데, 조직 내에서 이렇다 할 변화가 생기지 않으니 답답하다는 게 그의 생각이다. 더구나 그룹의 경영 목표는 리더의 육성에 맞춰져 있는 것이 아니라 당연히 실적 향상 위주로 설정되어 있는 편이니, 그가 신속한 교육 효과를 보고 싶어 초조해 하는 것도 무리는 아닐 것이다.

강 본부장은 앞으로의 교육 시기와 방법을 김 원장과 더 논의하기로 하고, 우선 매니저 교육 프로그램부터 재정비하여 교육의 효과를 높이는 방안을 강구하겠다는 결론을 내렸다.

"강 본부장님, 우리는 훈련으로 만들어지는 리더들을 위해 오늘 여기에 있는 것이고, 이 일은 아주 위대한 일이라는 것을 결코 잊어서는 안 됩니다."

김 원장은 강 본부장의 손을 굳게 잡으며 그렇게 말해 주었다.

조직 내에서의 리더십은 곧 인체에서의 머리와 눈 같은 역할을 한다. 리더십이 없다면 생각하는 기능을 발휘할 수 없을 것이고 나아가야 할 방향을 볼 수 없을 것이다. 그래서 리더십이 없는 조직은 이미 살아 있다 할 수 없을 것이다. 그러한 리더십은 효율적인 훈련과 교육으로써 전수된다. 그렇기 때문에 당장의 효과가 눈에 보이지 않는다고 해서 리더들을 육성하는 교육을 포기한다면 미래의 더 큰 성공을 포기하는 결과를 초래할 것이다. 리더십이 없다면 평범한 목표는 이룰지 모르지만, 크고 위대한 목표는 이루기 어렵다.

리더는 훈련을 통해서 성장하며, 훈련된 리더만이 생명력 있는 리더의 역할을 하게 될 것이다.

7 리더와 매니저는 어떻게 다른 건가요?

일반 조직원으로 있다가 매니저로 발탁된 사람은 그 초기에 상당한 의욕을 가지고 업무에 임하게 된다. 하지만 매사가 그렇듯 매니저로서의 일을 처음 시작할 때에는 힘이 들게 마련이다. 매니저가 되기 전과 되고 나서의 업무 환경과 조건들이 달라졌기 때문이다. 아무래도 새로운 업무에 적응하려면 시간과 연습이 필요하게 된다. 마치 운전 면허증을 받고 나서 곧바로 운전을 잘할 수 없는 것과 같은 이치라고나 할까.

업무에 대한 지식과 그동안에 축적된 경험 노하우만 활용하면 성공적인 매니저가 될 수 있다고 믿을 수도 있다. 하지만 막상 조직을 관리하다 보면 더 많이 알고 실천해야 할 것들이 한 두 가지가 아니라는 것을 금세 깨닫게 될 것이다. 예를 들면, 인간관계나 인간의 심리에 대한 이해 능력과 같은 것들이 그에 속할 것이다. 매니저로서의 임무를 원활히 수행하기 위해서는 이런 것들을 잘 연구해서 효과를 극대화할 수 있는 리더십의 방법론 같은 것을 갖추지 않으면 곤란하다.

경영에서는 경제 원칙에 따라 경영의 3요소(3M)인 자본(Money) · 물자(Material) · 사람(Man)을 잘 조합하여 최소의 비용으로 최대의 효과를 내려고 한다. 그러나 그와 같은 경제 원칙보다는 사람을 경영하는 일이 훨씬 더 힘들다. 리더십은 사람을 경영의 한 요소로 취급하는 것이 아니라 무한한 가능성을 가진 창조적인 주체로 보며, 그 가치를 최대화하려는 일련의 행동이다. 그래서 올바른 리더는 사람을 단순한 비용으로 따지지 않고 자산으로 보고 그에 투자를 하는 것이다.

통상 매니저란 직위는 조직에서 부여하는 '완장' 같은 것이지만, 리더는 자신이 부여한 권위이자 자신이 인정하는 가치라고 할 수 있다. 매니저와 리더는 엄연히 다르다. 리더는 Lead('가다, 여행하다, 안내하다'의 의미)하여 일행을 목적지로 인도하는 사람이고, 매니저는 Manage('손'의 의미)하여 일의 처리, 질서 유지, 조직화 등의 관리를 하는 사람이다. 따라서 리더가 매니저와 다른 점이 있다면 스스로 위험을 감수하며 도전하고 협력하여 위대한 목표를 성공시키는 혁신적이고 창의적인 사람이라는 것이다.

매니저라 하여 그들 모두를 리더라 할 수는 없다. 그러나 리더인 매니저만이 매니저로서 성공할 수 있다는 것은 언제라도 확실하다.

신성이 씨는 3년 전에 김 원장의 리더십에 대한 강의를 듣고 반드시 성공하겠다는 약속과 함께 김 원장의 사인을 받아 갔던 직원이다. 금년 초에 매니저로 발령받아 의욕적으로 업무에 임할 시기이건만, 김 원장을 찾아

왔을 때에는 물에 빠진 사람 같은 표정을 짓고 있었다. 그러면서 조직 내에서 매니저로 발탁되며 느꼈던 보람과 기쁨은 순식간에 사라졌다며 지난 시간 동안 매니저로서의 역할을 수행하기 위해 보다 철저히 준비하지 못했다는 뼈저린 후회와 어떻게 자신의 앞길을 헤쳐 나가야 할지 모르는 혼란 속에서 허우적거리고 있을 뿐이라고 자신의 심경을 토로하는 것이었다.

그를 매니저로 추천한 지점장은 지점의 영업 실적이 형편없다는 이유로 그에게 연일 짜증을 부렸고, "그렇게 하려면 집어치우라."는 심한 말까지도 가리지 않는다고 했다.

모멸감과 자괴감에 빠진 신 매니저는 자신이 계속 조직에 몸을 담고 있어야 하는지를 심각하게 생각하는 중이라고 했다.

"신 매니저께서는 이제부터 단순한 매니저로서가 아닌 창의적인 리더로서 새 출발을 한다는 각오를 단단히 가지셔야 합니다."

김 원장은 신성이 매니저에게 다짐을 하듯 말했다.

훌륭한 매니저가 되려면 훌륭한 리더십을 갖추어야 한다. 부단히 리더로서 자신의 가치를 높여 가는 사람만이 어느 날 리더로 우뚝 서 있는 자신의 모습을 발견하게 될 것이다. 리더는 결코 온실에서 길러지지 않는다.

아울러 리더가 저지르는 가장 큰 실수 중의 하나는 팔로워(Follower)를 무시하며 그가 리더로 성장해 가는 것을 가로막는 행위이다. 그런 리더가 이끄는 조직은 큰일을 도모할 수 없다. 성장의 잠재력이랄 수 있는 조직원들의 리더로서의 역량을 키워 주는 리더십이야말로 진정한 리더십의 일면인 것이다.

7 | 왜 리더는 끝없이 성장해야만 하는 거죠?

리더십은 자라나는 나무와 같다. 그래서 리더십을 얘기할 때에는 '성장'이라는 단어를 반복할 수밖에 없다.

리더는 그야말로 끊임없이 성장해야 한다. 그러지 않고서는 올바른 리더로 존재할 수가 없다. 리더가 마주하고 있는 환경은 시간이라는 흐름 속에서 계속 변화하기 때문에, 그에 대응하기 위해서라도 리더는 새로워지고 성장해야 하는 것이다. 우리가 살아가는 현시대의 경제적인 측면만 살펴보더라도 저출산 · 고령화에 따른 생산 연령 인구의 감소와 불규칙한 경기 변동, 잠재 성장률의 변화, 성장 모델의 변동, 양극화 심화, 비정규직 증가, 고용 환경의 악화에 따른 청년들의 좌절 등 정확히 예측하기 힘든 변화 요인들이 넘쳐나고 있다. 이런 환경 속에서 리더가 제자리걸음을 한다면, 그가 이끄는 조직의 활력은 그만큼 떨어지게 된다.

변화에 대한 리더의 탄력적인 대처 능력은 성장을 통해서만 가능하며, 리더의 성장은 그 자신의 치열한 노력에 의해 이루어진다. 만일 리더가 자신의 성장을 위한 치열한 자기 노력을 게을리 한다면 자신의 성장뿐만 아니라 조직의 성장까지 멈추게 하는 법이다.

흔히들 적당한 운동을 통한 체력 관리와 지인 챙기기, 외국어 공부, 월 한 두 권쯤의 독서 정도로 자신의 성장을 위한 노력을 다하고 있다고 생각하는 경우가 많은데, 그것만 가지고는 부족하다. 리더로서 끊임없이 성장해 간다는 것은 시대의 흐름과 더불어 계속 새로운 전인격체로 거듭남을 의미한다. 그것을 어려운 일이라고 생각하기 쉽지만, 쉬운 일이 아니기 때문에 더욱 가치가 있음을 염두에 둘 일이다.

되풀이되는 얘기이지만 어느 정도 수준에 도달해 있는 리더라면 일정한 수준의 노력은 당연히 하고 있다고 본다. 문제는 리더십의 역량이다. 결국은 리더십의 역량이 성과를 결정하게 되기 때문이다. 따라서 리더는 자신의 리더십 역량을 높이기 위한 피나는 노력을 해야 한다. 그리고 리더인 자신이 성장하지 않으면 조직은 결코 성장하지 않는다는 것을 명심해야 한다.

리더의 성장을 위한 한 가지 방법으로는 멘토를 들 수 있다. 그래서 누군가에게 롤 모델로서 벤치마킹의 대상이 될 만한 멘토가 있다는 것은 대단한 행운이 된다. 멘토란 단순히 마음 깊은 곳의 얘기까지도 거리낌 없이 나누고 조언 몇 마디 해주는 정도에서 그치는 대상이 아니다. 멘토란 바라보는 순간 한눈에 자신이 도달해야 할 목표 수준을 이미 구현하고 있어서 그것을 온전히 확인할 수가 있는 대상이다. 물론 그와 같은 멘토를 찾기란 쉽지 않을 수도 있다. 그렇지만

성장하는 리더가 되고 싶다면 그에 합당한 멘토를 찾는 일부터 착수할 것을 권하고 싶다.

신입사원들을 대상으로 하는 김 원장의 'Mission & Vision' 강의가 높은 인기를 끌고 있다는 소문을 들었다며 강 본부장이 찾아왔다.

그는 조직 내의 일원으로서 위로는 사장과, 또 아래로는 부하 직원인 지점장들과의 의사소통에 문제를 느낀다고 토로했다. 상대방과 대화를 하면 문제가 해결돼야 할 텐데, 도리어 일이 더욱 꼬이게 되는 경우가 자주 생긴다는 것이었다.

세상에는 명백한 진리 · 원칙 · 사실 등이 존재한다. 그러나 인간관계에 있어서 항상 그런 것들이 공통적으로 긍정되는 것이 아니라는 점에서 소통의 문제는 발생한다. 뭔가 잘해 보자고 상대방과 대화를 시도했다가 도리어 오해가 커지고 관계가 악화되는 경우도 많다. 아마도 많은 사람들이 그런 경험-마치 혹을 떼려다가 혹을 하나 더 붙이게 되는 것과 같은-을 가지고 있을 것이다. 복잡한 이해관계나 화술의 미숙함 등 그 원인으로는 여러 가지를 들 수 있겠지만, 결국에는 그 모든 것들을 능숙하게 이끌어 갈 수 있는 리더십의 유무에 따라 정반대의 소통 결과가 나타나게 된다고 하겠다.

김 원장은 강 본부장에게 소통 리더십에 대한 평소의 견해를 일러 주고, 리더에게는 왜 성장이 필요한지를 일깨워 주었다. 그리고 그의 성장에 롤 모델이 될 만한 멘토를 찾아볼 것을 권했다.

자주 대화를 해야 할 상대방을 회피하고 싶은 상황은 바로 소통의

부재에서 비롯된다. 소통의 부재는 갈등의 원인이 되어 조직 파괴로 이어지기 쉽다. 진정한 리더는 소통의 부재 상태를 그대로 유지하려 하지 않는다. 문제점에 대한 정확한 분석과 해결책에 대한 합리적인 판단을 가지고 의사소통에 임하되, 열린 마음으로 상대방의 의견에 귀를 기울이며 자신의 견해를 피력함에 있어 진정을 가지고 최선을 다한다.

최근의 리더십 트렌드를 소통 리더십에서 찾게 된 것은 현대 사회가 그만큼 다양성을 지니며, 그에 따라 같은 조직 내의 구성원이라도 그 개성과 가치관 등의 스펙트럼이 여러 갈래로 분화하기 때문이다. 하지만 모든 문제의 해결책은 항상 현장에 있다. 따라서 조직 내의 복잡한 상황을 타개하는 덕목은 바로 소통의 기술인 것이다.

리더십에 있어서 소통 기술의 중요성은 아무리 강조한다고 해도 지나치지 않을 것이다. 요즈음 조직 내에서의 소통 문제는 비단 상하 관계에서만 돌출되는 것이 아니라, 세대 간의 문제로도 대두되고 있다. 그런 점에서 20~30대의 젊은 직원들을 리드하는 '세대별 리더십' 또한 의사소통을 기본으로 하여 리더가 갖추어야 할 시대적인 소양이 되고 있는 것이다.

7 리더십의 핵심 역량은 무엇입니까?

리더십은 명칭만으로 존재하는 것이 아니다. 또 그냥 존재하는 것만으로는 아무런 가치가 없다. 실질적으로 발휘되어 모종의 결과를 창출할 때에만 그 존재 가치가 있는 것이다. 그런 리더십에는 내용적인 역량이 갖추어져 있어야 한다. '역량'이란 글자 그대로 '어떤 일을 해낼 수 있는 힘'을 말한다. 역량이 없는 리더십은 이미 리더십이라고 할 수 없다.

인간의 본질적 구조는 영(靈) · 혼(魂) · 육(肉)의 세 부분으로 되어 있다. 그리고 그 세 부분의 구조와 기능은 리더십의 네 가지 역량과 긴밀한 연관성을 갖고 있다.

첫째, '태도 역량'이다. 이는 영(靈)에 속한 능력에 해당된다. 요즘 리더십과 관련하여 많이 거론되는 '영적 리더십(Spiritual Leadership)'의 개념과 맥을 같이한다고 볼 수 있다. 인간의 양심이나 성품 등과 관련된 역량이다. 이것은 당사자의 가치관이나 윤리성 등으로 발현된다. 따라서 태도 역량은 리더십의 네 가지 역량 중 가장 기본적이고 중요한 핵심 역량이라고 할 수 있다.

둘째, '관계 역량'이다. 이는 혼(魂)에 속한 역량이다. 혼에는 감성(感性)과 지성(知性)의 두 가지 기능이 있는데, 그중 감성 기능에 속한 역량이 관계 역량이다. 요즈음 그 중요성이 눈에 띄게 대두되고 있는 '감성 리더십(Emotional Leadership)'이 바로 리더십의 관계 역량 측면을 강조한 개념이다. 이는 인간관계에 관한 역량으로, 그 핵심을 이루고 있는 것은 의사소통이다.

셋째, '비전 역량'이다. 이는 혼에 속한 두 가지 역량 중 또 다른 하나인 지성 기능에 속한 역량이다. 어떤 리더가 매우 합리적이고 과학적인 리더십을 지니고 있다는 평가를 받게 될 때 주목받는 능력이 바로 비전 역량으로, 그것을 지성과 지식에 기반을 둔 '지혜(智慧)'라는 말로 대체해도 크게 벗어나지는 않을 것이다. 종종 접하게 되는 '비전 리더십(Vision Leadership)'이라는 용어는 '비전 역량'의 중요성을 강조하는 데서 생긴 말이다.

넷째, '성과 역량'이 있다. 보통 '성과 리더십', 또는 '열매 리더십(Fruit Leadership)'이라고 부르는 것의 실체 역량인 성과 역량은 인간의 구조 영역 중 '육(肉)'에 속하는 역량이다. 그것은 시스템에 의한 반복 훈련과 습관 등의 행동 결과로 얻어진다. 만일 누구인가가 일을 열심히 하고서도 그 결과를 잘못 낸다면, 이는 성과 역량의 부족 탓일 때가 많다. 길거나 짧거나, 단순하거나 복잡하거나 하는 과정을 거쳐 최종적인 결과를 도출해 내는 역량이므로 매듭과 마무리를 짓는 능력과도 통한다.

그룹 전체를 총괄하는 사장의 머릿속은 늘 바쁘다. 부문별로 사안을 체크하고 판단하여 결정을 내린 후 그 결과를 또 확인하고 판정하여 새로운 결정을 내리는 일이 연속되기 때문이다. 심신(心身)이 명료한 때에는 의욕이 넘치고 일의 결과도 좋아 신바람이 나지만, 매양 그럴 수만은 없다는 게 현실이기도 하다.

"조직을 추스르기에 문제가 많아 보이는데 어디서부터 손을 대야 할지 도무지 감을 못 잡겠습니다. 이런 상황에서는 어떤 리더십을 발휘해야 하는지 말씀해 주십시오."

사장은 김 원장에게 '이런 때에는 이런 리더십을' 하는 식의 공식을 요구하고 있었다.

"무엇보다 먼저 휘하 직원들의 장점을 잘 보시고 되도록 칭찬을 많이 하십시오. 지금까지도 그렇게 해오셨겠지만, 앞으로는 분명한 의식을 가지고 실천해 보십시오. 나머지 처방은 그 후에 차근차근 시행하시면 될 것입니다."

사장이 직원들의 못마땅한 점에 집착하고 있음을 간파한 김 원장은 리더십의 네 가지 역량에 대한 개략적인 얘기에 덧붙여 우선은 그렇게 일러줄 수밖에 없었다.

세상에 만병통치약 같은 리더십은 없다. 그러나 조직원들에 대한 리더의 칭찬은 리더십에 있어서 약방의 감초와 같은 것이다. 병의 증세에 따라 달리 처방한 약제에 공통적으로 감초가 들어가듯이, 한 조직의 리더라면 리더십의 역량들을 어떻게 개발하고 언제 발휘할 것인지를 생각하기 전에 상대의 장점을 보고 그에 대해 칭찬을 아끼지 말 일이다.

7 리더십에서 타이밍이 왜 중요한 건가요?

개인의 삶에 있어서도 그렇듯이 조직의 흥망성쇠 패턴에는 필연적으로 오르막과 내리막이 점철되며 움직여 가는 흐름이 있게 되는데, 이를 '조직 순환 사이클'이라고 한다. 고점에서의 승기가 한풀 꺾여 내리막으로 향하는 시기는 '하강기', 하강기가 좀 더 진행되어 조직이 가장 낮은 저점의 전후에 처하는 시기는 '침체기', 거기서 반전하여 오름세를 유지하는 시기는 '상승기', 상승기가 더욱 진행되어 조직의 에너지가 최고로 발휘되고 그에 따른 결과 역시 극대화되는 고점은 '성숙기'라고 한다.

'하강기'는 조직이 매너리즘에 빠져서 안주하다가 자연스럽게 위기 상황으로 내림세를 타는 시기의 전기에 해당된다. 조직원들로서는 여기저기에서 바라지 않던 상황들과 맞닥뜨리게 되며 이로 인해 충격을 받게 되는 때이기도 하다. 그러면서 점차적으로 자신감을 잃

'조직 순환 사이클' 별 리더십 역량 그래프표

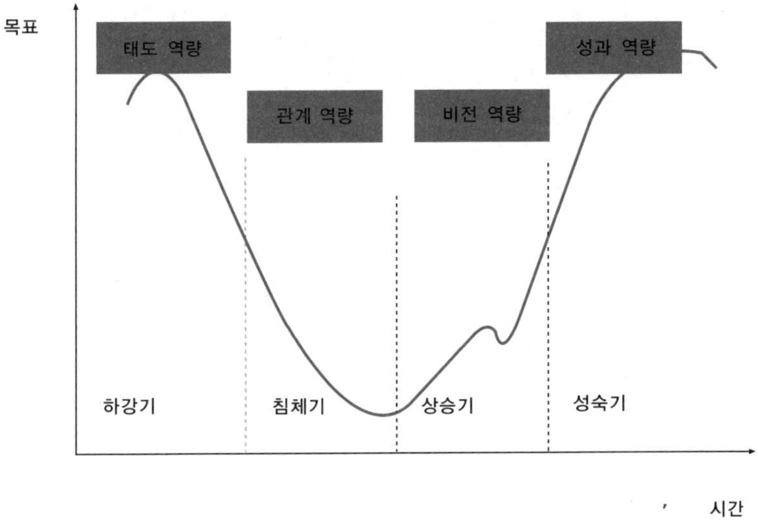

어 가는 동시에 심리적 불안감을 느끼게 되며, 심하면 분노와 책임 전가 등의 상황이 발생하여 조직 자체가 종전에 없었던 혼란을 겪게 된다. 조직원들의 조직 이탈이 시작되는 시기도 이때에 해당된다. 이 시기에는 필연적으로 변화가 요구되며, 리더는 그 변화의 내용과 질 · 방향을 정확히 판단 · 설정하는 리더십을 발휘해야 한다. 그리고 조직원들로 하여금 그 변화에 능동적으로 대처할 수 있도록 변화 관리에 최선을 다해야 한다. 위기는 변화를 요구하는 사전 경고라고 할 수 있기 때문이다.

이 시기는 리더십의 '태도 역량'이 발휘되어야 할 시점이다. 조직원 상호 간에 서로 존중하고 격려하며 칭찬하는 '한솥밥 식구' 정신을 구심점으로 삼아야 한다. 조직의 구성원들을 위해서 그 어느 때보다 '동기부여'가 필요한 시기는 바로 '하강기'이다.

하강기가 지속되다 보면 본격적인 '침체기'에 접어들게 된다. 이 시기에 처한 구성원들은 죄책감에 빠져들어 의기소침해지며, 체념한 상태로 수동적인 자세가 된다. 조직은 악순환의 늪에 빠져 좀처럼 활로를 찾기가 어려워진다.

이러한 '침체기'에는 리더십의 '관계 역량'이 절대적으로 필요하다. 믿음과 신뢰를 바탕으로 형성된 인간관계를 통해 재건이 태동되는 중요한 때이기 때문이다. 다시 한 번 도약할 수 있는 발판을 만들게 되는 때이므로 리더는 '관계 역량'을 발휘해 조직의 결집력을 고조시킴으로써 활력을 되찾는 일에 치중해야 한다. 재도약을 위한 새로운 게임 룰이 생성되고 생산적인 패러다임이 등장하기까지 어두운 터널 속을 지나가는 것 같은 시기가 바로 '침체기'이다.

'침체기'를 벗어난 조직은 점차 '상승기'를 맞게 된다. '조직 순환 사이클'이라는 도로에서는 '침체기'라는 터널을 벗어나면 어느덧 오르막 길 운전을 하게 되는 것이다. 조직이 뭔가 새로운 목표를 향해 착수를 하거나, 혁신을 시도하는 때가 '상승기'에 해당한다. 이때 대부분 조직원들의 사기는 높아지게 되며 조직의 비전을 공유하는 가운데 무엇인가를 이루어낼 수 있다는 확신을 갖게 된다.

그래서 이 시기에는 '비전 역량'이 필요하다. 리더는 조직원들에게 지속 가능한 성장 모델로서 실감나는 비전을 제시하여 목표 달성으로 얻게 되는 성공 경험을 미리 공유할 수 있도록 해야 한다. 위대한 성공을 지향하는 효과적인 연출(Directing)이 향후 성공의 높이를 결정짓게 되며, 그 연출 능력으로서의 '비전 역량'을 발휘해야 하는 때가 바로 '상승기'이다.

'상승기'가 그 상승 동력을 잃지 않고 지속될 때 이르는 최고점의 전후 시기가 '성숙기' 에 해당된다. 이 시기에 돌입하게 되면 조직 내에서는 광범위한 성공이 감지되며, 그 성공을 극대화하기 위한 성공 문화가 시스템적으로 자리를 잡는다. 많은 조직원들이 성공을 경험하기 때문에 자연스럽게 시너지 효과가 발휘되기도 한다. 통상 일할 맛 나는 시기란 이 시기를 두고 하는 말이다. 이때 조직 내에서는 좋은 분위기가 형성되고, 구성원들의 조직에 대한 충성도도 매우 높아진다.

모든 조직 활동의 목표가 달성되는 시기에 '성숙기'가 도래하며, 그 시기를 맞이한 리더는 '성과 역량'을 발휘하여 조직의 올바른 성공 문화가 정착되도록 힘써야 한다. 성공의 극대화 · 장기화를 목적으로 하여 하나의 성공은 또 다른 성공을 위한 밑바탕이 된다는 사실을 중시하고, '하강기'로의 진입을 막기 위한 노력도 병행해야 하는 시기가 바로 '성숙기'이다.

"그렇다면 그 타이밍을 잘 분별하여, 구성원들보다 한발 앞서 '리더십의 역량'들을 발휘해야 되겠군요. 반대로 적절한 타이밍을 놓친다면 문제를 악화시킬 수도 있다는 말이 되겠지요?"

김 원장을 다시 찾아온 사장이 안경 너머로 눈빛을 빛내며 말했다.

"예, 그렇습니다. 따라서 리더들은 조직과 구성원들의 흐름을 잘 파악하면서 때에 맞는 리더십을 발휘해야 합니다. 항상 직원들과 많은 대화를 나누며 상태를 파악하고, 정보를 수집하는 등 현장의 사소한 변화도 놓쳐서는 안 됩니다. 이 점을 명심해야 합니다."

김 원장의 음성은 언제나처럼 확신에 차 있었다.

"그런데 리더십을 발휘하는 데 있어서 타이밍이 중요한 까닭은 무엇입니까?"

그렇게 묻는 사장의 표정은 마치 모르는 것은 끝까지 파고들어서라도 알고 싶어 하는 학생의 그것과도 같았다.

"이해를 돕기 위해 음식을 조리하는 과정을 들어 말씀드리겠습니다. 보통 하나의 요리를 만드는 데에는 여러 가지 재료가 들어가게 됩니다. 그러나 요리를 할 때 그 재료를 처음부터 모두 한데 섞어서 조리를 하는 경우는 매우 드물지 않습니까? 주재료는 언제 어떤 방법으로 얼마큼 가열해야 하는지, 보조 재료인 양념들은 각각 조리의 과정 중 어느 때에 얼마큼 넣어야 하는지가 요리마다 다 다릅니다. 만일 그 음식 재료들을 때에 맞추어 사용하지 않으면 결국 그 요리를 망치게 됩니다. 리더십도 그와 마찬가지입니다. 리더십에 필요한 모든 역량을 다 갖추고 있다고 해서 리더가 완성되는 것이 아닙니다. 그 역량들을 언제 어떻게 끄집어내 발휘하느냐에 따라 진정한 리더십은 성공을 거두기도 하고 실패에 봉착하기도 하는 것입니다. 그래서 리더십의 역량을 발휘하는 데에는 타이밍이란 것이 중요한 겁니다."

사장은 김 원장의 말을 들으며 리더십에 관한 몇몇 주안점 가운데 '타이밍'이란 것이 가장 중요한 키워드가 되겠다는 생각을 했다.

"원장님의 말씀을 듣다가 보니 아이디어 하나가 떠오르는군요."

"그러세요? 어떤 아이디어인가요?"

김 원장은 흐뭇한 표정을 지으며 사장의 대답을 기다렸다.

"현재 우리 회사는 '하강기'와 '침체기'의 어중간한 상태에 처해 있는 것으로 판단됩니다. 이런 때에는 '인간관계'를 개선해 나가는 것이 가장 시급한 핵심 과제인 듯합니다. 저는 오늘 말씀 들은 내용 가운데 '한솥밥 식구 정신'이라는 것에 문제 해결의 답이 있다는 생각이 듭니다. 회사 내에서 당장 그 정신으로 무장하는 운동을 전개해 보고 싶습니다. 임원진에서부터 사원에 이르기까지 '한솥밥 식구 정신'을 갖도록 말입니다. 몇 가지 전략을 세워서……. 아마 그 컨셉은 우리 회사의 문화와도 잘 맞아떨어질 것입니다. 무엇보다 먼저 직원들이 열린 마음으로 한데 뭉쳐야 무슨 일이라도 할 수 있을 게 아니겠습니까?"

"아주 좋은 아이디어입니다. 리더이신 사장님의 중요한 결정들이 결국 회사의 미래에 엄청난 결과로 나타나는 것이 아니겠습니까? 지금은 어려운 상황이지만, 회사가 사장님을 리더로 세운 것은 다 그만한 능력을 인정했기 때문입니다. '한솥밥 식구 정신'을 토대로 하여 구성원들과의 파트너십을 잘 살려 나간다면 멀지 않아 우리 회사를 명품 회사로 만드실 수 있을 것입니다. '난세에 영웅이 난다.'고 했는데…… 사장님의 리더십이 결국 구성원들과 그 가족, 나아가 국가 경제에 큰 영향력을 주게 될 것이라는 확신을 가지시고 말씀하신 것을 꼭 실행에 옮기십시오."

김 원장의 말 한마디 한마디에 귀를 기울이던 사장은 비로소 호탕한 웃음을 터뜨리며 자리에서 일어났다.

"감사합니다, 원장님. 최선을 다해서 빈틈없이 실행해 나가겠습니다."

세상일이란 대개 간단치가 않다. 더구나 조직 현장에서는 한 두 가지의 상황만 전개되는 것이 아니다. 복합적인 구조를 띤 사안들이 또 복합적으로 얽히는 곳이 현장이다. '조직 순환 사이클'에 의한 단계 분석만 하더라도 명쾌하게 어느 단계에 처해 있다고 꼭 집어 말할 수 없을 만큼 애매하거나 종잡을 수 없는 현상들이 전개되기도 한다. 당면한 현실이 어디에서 어떻게 꼬였는지 도무지 그 시종을 알 수 없을 때가 많고, 또 어떤 때는 이러지도 저러지도 못하기도 한다. 따라서 리더는 리더십의 네 가지 역량에 대한 충분한 연구로 언제 어떤 상황에도 유연하게 대처해 나갈 수 있는 능력을 길러야 한다. 그럼에도 적기에 적합한 리더십을 발휘한다는 것은 여전히 어렵고 힘든 일임에 틀림없다.

하지만 리더들은 리더십에 따라 이루어진 성공과 그렇지 못한 성공의 질적 차이가 확연히 다르다는 것을 잘 알기 때문에 이러한 어려움을 극복하고자 계속 노력하는 것이다. 리더십의 발휘를 통해 조직의 문제를 해결하고 종국에 성공의 희열과 만족까지 느끼게 된다면, 그것이야말로 리더들의 노력에 대한 보상이 아니겠는가.

제1장 클로징

1장은 조직의 흐름에 따른 리더십의 핵심 역량 4가지를 중심으로 리더십의 패러다임에 대한 이해를 돕고자 하였다.

먼저 리더십에 정의와 리더로서의 성장에 대해서는 매우 일반적인 것으로 현재 우리 주위에서 많이 회자되는 내용을 중심으로 전개하였다. 누구든지 리더가 되기를 희망한다면 교육과 훈련을 통해 얼마든지 리더로서 성장하고 발전할 수 있다는 자신감을 가질 필요가 있다.

리더가 성장하지 않으면 조직도 성장할 수 없다는 사실은 리더의 사명감을 더욱 분명히 인식해야 하는 당위성의 근거가 된다. 인간의 본질적 구조를 영(靈) · 혼(魂) · 육(肉)의 세 부분으로 나누고 리더십의 핵심 역량인 태도 · 관계 · 비전 · 성과 역량 등과의 연관성을 설명함으로써 각각의 리더십을 계통적으로 이해하고 계발할 수 있는 토대를 제시했다.

마지막으로 '하강기 · 침체기 · 상승기 · 성숙기'라는 '조직 순환 사이클'을 제시하였고, 각각의 사이클에 적합한 리더십 스타일로 '하강기'에는 '태도 역량 리더십', '침체기'에는 '관계 역량 리더십', '상승기'에는 '비전 역량 리더십', '성숙기'에는 '성과 역량 리더십'의 필요성과 타이밍에 맞는 리더십 스타일의 중요성을 강조하였다.

제 2 장

태도 역량 리더십 강화

타이밍이 생명이다

"상대방의 가치관과 다른 방식으로 리드하면 복종을 낳고,
상대방의 가치관과 일치하는 방식으로 리드하면 헌신을 낳는다."

존 맥스웰

조직이 하강기에 접어들었을 때, 리더의 대책

리더는 어떤 상황 속에서도 혁신하고 변화해야 한다

우리는 다 같이 한솥밥을 먹는 식구들이다

구성원들의 의지와 의욕이 살아나도록 동기를 부여하라

조직을 위해 자신을 희생하는 조연에 머무르라

'조직 순환 사이클' 별 리더십 역량 그래표

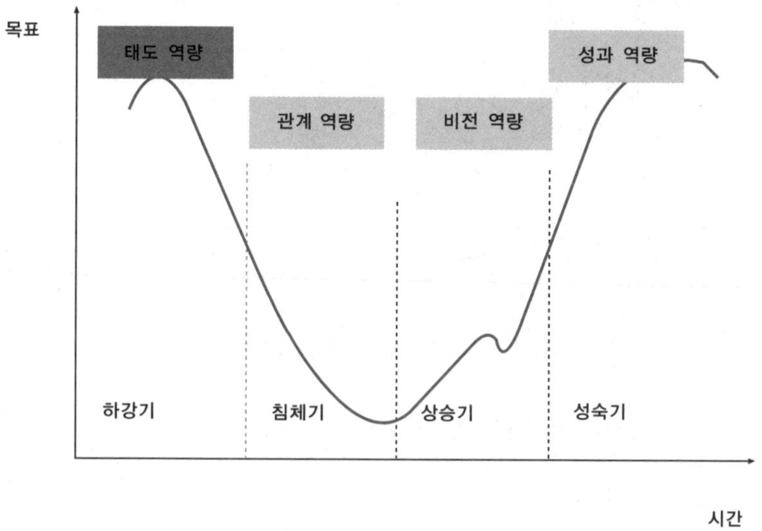

〈'조직 순환 사이클'별 리더십 역량 그래프〉에서 보는 바와 같이 '태도 역량 리더십'은 '조직의 순환 사이클' 중 하강기에 발휘되어야 할 리더십이다.

조직이 '성숙기'에 머물 때에는 조직원 모두 광범위한 성공을 경험하게 된다. 이때 조직은 성공에 따른 문화 형성, 성공 시스템 구축 등 다양한 성공의 열매를 수확한다. 그러나 이런 성공의 뒤안길에는 구성원들의 매너리즘이 도사리고 있다. 어느 정도 이룬 것에 대해 안주하거나 스스로 교만해져 있다 보면 자연스럽게 위기 상황이 찾아온다. 구성원들은 기대하지 않던 뜻밖의 상황들을 하나 둘 만나게 되며, 이로 인해 충격을 받게 된다. 심하면 분노와 책임 전가 등으로 조직의 결속력이 흐트러지고 혼란이 발생한다. 조직원들의 조직 이탈이 시작되는 시기도 이때이다. 여러 가지 희생이 따르는 가운데 주변 환경은 새로운 변화를 요구하는 방향으로 치닫는다.

활발한 영업 활동으로 성장 일로의 순탄한 길을 걷던 박 지점장의 지점이 어느 사이엔가 '하강기'를 맞게 되면서 깊은 수렁 속으로 빠져드는 것 같은 어려움이 시작되었다. 이때 박 지점장은 회사의 교육을 총괄하며 리더십에 남다른 조예를 지닌 김 원장의 도움으로 그 어려운 시기를 극복하고자 조언을 구해 그것을 실천에 옮기기 시작했다.

김 원장은 종전에 겪어 보지 못한 어려움 속에서 쩔쩔매고 있는 박 지점장에게 몇 가지 조언을 하고, 박 지점장은 그에 따라 상황 개선에 대한 확신을 가지고 소신껏 리더십을 발휘해 나간 것이다. 제2장 '태도 역량 리더십 강화'에서는 이와 같이 박 지점장이라는 영업 조직의 리더가 어떻게

'태도 역량 리더십'을 발휘하며, 그 결과가 어떻게 나타났는지에 대한 실제 상황이 소개된다.

'하강기'에 처한 리더는 먼저 변화를 받아들여야 하는 시기가 도래했다는 것을 깨닫는 것이 무엇보다 중요하다. 그런 시기에 환경이 달라졌다는 사실을 받아들이지 않는다는 것은 리더십 자체의 옹색함을 드러내는 것이며, 조직을 더욱 깊은 수렁으로 끌고 들어가는 것이 될 것이다. 그런 시기가 아니더라도 리더는 항상 혁신과 변화를 모색해야 하는 것이 기본이다. 그렇게 하지 않으면 환경이 요구하는 변화에 수동적으로 끌려 다니게 되기 때문이다.

'하강기'와 같은 대 변혁기에는 '한솥밥 식구 정신'으로 표현되는 강력한 동료의식이 절대적으로 필요하다. 그것을 바탕으로 위기를 또 하나의 기회로 바라보는 긍정적인 자세와 조직의 비전을 끝까지 포기하지 않고 행동으로 옮기는 리더의 솔선수범이 중요한 때이다. 그리고 이때 하향 곡선을 그리고 있는 조직의 생명력을 되살려 국면을 전환시키기 위해 조직원들의 마음을 움직일 수 있는 자극으로서 동기부여를 해주는 리더십이 가장 필요하다.

또한 '하강기'에 처한 조직의 리더는 '조연'으로서 움직여야 한다. 즉 리더는 조직원들 앞에서 주연이 아닌 '조연'이 되어 희생적인 '역할 모델'이 되어야 하는 것이다. 이것을 우리는 '서번트 리더십(Servant Leadership)'이라고도 부르며, 이런 리더십의 발휘를 통해 조직은 '하강기'를 극복해 가게 된다.

이렇듯 '하강기'는 급격한 변화에 직면한 구성원들을 추스르고 리더인 자신도 많은 상처를 받으며 변화에 적응해 갈 것을 요구한다. 이때 더 높은 비전을 바라보는 것은 여간 어려운 일이 아니다. 이런 상황에서 리더십을 발휘한다는 것은 리더의 영혼까지도 총동원하여 몰입하는 전인격적인 성숙한 태도의 문제라고밖에 달리 설명할 수가 없을 것이다.

조직이 하강기에 접어들었을 때, 리더의 대책

회의를 하지 마라!

'서브 프라임 모기지'를 매개로 하여 촉발된 '리먼 브라더스 홀딩스(Lehman Brothers Holdings, Inc.)'라는 투자 은행의 파산을 시작으로 세계 경제의 금융 위기는 점점 더 심각한 지경으로 빠져들고 있었고, 그 여파로 국내 경기 역시 침체가 심화되면서 회사의 영업도 더욱 위축되어 가고 있었다. 이때 영업 실적 하락과 영업 조직의 이탈을 막기 위한 지역별 대표 지점장 워크숍이 실시되었다.

사장은 한 자리에 모인 대표 지점장들에게 사뭇 간곡한 어조로 당부하였다.

"오늘 우리는 우리가 처한 영업 현실을 직시하고 현 상황을 타개하기 위해 이 자리에 모였습니다. ……우리의 모든 역량을 결집하여 생산적인 회의가 되기를 바랍니다. ……허심탄회하게 토론에 임해 주시기 바랍니다. ……현재 현장의 문제점들을 분명히 발췌한 후 우선순위를 정하고 어떻게 그 문제들을 해결할 것인가를 의논합시다. 고견을 말씀해 주시지오."

연단에서 가장 가까운 앞자리에 앉아 있던 한 지점장이 기다리고 있었다는 듯 손을 번쩍 들어 사장으로부터 발언하라는 사인을 받고 일어섰다. 그는 회사의 창립 멤버 가운데 한 사람으로 지점장 중에서도 가장 베테랑에 속했다. 항상 적극적이고 활동적인 데다가 지점장급에서는 오피니언 리더로 통해 사람들을 많이 끌어 모으는 타입의 지점장이다.

"이번 상황이 오기까지 회사가 너무 안이하게 대처했다는 것은 모두가 인식하는 사실입니다. 제 생각으로는 지금부터라도 서둘러서 보다 대중 친화적인 상품을 새로 출시하여 영업의 숨통을 틔워 주는 일이 시급하다고 봅니다."

발언하는 그 지점장의 눈빛에서는 열정과 그에 비례하는 절박함을 동시에 읽을 수 있었다.

"감퇴된 영업력에 속력을 붙이기 위해 종래의 영업 전략에서 벗어나, 보다 대중적인 아이템을 출시하여 공격적인 마케팅을 해보자는 말씀은 일견 일리가 있습니다. 경영진 또한 그 점에 대해 검토를 해보지 않은 것은 아닙니다. 하지만 여러분께서도 잘 아시는 것처럼 당장 새로운 상품을 출시한다는 것은 현실적으로 어렵습니다. 지금부터 준비를 한다 해도 향후 6개월 이상의 시간이 소요되게 되는데, 사장인 저로서는 그 6개월간의 기간을 어떻게 메워 나가느냐 하는 문제가 신상품 출시보다 더욱 긴박합니다. 급하다고 해서 막무가내로 신상품을 만들 수는 없는 일 아니겠습니까?"

사장은 완곡하게 신상품 기획 및 출시가 현실적으로 무리임을 단정하는 답변을 내놓은 것이다.

"그럼 어떻게 하시겠다는 건가요? 지금 말씀하시는 것을 들어 보면 운영진에서는 아직도 현장을 보는 시각이 미온적인 수준에 머물고 있다는 느낌마저 듭니다. 지금 우리는 모종의 변화를 요구 받고 있다고 생각합니다. 종전의 영업 방식과 아이템만을 가지고서는 그 어느 때보다도 심각한 위기를 맞고 있는 현시점에서 활로를 열어 나갈 수가 없습니다. 그리고 우리가 지금 토론을 하는 것은 가능한 한 모든 방법을 다 끄집어내 놓고 대책을 강구하려고 하는 게 아니겠습니까?"

아직 자리에 앉지 않고 일어선 채 사장의 답변을 듣고 있던 그 지점장이 높아진 톤으로 다시 발언을 하자마자 동시에 여기저기서 봇물 터진 듯 많은 말들이 쏟아져 나왔다.

"회사의 정책이 문제에요. 처음에는 별 문제가 없을 거라며 아무 대책 없이 손 놓고 있다가 이제 와서는 문제가 심각하다고 대책을 내놓으라니, 우리인들 무슨 뾰족한 수가 있겠습니까? 때를 놓친 거예요, 때를!"

"왜 그때는 건의를 해도 무시하기만 하더니 이제 와서 우리보고 대책을 내놓으라는 겁니까?"

"전에 말씀드렸던 것을 기억하실 거예요. 그때 우리의 말만 귀담아 들었어도 이런 고비는 쉽게 넘겼을 겁니다!"

“그때 우리가 건의한 상품만 제때에 출시되었더라도 이 지경은 안 겪었을 거예요.”

지점장들은 저마다 한마디씩 하면서 불편한 심기를 드러내고 있었다. 스스로 화를 참지 못해 얼굴이 벌겋게 상기된 사람도 눈에 띄었다.

“당장 생계 대책을 마련해 주십시오. 그렇지 않으면 우리 조직은 다 와해될지도 모릅니다.”

새로운 정책을 수립해 시행한다든지, 보수 구조를 개선해야 한다든지, 새로운 상품을 개발해야 한다든지, 영업 조직의 구조를 바꾸어야 한다든지 하는 많은 의견들이 제시되었지만 정말로 회사를 위해 애정 어린 마음으로 내놓은 의견이라기보다는 당면 문제를 빨리 해결해야 된다는 조급함과 답답한 심경에서 나온 의견이 대부분인지라 당장 현장에 접목시키고 실천하기에는 버거운 내용들이었다.

지점장들의 의견을 취합하여 정리하는 역할을 맡은 지점의 업무 스태프인 유 대리는 그 가운데에서 자기 자신에 대한 반성과 책임을 말하는 사람은 한 사람도 없다는 것이 도리어 신기하다는 듯, 연신 고개를 갸우뚱거리며 볼멘소리를 한마디 더했다.

“어째서 우리 회사 지점장님들은 남의 탓만 하는 거지? 자기들의 잘못은 하나도 없다는 건가? 아직 정신을 덜 차린 것이 분명해…….”

몇 가지 소득이 없는 것은 아니었지만, 변변한 해결안을 마련하지 못한 채 추후 더 연구해 보자는 것으로 워크숍을 마치게 되었다. 그 자리에 참석했던 모든 이들은 서로 드러내 말하지는 않았지만 조직의 분위기가 이미 뚜렷하게 하강 국면에 들어서 있다는 것을 절실히 느끼고 있었다. 그런 만큼 속 시원한 대안도 마련하기 어렵다는 상황 인식을 하고 돌아오는 버스 안에서 대부분의 지점장들은 피곤함을 이기지 못해 버스의 등받이에 몸을 의지한 채 깊은 잠에 곯아떨어져 있었다.

배반의 계절

각 지점에서 들려오는 소식이 흉흉하기만 할 때, 김 원장의 사무실로 몇 명의 지점장이 찾아왔다. 한결같이 비장한 얼굴이었다.

"원장님, 그동안 대단히 감사했습니다. 어떻게 말씀드려야 할지 입이 떨어지지 않습니다만…… 저희들은 이번에 회사를 떠나기로 마음을 굳혔습니다. 더 이상은 버틸 여력이 없어서……."

그들의 어려운 처지와 마지막 선택으로까지 내몰린 여러 가지 정황은 이해가 가지만, 이렇게 빨리 결정하고 움직일 줄은 생각조차 하지 않은 터라서 김 원장도 적이 당황스러웠다.

"퇴사를 하시겠다는 말씀이십니까? ……여러분께서 모두 다 회사를 그만두신다는 말씀이십니까?"

"네, 원장님……. 부끄러운 줄 알기에 미리 말씀드리지 못했습니다. 저희로서는 뭐라고 드릴 말씀이 없어서……."

힘없이 고개를 수그리고 있는 그들의 모습에서는 패배의 짙은 그늘만이 느껴질 따름이었다.

"우리끼리 부끄럽고 말고 할 게 뭐가 있겠습니까. 하지만 한 가지만 여쭈어 봅시다. 여러분들께서 회사를 떠나는 주된 이유가 뭔지 들어보고 싶습니다."

"떠나는 자에게 무슨 할 말이 있겠습니까? 또 원장님께서 짐작하시지 못할 이유라는 게 별도로 있을 리도 없고……."

"회사 초창기의 어려운 시절에 그 많은 고비들을 잘 넘기신 지점장님들이신데…… 아무래도 판단을 너무 성급하게 내리신 것 아닌지 모르겠군요. 회사와 운명을 함께하며 끝까지 같이 가겠다고 맹세하시던 그 기개는 다 어디로 갔나요?"

"그래서…… 더욱 부끄럽고…… 드릴 말씀이 없습니다. 이제 저희들의 시대는 지나갔다고 판단했습니다. 후배들을 위해 물러나야 할 때가 온 것이지요. 저희들의 부족한 소견을 헤아려 주시기 바랍니다."

"마음이 몹시 아픕니다. 그렇다면 떠나시는 마당에 회사에 대해서 하시고 싶은 말씀은 없으십니까?"

김 원장이 마지못한 듯 그들의 용퇴를 돌이킬 수 없는 사실로 인정하면서 묻자, 지점장들은 교대로 한 사람씩 입을 열었다.

"원장님, 제가 부족하기 짝이 없는 사람이긴 하지만 명색이 이 회사의 지점장 아닙니까? 그런 제가…… 회사로부터 인정을 받지 못한다면 어떻게 일을 계속할 수 있겠습니까? 정말이지 하루를 지내도 마음 편한 곳에서 일하고 싶습니다."

"원장님, 저는 지금의 시스템 하에서는 이렇다 할 희망을 갖기가 어렵다고 판단했습니다. 제 자신이 그렇게 생각하고 있는데 어떻게 구성원들에게 회사가 요구하는 바에 부응하라고 독려할 수 있겠습니까? 말단 부위인 손가락에 염증이 생겨 곪고 있는데, 머리에서는 줄

곧 맨손으로 땅을 더 깊게 파라고 명령하고 있는 셈이니…….”

“저 역시 영업 환경의 변화를 외면한 채 계속 실적 신장만을 강요하며, 구성원들을 배려하지 않는 회사에 몸을 담고 있는 한 저의 비전을 이룰 수 없다고 판단했습니다. 이 시점에서는 더더욱 구성원이 있고서야 회사가 있다는 의식이 필요한 것 아닙니까?”

차 한 잔도 드는 둥 마는 둥 하고 지점장들은 다음 약속을 핑계로 총총히 김 원장의 사무실을 빠져나갔다.

그 후에도 몇몇 지점장이 회사를 옮긴다는 소식이 들렸고, 또 다른 몇몇은 서로 의기투합하여 새로운 사업을 시작하기로 했다는 소문도 들려왔다. 바야흐로 배반의 계절이 시작되고 있었다.

천둥과 번개

많은 전략과 방법이 동원되었지만, 회사의 실적이나 구성원들의 사기(士氣)는 계속 하락세를 면치 못하는 어려움이 계속되고 있었다. 그런 와중에서 회사는 문제의 원인은 무엇인지, 누가 그 문제에 책임을 져야 하는지 등의 논란으로 가중된 혼란을 겪고 있었다.

그와 같은 상황에 처한 회사는 전체적으로 거센 풍랑을 만나 난파당하기 직전의 배처럼 방향을 잡지 못하고 갈팡질팡하는 과정을 거친 연후에야 무엇인가 새로운 전기를 마련하고자 안간힘을 쓰기 시작했다.

먼저 회사의 비전과 그에 따른 목표를 재설정하였다. 회사 내에 ‘비전 프로젝트 팀’을 신설해 가시적이고 합리적인 비전과 목표 설정

작업에 착수한 것이다. 그 바탕에는 목표와 현실의 갭이 너무 크다는 것에 대한 공감대 형성이 자리 잡고 있었다. 조직의 능력에 비해 과다하게 설정되었던 목표는 조직 구성원들에게 큰 짐이 되고 있었다. 직원들 개인과 팀들 사이의 의견 조율과 취합이 이루어지며 목표가 새로이 재설정되자, 구성원들은 한결 안심하는 분위기가 되었다.

한편으로는 실적 저조에 따른 사업비 절감과 분위기 쇄신을 위해 조직 정비가 이루어지고 있었다. 임원 및 스태프에 대한 업무 재조정과 교체, 새로운 인물의 채용 등이 숨 가쁘게 이루어졌다. 물론 변화에 대한 열망과 기대 등의 순기능도 있었지만 변화 자체에 대한 부정적인 시각들과 직원 감축에 따른 불안함 등의 역기능도 혼재하고 있었다. 이렇듯 회사는 조직의 변화를 통해 다시 한 번 상승 모멘텀을 찾아내겠다는 일념으로 모든 노력을 경주했다. 그리고 그동안 다소 등한시했던 영업 현장과 본사 스태프와의 협업을 통한 상호 협조 체제를 구축하는 등의 종합적이고도 강도 높은 변화가 계속 추진되었다.

그렇게 변화에 대한 기대와 우려가 교차되는 격동적인 분위기 속에서 회사는 가능한 모든 수단을 발 빠르게 동원해 대처했지만, 상황은 쉽사리 호전되지 않았다. 아니 오히려 계속 나빠지고 있었다. 급기야는 본사 직원들마저도 술렁이며 조직 감원에 대한 불안감을 공공연하게 표출하게 되었고, 그런 분위기를 견디다 못한 직원들 중 일부는 자기 쪽에서 먼저 서둘러 이직을 하는 등 조직의 병증은 점점 더 깊어만 갔다.

리더는 어떤 상황 속에서도 혁신하고 변화해야 한다

현장에서 답을 찾아라

회사는 하향세를 지속하는 분위기 쇄신을 위해 총력을 기울이고 있었다. 그것은 실로 눈물겨운 노력이라고 할 수 있을 정도였다. 그런 어느 날, 박 지점장이 김 원장의 사무실을 방문했다.

"원장님, 안녕하십니까? 역시 원장님을 뵈오니 에너지가 팍팍 전달되어 오는 느낌이 듭니다."

억지로 웃음기를 머금는 박 지점장의 안색은 그리 좋아 보이지 않았다.

"그렇게 보이시나요? 좋게 봐 주셔서 감사합니다. 어쩐 일로 이렇게 갑자기 오셨습니까?"

김 원장은 강의 원고 정리를 하던 손길을 멈추고 자리에서 일어나 박 지점장의 손을 굳게 잡으며 물었다.

"아, 네…… 저희 지점의 VIP 고객님 한 분이 이 근처에 계십니다. 해당 영업사원이 타사로 옮겨가는 바람에 미처 관리를 못해 드렸는데, 일전에 회사에 불편 사항을 알려 오셨기에 제가 직접 찾아뵙고 해결해 드리고 오는 길입니다."

"더러는 그런 일도 있겠군요. 영업사원이 회사를 떠나면 당장 고객 관리에서부터 문제가 생기겠지요. 그나저나 지점장님께서 직접 고객까지 일일이 챙기시려면 무척 힘드시겠네요?"

"그렇다고 제가 모든 고객님을 관리해 드릴 수는 없고…… 일부 VIP 고객님들만 제가 관리하고 있습니다. 하기야 본사로서는 이런 사소한 고충조차 파악하지 못하고 있으니…… 앞일이 걱정됩니다. 말이 나왔으니 여쭙는 말씀인데, 원장님께서는 최근의 우리 회사가 취하고 있는 사업 방향이나 전략을 어떻게 보고 계십니까?"

자신은 그것에 대해 부정적인 견해를 가지고 있음을 수월히 내비치며 박 지점장이 물었다.

"구체적으로 어떤 것을 말씀 하시는지……?"

"요즈음 본사의 임원들께서는 영업 현장을 너무 모르고 계시는 것 아닌가 싶어서요. 현장에 내려오는 지침을 보면 이건 영업을 하라는 건지 말라는 건지 도통 구분이 안 될 때가 많거든요!"

박 지점장의 회사에 대한 불만이 적지 않다는 것을 김 원장은 대번에 알 수 있었다.

"그렇군요. 자세히 듣지 않아도 무슨 말씀인지 대충 이해가 갑니다. 그렇다면 만일 박 지점장께서 이 회사의 사장직을 맡고 있다면 지금 상황에서 어떻게 하시겠습니까?"

김 원장의 기습적인 질문에 박 지점장은 순간적으로 움찔하는 기색을 역력히 보였다.

"제가 사장이 아니라서 책임 있는 말씀을 드리기는 어렵습니다만…… 일단 일선의 영업 조직이 지니고 있는 의견들을 취합하여 그것들 가운데 우선순위를 따져 개선할 것은 개선하고, 보완할 것은 보완해 나가는 일이 필요하다고 생각합니다."

현장의 책임을 맡고 있는 사람으로서 당연히 가질 수 있는 생각이었다. 김 원장은 우선 그의 견해를 긍정적으로 받아들였다.

"박 지점장님의 생각…… 충분히 일리가 있는 고견입니다."

"그렇게 한다면…… 조직 말단부의 피돌기가 훨씬 더 원활해질 것이고, 그에 따라 회사 전체의 상황도 점차 좋아질 것이라는 생각을 그동안 해왔습니다."

"그런데 지점장님, 영업 조직이 건의한 내용은 이미 실시할 타이밍을 놓친 것이 많고 또 그런 이유로 지금 시행한다 해도 대개 큰 효과를 기대하기는 어렵지 않겠습니까?"

"그래도 현재와 같은 상황에서는…… 현장과 너무 동떨어진 탁상공론식의 대책으로 영업 현장의 혼란만 더욱 가중시킬 것이 아니라 어느 한 가지라도 현장의 목소리를 경청하고 존중해 경영 지침에 반영하는 것이 절실한 때라고 봅니다."

"옳으신 말씀입니다. 임원들께서도 생각하는 바가 있을 것이고, 나름대로 그동안 현장의 소리를 충분히 들어 왔으니 아마 좋은 대책이 곧 나오지 않겠습니까?"

"원장님마저도 그렇게 생각하실 줄은 미처 몰랐습니다. 달려 있는 귀로 듣기만 하면 뭐하겠습니까? 듣는 척만 하는 것이지, 임원진에서 뭣 하나 시원하게 해결하는 것을 보셨습니까? 그나마 내놓는 전략이란 것들을 보면 현장과는 거꾸로 가는 것들로 일관하고 있으니…… 제 마음이 이렇게 답답한 것 아니겠습니까?"

박 지점장의 불평 섞인 하소연은 끝이 없어 보였다. 김 원장으로서도 문제 해결의 길이 꽤 멀고 험난할 것이라는 느낌을 지울 수가 없었다. 그러나 김 원장에게 하소연하는 것으로 어느 정도 속이 후련해졌는지 돌아서서 나가는 박 지점장의 모습은 들어올 때보다는 한결 밝아져 있었다. 그는 문을 나서기 직전 주먹을 불끈 쥐어 보이며 결의에 찬 목소리로 말했다.

"원장님, 그렇지만 저는 죽지 않습니다. 두고 보십시오. 진인사대천명(盡人事待天命)하면서 처음에 세운 뜻을 반드시 이룰 겁니다. 원장님, 제게는 개인적인 비전이 있습니다. 저는 5년 내에 지점을 분할할 수 있도록 저희 지점을 키워 나갈 것입니다. 그리고 업계 최초의, 최연소 영업 담당 임원이 되고야 말겠습니다."

변화로의 초대

세상일에는 항상 오르막과 내리막이 교차하기 마련이라는 평범한 진리를 우리는 잘 알고 있다. 그러나 막상 내리막에 서게 되면 누구나 당황하여 어찌할 바를 모르게 되는 것이 인지상정인가보다. 금융 시장이 더욱 꽁꽁 얼어붙으면서 회사의 영업 여건도 점점 더 위축되는 상황으로 흘러갔다.

"원장님, 요즈음 같아서는 정말로 지점장이라는 타이틀이 버겁기만 합니다. 일에 대한 의욕도 생기지 않고요. 이럴 때…… 뭐 특효약 같은 비방은 없겠습니까?"

"특효약 같은 비방이라고요? 그런 게 있다면 세상이 달라졌겠지요. 그런 말씀을 하시는 걸 보니, 박 지점장님께 무슨 힘든 일이 생기신 거군요?"

김 원장은 짐짓 터뜨린 호탕한 웃음에 이어 진심으로 걱정하는 눈빛을 박 지점장에게 건네며 물었다.

"다른 지점장들도 모두 함께 겪고 있는 일이지만…… 막상 제가 당하고 나니 허탈하기 짝이 없네요."

"어떤 일이신데요?"

"예, 최근까지도 우리 지점 조직에서는 이탈하는 사람이 별로 없었습니다. 제가 조직원들 결속력 하나만큼은 탄탄히 다져 놓았다고 자부할 정도였습니다. 그런데 그동안 충성을 맹세하며 함께 성장할 것을 다짐했던 한 개 팀이 엊그제 갑자기 우리 곁을 떠났지 뭡니까? 어찌나 힘이 빠지던지…… 그만 일할 맛이 싹 사라지고 말았습니다. 이틀 동안 손을 놓고 고민만 하다가 이렇게 원장님을 찾아뵙게 된 겁니다."

"잘 오셨습니다. 마음이 많이 아프시겠군요. 대개의 인간은 자기의 욕심에 따라 행동하기 마련이라는 사실을 떠올리시면 서운함이 조금은 가실 것입니다. 이 세상에 눈앞의 현실에서 눈을 돌려 멀리 내다보며 사는 사람이 얼마나 되겠습니까? 아무튼 그 일로 박 지점장님의 지점이 큰 타격이나 받지 않아야 할 텐데…….”

“아무래도 많은 영향을 미칠 것 같습니다. 그동안 그 팀을 육성하느라 각별히 공을 들이고 신경을 써왔던 터라…… 우선 제 자신의 실망이 너무 커서…….”

한숨과 함께 토해 내는 박 지점장의 말투에는 아픈 흔적이 역력했다.

“저 같아도 실망감이 컸을 것입니다. 제가 별로 위로가 되지 못해 미안할 뿐입니다.”

“아닙니다. 원장님께서 이렇게 제 말을 들어주시는 것만 해도 제게는 위로가 됩니다.”

“그래, 앞으로는 어떻게 하실 예정이신가요?”

“뭐, 이젠 복잡하게 여러 가지를 생각할 것도 없습니다. 두 가지 중에 하나입니다.”

“두 가지라면 어떤 것을 말씀하시는 건가요?”

“글쎄 그걸 다 말씀드리고 싶지는 않지만…… 그냥 솔직하게 말씀드리겠습니다. 그 하나는 젖 먹던 힘까지 다하여 조직을 일으켜 세우는 것이고, 나머지 하나는 적당한 선에서…… 구성원들에게 피해가 되지 않는 범위에서 다른 길을 찾아보는 것입니다. 부끄럽지만…… 이것이 지금 저의 솔직한 심정입니다. 원장님이시니까 기탄없이 말씀드리는 것입니다.”

‘박 지점장이 생각한 것보다 많이 힘들구나. 그토록 의욕에 차 있던 사람이었는데…….’ 하는 생각이 들 만큼 뜻밖의 발언을 들은 김 원장은 내심 놀랐다.

“솔직한 심정을 말씀해 주셔서 감사합니다. 그렇지만 지점장님께서는 지금 지나치게 많이 약해지신 것 같습니다. 지금 우리의 현실은 변화를 요구하고 있습니다. 포기하기를 요구하는 것이 아닙니다. 그 점을 잊지 말아야 합니다. 박 지점장님께서는 현명한 리더로서 좀 더 냉철한 자세를 가지고 이 어려운 시기를 잘 헤쳐 나가셔야 합니다."

"물론 원장님께서 하시는 말씀의 뜻은 잘 알고 있습니다. 그러나 자꾸 어려운 쪽으로만 흘러가는 현실과 위축되는 제 마음을 어떻게 극복해야 할지 정말 모르겠습니다. 설령 제가 냉철한 자세를 견지한다 해도 현장에서 조직원들과 새로운 길을 찾아갈 수 있을지 지금으로서는 확신이 서지를 않습니다."

"그 심정 충분히 공감합니다. 그렇지만 확신을 가지십시오. 지점장님은 해낼 수 있습니다. 지점장님의 결정 하나하나가 많은 구성원들에게 중대한 영향을 미친다는 것은 잘 알고 계시지요? 이럴 때일수록 정신을 가다듬어서 새로운 전기를 마련하는 것, 그것이 리더의 갈 길입니다."

"원장님께서도 아시다시피, 이렇게 어려움이 계속되는 때에는 새로운 전기를 마련하기가 쉽지 않습니다. 다만 지금 제가 할 수 있는 일이 있다면 구성원들에게 어떻게 동기부여를 할 수 있을까 생각하는 정도가 전부일 것입니다."

긍정을 선택하다

"방금 아주 중요한 말씀을 해주셨는데, 혹시 동기부여를 하기 위해 어떤 계획을 갖고 계신지 말씀해 주실 수 있나요?"

김 원장은 박 지점장 스스로 동기부여라는 말을 끄집어낸 것이 반가워 한발 다가서듯 말했다.

"딱히 어떤 것이라기보다는…… 최근에 제가 읽은 것 중에 존 고든(Jon Gordon)이란 사람이 쓴 《에너지 버스》라는 책에서 힌트를 얻었습니다. 그 내용 가운데 불평을 하지 말라는 대목이 마음에 들었습니다."

별로 대수롭지 않은 것을 내놓는다는 듯이 박 지점장은 약간 겸연쩍어 하는 표정을 지었다.

"박 지점장님, 중요한 변화의 시기에 실로 중요한 마음의 결단을 하시게 되었군요!"

"실은 그게 저에게 가장 필요한 덕목이거든요. 언제까지나 현 상황에 대한 불평과 불만을 일삼는다면 무슨 변화가 있겠습니까?"

방금 전과는 딴판의 사람이 된 것 같았다, 박 지점장은.

"옳으신 말씀입니다. 그래 그것을 지점 내에서 실행해 보셨습니까? 다른 구성원들도 동의하던가요?"

"아직은 눈에 띨 만한 호응을 얻지 못하고 있는 것 같습니다. 선포식도 하고, 사무실에 '불평 금지'라는 문구도 써 붙이고, 불평을 할 경우 벌금을 내기로 했는데…… 아직은 그들의 마음에 특별한 의식을 주지 못한다는 느낌이 듭니다."

"그렇지만 시작하셨다는 것 자체만으로도 대단합니다. 아주 훌륭하십니다!"

김 원장은 진심으로 박 지점장의 어깨를 두드려 주며 격려해 주고 싶은 심정이었다.

"그런데 한편으로는 걱정이 됩니다. 뚜렷한 대안도 없이 불평만을 금지한 꼴이어서, 혹 의사소통의 통로를 막아 버린 결과로 나타날까 봐……. 그 점에 대해서는 앞으로 어떻게 구성원들을 이끌어야 할지 저 자신도 잘 모르겠습니다."

"지점장님, 구성원들께서도 전후 사정을 충분히 판단하실 수 있는 분들이시니 다 자기 나름대로의 의견이 있지 않겠습니까?"

"죄송한 말씀입니다만, 우리 지점의 구성원들은 아무 생각이 없는 듯합니다. 제가 하는 얘기를 듣고는 있는 것 같은데, 도무지 어떻게 하겠다는 의지가 보이지를 않습니다."

"보통 새로운 질서로 옮겨가는 변화의 시기나 마음의 갈등이 많을 때에는 구성원들이 리더에게 비협조적일 수도 있습니다. 아마도 그런 현상으로 보시는 게 맞을 겁니다. 적당한 비유가 될는지 모르겠습니다만, 폭풍 전야의 고요함이랄까……."

"원장님, 그렇다면 지금 우리 조직은 변화하기 시작했다고 보아도 되는 것인가요?"

"거듭 드리는 말씀이지만 지금의 환경은 우리가 원하든 원하지 않든 어떤 변화를 요구하고 있습니다. 가장 바람직한 것은 그 변화를 우리 스스로가 주도적으로 실행해 나가는 것인데, 유감스럽게도 우리는 미처 그런 준비를 하지 못한 상태에서 변화의 시기에 직면하게 된 것입니다."

"원장님, 저는 거기까지는 생각하지 못했습니다. 변화는 주어지는 것으로만 알고 만들어 나가는 것인 줄은 몰랐습니다. 말씀을 듣고 보니 부끄러운 생각이 듭니다."

"리더라면 당연히 그런 책임 의식을 가져야 하고, 그런 의식이 전제되어야 현재와 같은 문제를 풀어 갈 수 있습니다."

"그렇군요. 저부터 크게 반성해야 한다는 생각이 듭니다. 그리고 지금 생각이 났는데…… 불평을 금지하는 정도에서 멈출 것이 아니라 앞으로는 적극적으로 긍정의 자세를 갖는 선까지 나아가야 하지 않을까 싶습니다."

"긍정의 자세라 하면, 뭐 생각나는 게 있으십니까?"

"아까 말씀해 주신 대로 지금의 모든 상황을 변화의 관점에서 보니, 그렇게 불평과 불만을 늘어놓을 상황만은 아니라는 느낌이 듭니다. 어려운 상황 속에서도 찾아보면 분명히 희망을 키울 수 있는 씨앗 같은 것이 있을 것이라는 느낌이……. 그러고 보니 눈앞이 좀 환해지는 것 같기도 합니다. 그렇다면 먼저 주어진 환경부터 긍정적인 눈으로 바라보는 훈련을 하는 것이 순서이겠네요. 그런 다음 그 환경을 통해서 우리가 얻을 수 있는 교훈과 기회를 찾아내 우리 것으로 만들면 되는 것 아니겠습니까?"

이제 비로소 박 지점장은 본래의 의욕과 쾌활함을 되찾은 것 같았다.

"지점장님께서는 역시 대단한 통찰력을 가지고 계시군요."

"원장님, 이렇게 제 생각을 달리 가지니 마음마저 홀가분해집니다. 제가 생각해도 참 놀라운 변화입니다. 길이 있으되 그 길을 보지 못한다면 그 길을 갈 수가 없겠지요. 왜. 저 같은 사람은 눈과 의식을 열고서 세상을 바라봐야 한다는 것을 알면서도 실천을 못하는지……. 흡사 '마음으로는 원하는데 몸이 따르지 않는다.'는 성경 구절이 지적하는 것처럼……. 아무튼 오늘 말씀 감사합니다. 다시 찾아뵐 때는 자랑거리라도 좀 가지고 올 수 있어야 할 텐데……."

우리는 다 같이 한솥밥을 먹는 식구들이다

두려움

계속되는 영업 실적의 하락과 영업 조직의 이탈로 좀처럼 회사 분위기가 나아질 기미 없는 혼란이 계속되는 가운데, 박 지점장이 다시 찾아와 걱정 어린 표정으로 김 원장에게 조심스레 물었다.

"원장님, 혹시 회사에 감원 계획이 있다는 얘기를 아십니까?"

"감원 계획이라니요?"

김 원장은 금시초문이라는 듯 눈을 크게 뜨며 되물었다.

"모르고 계시군요. 원장님, 지금 현장에서는 영업 조직까지 감원하는 것이 아니냐고 걱정하는 소리가 공공연히 커지고 있습니다."

"지점장님도 생각해 보십시오. 영업 조직을 감원하려는 회사가 어디 있겠습니까? 체중 조절을 하기 위해 체지방 감량은 할 수 있지만,

손발을 자를 수야 없지 않겠습니까?"

김 원장은 이 시점에서의 감원이란 게 당치 않다는 듯이 말했다.

"물론 저희도 그렇게 생각하지만…… 지금 회사의 정책을 보면 마치 영업 조직까지 축소시키려는 듯이 비춰진다는 것에 문제의 심각성이 있습니다."

"그렇다면 정말로 심각한 상태로군요. 결국 회사가 나아가는 방향이나 정책을 하부 조직에서 신뢰하지 못한다는 뜻인데……."

김 원장은 미간에 깊은 주름이 잡히도록 심각한 표정을 지으며 잠시 생각에 잠겼다.

"네, 바로 그 점입니다. 지금 아래위가 한 줄기를 이루며 일사분란하게 움직여도 될까 말까 한 판인데, 회사의 영업 전략이 어떤 방향으로 나아가고 있는지 하부 조직에는 잘 전달되지 않을 뿐만 아니라, 지금 진행되고 있는 대부분의 전략들은 현장의 실정과는 너무나 괴리가 크다는 데 문제의 심각성이 있습니다."

"그렇군요. 회사가 이 난국을 돌파해 보고자 고심 끝에 내놓은 전략들에 대한 불신이 이렇게 크다니……. 회사의 전략이 현장의 실정에 맞지 않는다고 생각하는 데에는 구성원들의 생각 속에 변화를 거부하려는 의식이 여전히 남아 있기 때문이 아닐까요?"

조직원들에게는 생리적으로 이미 실패한 전략이라도 종전의 것이 더욱 친숙하게 느껴진다는 것을 알고 있기에 던진 김 원장의 질문이었다.

"원장님, 그러나 모든 사람들이 다 그렇게 느끼는 것은 아닙니다. 일부 지점장들은 이럴 때일수록 정신을 가다듬어 가히 총체적이랄 수 있는 이 난국을 수습해야 되지 않겠느냐고 목청을 높이고 있습니다. 두려움을 모르는 용기, 그런 것을 지닌 분들도 더러는 분명히 있습니다."

"그런 분들에 대해 한 번 생각해 보십시오. 주로 어떤 분들이 그렇다고 말씀하시겠습니까?"

"음…… 그런 분들은 평소에도 비교적 긍정적인 마음을 가지셨던 분들인 것 같습니다."

박 지점장은 잠시 동안 몇 명의 동료 지점장들을 머릿속에 떠올려 본 뒤에 그렇게 답했다.

"지점장님, 지점장님께서도 짐작하시겠지만 그분들인들 왜 두렵지 않겠습니까? 단지 그분들은 어려운 문제나 고통의 위험에 직면했을 때 절대로 좌절하거나 포기하지 않고 긍정적인 마인드를 유지하도록 훈련되어 있으신 분들이라고 여겨집니다."

"원장님, 그러고 보니 그분들은 대부분 성공을 경험을 하셨거나 성공적인 삶을 살아 왔던 것 같습니다."

"박 지점장님, 원래 사람은 두려워서 도망가는 것이라고 알고 있지만 사실은 먼저 도망가기 때문에 두려워지는 것입니다. 문제 앞에 직면할 의지만 있다면 나약해지지 않을 것입니다. 물론 누구든지 이와 같은 어려운 상황에서 불안하지 않다면 거짓일 겁니다. 다만 어떻게 문제와 직면하면서 활로를 찾아내느냐 하는 점에서 차이가 있을 뿐이지요."

"원장님의 말씀을 잘 알아듣겠습니다. 하지만 산 넘어 산의 형국인 지금의 이 상황을 어떻게 타개해야 될지 쉽게 가닥이 잡히지 않는 것은 매한가지입니다."

"그렇다면 일단 지점에서 칭찬 릴레이를 더욱 적극적으로 실시해 보는 것은 어떻겠습니까?"

"원장님, 다들 힘이 빠져 허우적거리는 이런 상황에서는 칭찬이 잘 안 된다는 것을 모르십니까? 처음 얼마 동안은 의식적으로 구성원들 사이에 칭찬이 오가고 그랬는데, 지금은 저 자신부터도 구성원들에 대한 칭찬이 잘 안 되더군요."

"그래도 구성원들 중 누군가는 문제 앞의 무력감에서 탈출하려고 열심히 준비하고 계시는 분이 반드시 있을 것입니다. 그런 분을 찾아내 어렵더라도 칭찬 릴레이를 다시 시작하시다 보면 지금 생각하지 못했던 또 다른 길이 열리게 될 것입니다."

"알겠습니다. 현실에서 출구가 쉽게 찾아지지 않으니까 제 생각조차 꽉 막혀 있었던 것 같습니다. 매사에 있어서 첫 술에 배부를 수 없다는 것을 잊고 있었던 것 같기도 하고요. 어떤 일을 추진하면서 그 결과에 대한 확신을 잃는다면 그만큼 성공을 거두기가 어려운 것이겠지요. 이번에 닥친 고난의 한파는 생각보다 길어질 것이라는 사실을 인정하고, 제 각오부터 새로이 다져야 할 것 같습니다. 말씀해 주신 '칭찬 릴레이'는 즉효를 나타내는 진통제라기보다는 증세를 조금씩 근본적으로 호전시켜 나가는 치료제 아니겠습니까?"

김 원장은 그 말을 들으며 리더로서의 박 지점장이 지닌 사고방식의 장점 가운데 하나는 그 유연성에 있다는 생각을 했다. 단지 그것이 우유부단함으로 흐르지만 않는다면 말이다.

칭찬이라는 약

세계 경제의 한파는 국내 경제에도 적지 않은 영향을 끼쳤고, 이는 곧 회사의 경영 환경을 악화시키는 변화 요인이 되었다. 김 원장은 연초부터 조직 순환 사이클의 '하강기'에 처한 조직원들의 사기 진작을 위해 칭찬 릴레이를 시행하자고 지점장들에게 제안한 적이 있었다.

"여러분들께서는 단위 지점의 리더입니다. 어떤 형태로든 변화한다는 것 자체를 두려워하는 우리의 조직원들에게 용기와 희망을 줌으로써 바람직한 변화의 길로 이끌 수 있는 방법 중에 으뜸으로 손꼽히는 것은 서로에 대한 칭찬입니다. 칭찬은 닫혀 있는 세계를 열린 세계로, 무능력을 능력으로, 무관심을 관심으로, 답보 상태를 발전으로, 침체된 국면을 활기찬 국면으로 바꿔 주는 촉매제입니다. 저는 조직원들 상호 간에 종으로나 횡으로 끊임없이 칭찬을 이어 가는 '칭찬 릴레이'가 우리 회사나 지점의 확고한 문화로 자리 잡을 수 있도록 꾸준히 노력해 주실 것을 여러분들께 간곡히 제안합니다. 내가 먼저 칭찬함으로써 칭찬 릴레이의 시발점이 된다면, 그 칭찬은 조직원들 사이를 돌고 돌아 결국 내게로 다시 돌아오게 됩니다. 칭찬 릴레이 운동을 통해 매일 한 명 이상씩 칭찬하는 것과 상대방을 나보다 더 낫다고 여기는 존경의 마음을 갖는 생활 태도를 반드시 정착시켜 나갑시다."

'칭찬 릴레이' 운동은 각 지점장들의 노력과 구성원들의 호응 속에서 지점과 회사의 분위기를 밝고 긍정적인 것으로 바꿔 놓는 역할을 했다. 아주 사소한 생활 요소의 변화가 조직원들의 불안과 걱정을 불식시키고, 사람들의 마음을 부드럽게 바꾼 것이다. 물론 그에 따라 업무의 결과도 좋아질 것은 자명한 사실이다. 계속되는 칭찬 릴레이로 말미암아 팀원들이 다시 뭉쳐지는 계기가 마련되었고, 서로 신뢰하고 협동하는 시너지의 장이 열리게 되었다.

"지점장 여러분! 여러분들은 현재 우리 회사의 현실을 직시할 필요가 있습니다. 회사의 모든 실적이 급격한 하락세로 돌아섰고 영업 조직에서도 이탈이 늘어나고 있는 추세라는 것은 이미 잘 아시고 계실 겁니다. 이러다 보니 우리 구성원들이 불안해하고, 심지어는 공포심마저 느끼고 있습니다. 이런 시기에는 잘못된 결과를 두고 동료 사이에 서로 책임을 전가하려 하고, 스스로 지나친 자괴감에 빠지기도 하곤 합니다. 이런 현상은 조직의 '하강기'에서 전형적으로 볼 수 있는 일들입니다. 지금 우리 모두는 피할 수도 없고 피해서도 안 되는 변화에 직면하게 된 것입니다. 그렇다고 우리가 연일 불안 · 초조 · 걱정 등에 싸여 다가올 기회를 날려 버릴 수는 없는 것이며, 우리 스스로를 실패하는 길로 내몰 수는 더더욱 없는 것입니다. 저는 오늘 여러분께 두 가지 점을 강조하고자 합니다.

첫째, 여러분이 먼저 긍정적인 감성을 가지고 그것을 구성원들에게 전파하는 일이 중요하다는 말씀을 드리겠습니다. 긍정적 감성이란, 미래에 대한 기대를 포기하지 않는 것이며, 어떤 상황에서도 용기와 희망을 가지는 것을 말합니다. 우리가 지금까지 실천해 오고 있는 '칭찬 릴레이'가 긍정적인 감성 표현의 대표적인 방법 중 하나입니다. 여러분 한 사람 한 사람이 긍정적인 감성을 가지고 그것을 조직 내에 전파하여 발휘되는 에너지를 결집시킨다면 지금으로서는 상상도 할 수 없이 크나큰 성공도 이룰 수 있을 것입니다.

둘째는 구성원들이 서로에 대한 믿음과 희망을 갖도록 해야 합니다. 우리는 가족입니다, 가족 관계의 특징 중 하나는 친밀감입니다. 어떤 것도 용납되고 이해되고 포용되는 용광로 속 같은 것이지요. 우리에게는 자유로운 토론 기회와 민주적이고 긍정적인 마인드, 끝없는 열정 등이 있습니다. 이것이 우리의 힘이고 자랑입니다. 여러분도 잘 아시는 넬슨 만델라 전 남아공 대통령은 27년간의 옥고를 치르고 71세의 나이에 꿈에 그리던 고향 풀밭을 다시 밟으며 이렇게 말했다고 합니다. '나는 위대한 변화가 일어나리라는 희망을 단 한 순간도 잊은 적이 없습니다.'라고 말입니다. 이것을 입증해 주는 일화로 옥중 생활로 14년 동안이나 만나지 못한 맏딸이 손녀의 이름을 지어 달라고 아버지를 찾아왔을 때, 그분이 작은 쪽지에 써서 준 손녀의 이름은 '아즈위(Azwie)', 즉 '희망'이었다고 합니다.

여러분, 우리는 반드시 다시 도약하게 될 것입니다. 그때 부끄럽지 않은 리더로 남기 위해, 자랑스러운 리더로 우뚝 설 수 있도록 바로 지금 이 순간부터 의연하게 견디고 대처하며 극복해 나갑시다!"

공동 운명체

김 원장은 회사가 처한 현 상황 국면을 '하강기'라고 규정하였다. 그러고 나서 이럴 때 리더는 넓은 마음으로 용납과 용서를 할 마음의 준비를 갖출 필요가 있다는 것과 미래를 멀리 내다보는 혜안을 가져야 한다는 것, 자기 자신에 대한 철저한 절제로 에너지를 유지해야 한다는 것 등 리더로서 어떤 리더십을 갖추고 발휘해야 하는지에 대한 내용으로 강의를 계속 진행해 나갔다.

"지점장 여러분, '하강기'에 직면한 조직원들은 비전이나 목표를 잃고 방황하게 됩니다. 그들이 심리적으로 매우 불안하여 상시적인 두려움에 짓눌려 있기가 십상임을 다시 한 번 기억해 주시기 바랍니다. 업무에 대한 회의가 일면서 동료 간의 신뢰도도 많이 떨어지기 때문에 조직 건강에 적신호가 켜지는 위험한 시기입니다. 이때 리더인 여러분들이 어떤 리더십을 발휘하느냐가 조직의 운명을 가름하게 됩니다. 현재의 어려움을 타파해 나가는 것은 리더인 여러분의 몫이고 책임입니다. 여러분들은 여러분들로 하여금 모종의 대가를 지불하게 하려는 현장의 부름을 받았다고 생각하십시오. 이런 현실을 피해 갈 수 없는 것이 어쩔 수 없는 리더들의 사명이라고 봅니다. 피할 수 없다면 즐겨야 하지 않겠습니까? 이 시기에 리더인 여러분들이 주안점으로 인식하고 구성원들과 함께 실행해 나가야 할 점 몇 가지에 대해 말씀을 드리겠습니다.

첫째, 반드시 진실하고 정확한 소통을 해 나가야 합니다. 진실은 항상 위대합니다. 숨김없이 진솔하게 팀원들과 소통하십시오. 정확한 소통은 루머나 의혹을 사전에 차단하고 불안감을 해소하는 명약입니다. 직원들이 모든 정보를 지점장에게서 얻도록 하여야 합니다. 다른 채널을 통해서 얻는 정보는 왜곡되어 있거나 불신의 뿌리가 될 수 있기 때문에 조심해야 합니다.

둘째, 구성원들에게 용기와 희망을 주어야 합니다. 용기와 희망을 주어라, 참 좋은 말 아닙니까? 솔직히 말해서 리더인 여러분도 절망적일 때가 많은데, 직원들에게 용기와 희망을 주기란 그리 쉬운 일이 아닐 것입니다. 그렇지만 여러분, 개인이나 조직은 흥망성쇠를 겪기 마련입니다. 내가 원하든지 원하지 않든지 조직의 기세가 상승하여 고점에 다다르면 어느새 하강하기 시작하여 바닥을 향해 하락하는 사이클 순환을 겪게 되는 것입니다. 그렇다면 어떤 조직도 '하강기'를 겪을 수 있는 것이며, 이런 사이클 순환을 통해 조직이 성장해 간다는 것도 분명한 사실입니다. 물론 이론적으로 알고 있는 내용과 실제 당하는 괴로움 사이에는 엄청난 차이가 있음도 잘 알고 있습니다. 하지만 이제 지점으로 돌아가시면 현재의 현상은 우리만의 문제가 아니라 성장하는 모든 회사들이 겪는 일종의 통과의례이며 성장통에 불과하기 때문에 우리는 이것을 슬기롭게 극복할 것이라는 용기와 희망을 구성원들에게 심어 주시기 바랍니다. 그러기 위해서는 여러분 자신이 먼저 용기와 희망을 가져야 함은 두말할 것도 없습니다.

셋째는 '기본으로 돌아가라!'는 원칙입니다. 인간은 어려움에 처할수록 피해 가려 하거나, 그저 적당히 쉽게 넘어가려고 합니다. 심지어는 편법을 동원하려는 유혹을 받게 됩니다. 그러나 현장에서 리더인 여러분이 직접 나서서 구성원들과 고통을 함께 분담한다는 자세를 보이신다면 제아무리 어둡고 긴 터널일지라도 슬기롭게 빠져나가게 될 것입니다.

이 세 가지 항목을 실천해 나가다 보면 반드시 캄캄하던 앞이 보이는 때가 올 것이라고 저는 확신합니다. 먼 길을 떠나는 자는 새벽을 깨워 운동화 끈부터 단단히 매야 합니다. 이제부터 우리는 인고(忍

苦)의 시기를 통과해야 하는데, 어떻게 하시겠습니까? 그 인내와 고통의 시기가 싫다고 하여 여기서 그만 포기하고 말 것입니까? 그런 분은 리더라고 할 수 없습니다. 지점장이라는 직함을 훼손시키는 무능력자입니다. 여기 계신 분들 가운데에는 그런 분이 단 한 분도 없을 것이라고 저는 믿습니다.

자, 여러분! 우리 이제부터라도 손에 손을 마주잡고 한 덩어리로 뭉쳐 성공을 향한 우리의 열정을 불태워 나갑시다!"

구성원들의 의지와 의욕이 살아나도록 동기를 부여하라

위기를 기회로

김 원장은 회사의 교육 책임자로서 당면한 경영 현실의 어려움을 극복하기 위해 누구보다 중요한 역할을 감당해야 한다는 신념 아래 피곤함도 잊은 채 교육장 강단에 서서 세 시간에 걸친 강의를 계속하고 있었다.

"지점장 여러분! 지금과 같은 조직 '하강기'에 리더인 여러분들이 구성원들에게 해줄 수 있는 가장 필요한 행동 처방은 '동기부여'입니다. 여러분에게는 구성원들이 현실적 불안과 걱정을 극복하도록 도와줄 책임이 있습니다. 그들이 불안과 걱정으로 낭비할 에너지를 일할 의지와 의욕으로 전환하도록 이끌어야 하는 것은 오로지 여러분의 몫입니다.

이제부터 동기부여를 하기 위해 필요한 요소들에 대해 말씀드리겠습니다.

첫 번째로 필요한 게 '위기는 기회'라는 확신입니다. 기회는 항상 위기라는 가면을 쓰고 있다는 사실을 명심하십시오. 포기하지만 않는다면 망할 것 같아도 절대 망하지 않습니다. 위기 없는 기회는 없다는 것을 확신하며, 구성원들에게 동기부여를 해주시기 바랍니다. 결국 지금의 위기는 또 다른 모습의 기회라는 것을 강하게 부각시켜 주십시오. 리더들이 먼저 그런 확신을 가질 때 비로소 우리 모두는 이 위기를 즐길 마음의 준비를 하게 되는 것입니다. 아울러 우리는 새로운 기회를 붙잡게 될 것입니다. 그리스 신화에 등장하는 '기회'라는 이름의 신은 앞 머리칼이 무성하여 앞에서 다가올 때에는 누구나 덥석 잡을 수 있지만 뒤통수는 대머리여서 일단 지나간 뒤에는 잡기가 어려울 뿐만 아니라, 발에 날개가 달려 순식간에 사라진다고 합니다. 다가온 기회를 붙잡지 못하고 그대로 스쳐 지나 보내는 사람을 뭐라고 부르는 줄 아십니까? '바보!', 바로 바보입니다.

두 번째로 필요한 것은 성공으로 향하는 시선입니다. 우리의 목표가 무엇입니까? 결국은 성공하자는 게 우리의 목표입니다. 목표를 바라보지 않고서는 목표에 다가설 수 없습니다. 구성원들이 어쩌다 결정적인 실수를 하게 되는 경우가 있어도 우리는 여전히 성공으로 가는 길목에 있다는 것을 끊임없이 동기부여해 주시기 바랍니다. 상황이 어려운 때에는 회사의 경영 자체도 시행착오를 빈발하기 쉽고, 과거에는 쉬웠던 문제도 어렵게 꼬이는 경우가 많습니다. 하지만 어떤 상황에서라도 우리는 기필코 성공하리란 것을 확신시켜 주십시오. 물론 여러분 자신이 먼저 그런 확신으로 불타고 있어야 한다는 것이 전제되어야 합니다. 성공의 기회는 거저 굴러 들어오는 것이 아니라 우리의 수많은 실수나 실패를 먹고 자라난다는 것을 잊어서는 안 됩니다. 그러므로 우리는 현재의 힘든 상황을 즐기기로 작정해야 하며, 그런 태도야말로 성공의 기회를 붙잡기 위한 필수 불가결의 정신적 요소임을 분명히 인식해야 합니다.

세 번째로 필요한 것은 '평소처럼 하라'는 것입니다. 지금은 너무 잘해 보려고 하거나 너무 힘을 준 상태에서 임할 때가 아닙니다. 의욕 과잉은 빠른 피로감을 몰고 옵니다. 이런 어려움을 하루 빨리 극복하려고 발버둥 치면 칠수록 더 깊은 수렁으로 빠져 들어가기가 쉽다는 것을 아셔야 합니다. 자연스러운 게 좋은 때입니다. 연습을 하듯이 말이지요. 연습 때처럼 하시되 창의력을 장려하십시오. 조직원들에게 너무 부담감을 느끼게 하거나 심한 스트레스를 주지 않도록 배려하는 것이 좋습니다. 위축되지 않는 평온한 마음 상태로 창의적인 일을 할 수 있도록 지점장들께서 동기부여해 주시기 바랍니다. 우리가 사용하고 있는 많은 발명품의 대부분은 전쟁 중에 발명된 것임을 잘 아실 것입니다. 그 어느 때보다 우리의 아이디어와 창의적인 노력이 필요한 만큼 전사적인 아이디어 모으기나 창의력을 발휘하여 조직에 기여한 구성원들을 기여도에 따라 별도로 포상하는 등의 '동기부여'를 해준다면 금상첨화가 아닐까 생각합니다.

리더들의 표정과 무심코 던진 말 한마디가 그 구성원들에게 얼마나 큰 영향력을 미치게 되는지는 여러분께서 이미 잘 알고 계실 것입니다. 동기부여는 시책이나 물질로만 이루어지는 것이 아닙니다. 그렇기 때문에 리더인 여러분들의 태도 하나하나가 매우 중요하다는 사실을 잠시도 잊어서는 안 됩니다. 결국 이 난국을 헤쳐 나가느냐 그렇지 못하느냐 하는 문제는 여러분의 태도에 달려 있다고 해도 과언이 아닙니다.

나폴레옹은 '사람들이 자신의 가슴에 작은 메달을 거는 명예를 위해 목숨도 기꺼이 바치려 한다는 것을 발견한 것이 나의 가장 위대한 발견'이라고 말했습니다."

위기 관리

김 원장의 열띤 강의를 경청하고 있는 지점장들 사이에 차오르기 시작한 공감과 결의는 차츰차츰 장내를 녹여 버릴 것처럼 뜨겁게 달아오르고 있었다.

"지점장 여러분, 마지막으로 한 가지만 더 말씀드리려고 합니다. '위기관리'에 대한 것입니다. '위기관리'란 말을 우리는 많이 듣기도 하고, 또 하기도 합니다. 그만큼 그 말은 우리 생활과 밀접한 용어입니다. 사실 가만히 따져 보면 우리 주변에는 항상 위험 요소들이 산재해 있다고 해도 지나친 말이 아닙니다. 좀 심하게 얘기해서 지뢰밭을 연상해 보면 어떨까요? 치명적인 결과를 초래하는 위험에서부터 아주 경미한 위험에 이르기까지 다양한 위험들이 여기저기에 널려 있는 셈입니다. 그래서 리더라면 평상시에 이런 위험들을 관리하는 훈련을 반드시 해두어야 합니다.

그런데 위기(危機)라는 단어를 잘 보십시오. 그 단어 자체가 위험과 기회가 공존하고 있음을 말하고 있지 않습니까? 나폴레옹이 언급했던 것과 마찬가지로 우리도 지혜와 용기로써 위험을 기회로 바꾼 사람들을 영웅이라고 부르며 그 가슴에 메달을 달아 주게 됩니다. 메달의 크기야 어떻든지 말입니다. 기회는 막연히 기다리는 자에게 저절로 주어지는 것이 아닙니다. 항시 위험을 관리하고 기회를 찾아 또 관리하는 사람들에게 주어지는 열매 같은 것이 기회입니다. 여기서 '기회 관리'라는 말도 생각해 볼 수 있을 것입니다. 그래서 동전의 양면과 같이 위기와 기회를 하나로 여기면 됩니다. 즉 '위기 관리'와 '기회 관리'는 동일한 것입니다.

이렇듯 우리가 살아가는 삶의 현장에는 위험과 기회가 공존하고 있습니다. 잘난 사람에게는 기회가 많고 그렇지 못한 사람에게는 위기가 많은 것이 아닙니다. 많은 기회를 살려 자기 것으로 만들어 나가는 사람은 잘난 사람이 되는 것이며, 반대로 위기관리를 잘못하여 많은 위험에 해를 입는 사람은 못난 사람으로 남게 됩니다. 기회와 위기는 누구에게나 공평하게 다가온다고 생각해도 틀리지 않습니다. 그렇게 공평한 상황은 항상 우리에게 다가와 능동적인 대처를 요구하는데, 그것을 우리는 '변화'라고 부르는 것입니다. 다시 말해서 '변화'를 요구하는 시시각각의 상황에는 반드시 능동적인 대처가 필요하다는 것입니다. 만약 실기하거나 잘못 판단한다면 매우 어려운 상황을 만나게 되는 것이 자명한 결과입니다. 지금 우리가 어려움에 처한 것도 우리 스스로가 상황이 던져 준 변화라는 과제에 능동적인 대처를 하지 못한 결과일 뿐이라는 것입니다. 그러면 그것을 깨달은 지금에라도 변화하면 되지 않겠느냐고 반문하실 분도 있을지 모르겠으나, 때를 놓친 변화는 이미 능동적인 변화라고 볼 수 없다는 데에 제 얘기의 핵심이 들어 있습니다. 리더의 위치에 있는 분들 가운데 상당수가 변화를 요구 받는 상황이 되면 그저 책임 소재를 묻고 무엇이 문제였는지 분석해 내는 일 등에 많은 시간을 허비함으로써 기회를 놓치는 실수를 범합니다. 기껏 문제의 원인을 찾아내 해결하려다 보면 문제를 해결하기는커녕 오히려 엉뚱한 방향으로 불길이 옮겨 붙어 더욱 어려운 문제를 낳고 마는 경우를 아마 여러분 중에서도 경험해 보신 분들이 있을 것입니다. 네가 잘했느니 못했느니 하면서 서로에 대한 원망과 시비를 키우는가 하면, 심지어는 남에게 책임을 덮어씌우는 등의 바람직하지 못한 방향으로 흐르기가 십상입니다. 그래서 문제 해결을 위한 실마리를 찾지 못하고 문제를 더욱 꼬이게 만드는 현상을 보게 됩니다.

그런 때 그 모든 책임은 당연히 리더에게 있는 것이고, 리더는 어떤 형태로든지 책임을 져야 하는 것입니다. 옛날의 임금들은 가뭄으로 흉년이 들었다면, 자신의 부덕한 소치라고 여겨 기둥에 머리를 찧으며 자학을 하기까지 했다고 합니다. 그 행위의 합리성 여부는 차치하고라도 문제의 원인을 자신에게서 찾으려는 리더의 자세라는 측면에서는 오늘의 리더들이 한번쯤 생각해 볼 가치가 있다고 할 것입니다.

조직이 어려움에 직면하게 되었다면 리더는 우선 자신에게 어떤 문제점이 있지는 않았는가 하는 것부터 살펴보아야 합니다. 자신의 어떤 점이 변해야 그 어려움을 극복할 수 있는지 깊이 생각해야 합니다. 그것이 리더가 가장 먼저 할 일입니다. 그래야 구성원들이 마음의 안정을 찾고 다시 힘을 내 새로운 도전을 준비할 수 있을 것입니다. 그런 바탕 위에 섰을 때 리더와 구성원들은 하나가 되어 비로소 조직에게 요구되는 '변화'가 무엇인지를 '기회'라는 측면에서 정확히 찾아낼 수 있게 됩니다. 이것이 '위기 관리', 아니 '기회 관리'의 기본이며 핵심입니다."

욕구보다는 필요를 채우라

김 원장의 강의가 끝나 갈 무렵 지점장 한 사람이 손을 들었다.

"원장님, 아시다시피 지금 우리 회사는 매우 어수선한 상태입니다. 솔직히 말해서 직원들은 불투명한 미래에 대해 매우 불안해하고 있습니다. 부정적인 시각이 팽배하고, 눈치도 많이 보는 상황입니다. 이런 상황에서 구체적으로 어떻게 해야 그들에게 동기를 부여하며 새로운 전기를 마련할 수 있는지 말씀해 주십시오."

"아주 중요한 질문을 해주셨습니다. 사실 각 지점마다 여건과 상황이 조금씩 다르기 때문에 한마디로 꼭 집어서 말씀드리기는 쉽지 않습니다. 다만 개괄적으로 몇 가지 말씀은 드릴 수 있습니다.

먼저 여러분 산하의 구성원들을 있는 그대로 인정하십시오. 그들의 가능성을 믿고 받아 주라는 뜻입니다. 인간은 누구나 좌절 · 불안 · 혼란이 가중되는 환경에서는 지적 능력이나 판단 능력이 감소합니다. 그래서 가끔 평소 같으면 생각지도 못할 어리석은 행동도 하게 되지요. 그럼에도 불구하고 여러분들이 이해하고 용납해 주는 것이 중요합니다. 그때 필요한 것이 훈련된 여러분의 의사소통 능력입니다. 물론 구성원들과 의사소통을 시도할 때에는 상대방의 '잘잘못'에 초점을 맞출 것이 아니라, 서로 '다르다'는 것을 인정하는 시각에서 출발해야 합니다. 그래야 피차 존중하는 자세의 대화가 됩니다. 이것이 구성원들을 향한 '동기부여'의 첫걸음입니다.

그 다음으로는 구성원들에게 결과를 분명하게 보여 주셔야 합니다. 여러분들이 구성원들의 내면에 어떤 동기를 불어넣었다 하더라도 그들이 행동하지 못할 때가 있다는 것을 경험해 보셨을 겁니다. 리더들은 쉽게 행동할 수 있는 것들도 보통 직원들은 어렵게 느끼고 망설일 때가 많습니다. 결과를 분명히 보지 못하기 때문이지요. 그들의 심안(心眼)에는 최종 결과보다 과정의 어려움이나 장애 요소 등이 더 크게 보이는 현상이 있기 때문입니다. 이때 여러분들은 부여된 동기를 발전시켜 바라는 결과를 이루었을 때 일어날 일들을 구체적으로 핏빛같이 생생하게 그려 내어 그들 앞에 제시할 수 있어야 합니다. 그리고 그들이 그 성공의 주인공임을 확실하게 보장하는 것이 핵심입니다. 생리학적으로도 그래야 인간을 행동하게 하는 호르몬인 '도파민'의 분비가 왕성하게 촉진된다고 합니다.

한 가지 덧붙이자면, 여러분은 각 개인의 욕구에 대한 깊은 이해심과 통찰력을 발휘해야 합니다. 에이브러햄 매슬로우(Abraham Maslow)는 《동기부여론(Motivation Theory)》에서 인간의 욕구는 기본욕구(생리적인 욕구, 안전 욕구)에서부터 상위 욕구(인정받고 싶은 욕구, 명예 욕구, 자기실현 욕구)까지 5단계로 이루어져 있는데, 하위 욕구가 채워진 연후에야 상위 욕구를 채우려 한다고 주장했습니다. 사람은 아무리 좋은 결과나 자극을 받았다 하더라도 그 사람의 욕구 충족을 위한 동기부여가 되지 않는다면 그에 따라 행동하지 않는다는 이론입니다. 즉 자신이 원하며 하고 싶은 일을 할 때 가장 높은 성취를 하게 된다는 뜻입니다.

따라서 만약에 동기부여에 대해 소극적인 태도로 일관하는 구성원이 있다면 그것은 지점장이나 회사 정책에 반기를 들어서라기보다는, 자신의 욕구와 일치하지 않기 때문일 가능성이 더욱 큽니다. 그렇다면 여러분은 그 욕구의 방향을 바꿔 주는 일도 함께 진행할 수 있어야 할 것입니다. 욕구의 방향을 바꾼다는 것은 욕구보다는 필요를 찾아 채워 줘야 한다는 것을 의미합니다. 이는 개인의 사고방식이나 가치관 등을 함께 바꾸는 일이므로 결코 쉽지 않을 것입니다. 그래서 리더인 여러분들에게 그런 책무가 주어진 것입니다. 이는 매우 가치 있는 일이고 결국 우리 모두를 성공시키는 매우 보람된 일입니다."

여기까지 말하고 난 김 원장이 탁자 위의 물병을 들어 목을 축이는 사이에 지점장들 가운데 한 사람이 굵직한 음성으로 물었다.

"결국 리더가 먼저 움직이지 않으면 구성원들은 움직이지 않는다는 말이 바로 이런 경우를 두고 한 말이로군요?"

"빙고! 바로 그것입니다. 현재와 같은 어려운 시기에는 리더가 솔선수범하지 않으면 구성원들은 절대 움직이지 않고 복지부동하게 마련입니다. 여러분, 어느 철학자는 인간을 모독하는 두 가지의 말이 있는데, 그 첫 번째는 '고생을 모른다.'고 하는 말이고 두 번째는 '유머를 모른다.'고 하는 말이라고 했습니다. 지금 우리 회사는 여러모로 어려움이 중첩된 터널을 지나고 있습니다. 그야말로 고통의 연속입니다. 이 터널의 끝이 어디쯤에 있는지는 아무도 모릅니다. 다만 우리가 분명히 알고 있는 것은 이 터널의 끝은 분명히 존재한다는 것입니다. 비가 온 후에 땅이 굳어지듯이, 우리 조직도 이런 어려움을 통과한 후에는 더욱 발전하고 성숙해지리라는 것을 우리는 믿고 나아가야 합니다. 그렇습니다. 지금의 어두움이 답답하고 힘든 것은 사실이지만, 이 시기를 슬기롭게 지내고 나면 반드시 찬란하게 빛나는 태양을 보게 될 것입니다. 이럴 때일수록 이 고난을 극복하겠다는 결연한 자세를 가지되 항상 유머를 잃지 않아야 합니다. 서로 격려하고 칭찬하는 일에 지금까지보다 더 많은 노력을 기울여 주십시오. 어려울 때의 친구가 진정한 친구가 아니겠습니까? 다시 말씀드리자면, 우리는 모두 다 이 터널을 통과하게 될 것이며 분명히 더 나은 미래를 만나게 될 것입니다. 오늘 여러분들께 그런 믿음 하나만 확실하게 전달해 드렸다면 저는 오늘 강의에서 성공을 거둔 것으로 생각하며 말씀을 마치겠습니다. 감사합니다."

블라인드 커튼을 걷어 올린 교육장의 유리창을 통해 지는 해가 그려 놓은 붉은 노을빛이 흘러 들어왔다. 이제 곧 밤의 장막이 세상을 뒤덮을 테지만, 내일이 되면 반드시 새 아침의 태양이 떠오를 것이다. 각자 자신의 지점으로 돌아가는 지점장들은 하나같이 입술을 굳게 다물고 있었고, 그 표정에는 엄숙함마저 감돌아 김 원장의 강의를 통해 깊은 인상을 받았음을 알 수 있었다.

조직을 위해 자신을 희생하는 조연에 머무르라

파트너십을 구축하라

한동안 발걸음이 뜸했던 박 지점장이 다시 김 원장의 교육장을 찾아왔다. 얼굴에는 여전히 수심의 그림자가 내비치고 있었다.

"원장님, 변화의 고통이란 게 이렇게 큰 것인가요?"

박 지점장은 갈라져 쇳소리를 내는 음성으로 첫마디를 꺼냈다. 그의 피곤함과 낙담을 여실히 느낄 수 있을 정도였다.

"하하, 박 지점장님께서 꽤나 힘이 드시는가 보군요?"

김 원장은 일부러 웃음기를 곁들여 가볍게 대꾸했다.

"네, 힘이 듭니다. 마음 같아서는 힘껏 들어 올려 단번에 뒤집어 버리고 싶은 고난의 무게를 감당하기에 제 능력이라는 지렛대는 턱없이 빈약할 뿐이라는 생각이 들고……. 먼젓번에 원장님의 강의를 듣고 돌아가 여러 가지로 변화를 시도해 봤습니다. 물론 처음에는 어느 정도의 효과가 있는 것 같았지만…… 우리가 원하는 변화는 일어나지 않고 점점 더 맥 빠지는 일들이 터지니……. 이젠 정말 어찌해야 할지 몰라 쩔쩔매는 제가 한심스러워집니다."

"지점장님, 변화와 맞서 싸우는 것은 마치 괴물과 싸우는 것과 같다고 했습니다."

"언제까지나 이렇게 괴물과 싸워야 하는 건가요?"

"변화될 때까지 싸워야 하지 않겠습니까?"

"산 넘어 산입니다. 뭐가 뭔지 모르겠습니다."

"변화에 대처하는 간단한 처방에 대해 한 말씀드려야겠군요. 물론 이미 알고 계시는 내용일 테지만…….

첫째, 변화를 통해 반드시 성공한다는 확신을 갖는 것입니다.

둘째, 사람이 그 해답입니다.

셋째, 변화에도 사이클이 있기 때문에 어느 정도의 예측과 관리가 가능하다는 것입니다."

"네, 그 내용은 저도 알고 있지만, 현실의 어려움을 참고 인내하기가 너무 어렵습니다."

"박 지점장님, 이 세상에 쉬운 일이 어디 있겠습니까? 그렇지만 우리가 포기하지만 않는다면 반드시 성공을 이루게 될 것입니다. 하기야 변화를 쉽고 재미있게 이뤄 나가는 방법이 아주 없는 것은 아닙니다만……."

김 원장이 말끝을 채 맺기도 전에 박 지점장이 눈을 크게 뜨며 들이덤비듯 입을 열었다.

"그런 게 있다면 얼른 말씀해 주십시오. 당장 실행에 옮기겠습니다."

"그 불같은 성격은 몇 년 전과 다름없이 여전하시군요. 지점장님, '동업자 정신', 즉 '파트너십(Partnership)'이란 말씀은 들어 보셨겠지요?"

"물론, 많이 들어 보았고 또 종종 사용하고 있는 말이기도 합니다."

"그러시겠죠. 제가 보니 박 지점장께서는 지금 파트너십이 필요한 시기에 처한 것 같습니다. 오랫동안의 좌절과 실패를 경험하고 난 뒤에 다시 성공에 도전한다는 것은 그렇게 간단한 문제가 아닙니다. 요는 그런 경우에는 아무리 사소한 것이라도 혼자서는 이루기 힘들고 어렵다는 얘깁니다."

"그렇다면 힘을 합하는 그 누군가가 있어야 한다는 말씀이신가요?"

"그렇습니다. 혼자서는 절대로 성공을 이룰 수 없는 것입니다. 성공의 배후에는 항상 누군가가 있다고 보시면 됩니다."

"생각해 보니 그런 것 같습니다. 누군가의 성공 사례담을 듣다 보면 거기에는 꼭 도와주신 분들이 등장하더군요."

"예, 맞습니다. 지점장님, 서예가 한석봉과 그 어머니의 일화를 잘 아실 것입니다. 어둠 속의 경쟁에서 큰 깨달음을 얻어 결국 서예의 대가가 되었다는 이야기 말입니다. 아마 지점 내에서도 분위기를 주도하며 좋은 실적을 내시는 분들은 이미 어떤 종류로든 어려움을 한두 번쯤 경험하신 경력이 계신 분들일 것입니다."

"그 말씀에는 저도 동감입니다. 그럼 현재 이 상황에서 어떻게 파트너십을 구축하여 난국을 타개해 나갈지 조언 좀 해주십시오."

"말씀드린 파트너십에 대한 깊은 의미를 다시 한 번 음미하셔야 합니다.

무엇보다 먼저, 파트너 사이에는 서로의 신뢰가 가장 중요합니다. 여기서의 신뢰란 내면까지 헤아리는 깊은 인간관계를 말합니다. 서로의 비밀까지도 공유할 수 있는 정도를 말하지요. 그렇기 때문에 직장 내에서는 도리어 파트너십을 구축하기가 쉽지 않은 일면도 있습니다.

그다음으로는, 성공이나 실패의 결과도 함께 나누는 것입니다. 더 쉽게 예를 든다면, 일종의 부부 관계 같은 것이라고 보시면 됩니다. 구성원들끼리 이런 관계를 맺도록 도와주고 격려하신다면, 지점장님께서는 짧은 시간 안에 성공을 감지하시게 될 것입니다. 아울러 지점장님께서 먼저 매니저들과 '파트너십'의 모범을 보여 주신다면 더 좋은 효과를 낼 수 있을 겁니다."

"왜 저는 그렇게 명백하고 단순한 진리를 모르는 것처럼 지내 왔을까요? 측근의 사람들과 힘을 합할 생각은 하지 않고 저 혼자서 그 모든 어려움을 헤쳐 나가야 한다고 생각하고 있었으니……. 등잔 밑이 어둡다더니…… 세상사는 지혜에 있어서도 등잔 밑을 자주 살펴야 하는군요. 그런데 걱정이 됩니다. 왜냐하면 그동안 꽤 많은 성공을 경험했다는 선임 사원들까지도 지금은 모두 힘들어 하고 있는 실정이라서……. 그런 사람들에게 파트너십을 적용시키기가 왠지……."

"그럴 수도 있을 것입니다. 그렇기 때문에 그 취지나 의미를 처음부터 잘 전파하시고, 지점장님의 지점에 적합한 방법을 별도로 개발하셔야 될 것입니다. 동업자 정신인 파트너십을 통해서 문제나 슬럼프를 극복한 사례는 우리 주변에 아주 많습니다. 충분히 입증된 방법이란 말씀입니다. 하지만 결국에는 사람이 감동해야 그 마음들이 결집되고 비로소 문제 해결의 실마리가 싹트게 되기에 지점장님의 역할이 필요한 것입니다. 지점장님의 리더십이 지렛대 역할을 할 포인트는 바로 그 점입니다."

조연

파트너십의 확대 실행을 통해 어느 정도 안정세를 회복하는가 싶던 박 지점장의 지점은 다시 하강의 늪으로 빠져드는 악순환에 발목을 잡히고 말았다. 글로벌 금융 위기가 가져다준 경제 한파가 워낙 거센 탓이라고만 생각하며 앉아서 당하고 있을 수 없는 현실 앞에서 온몸을 던져서라도 조직을 살려보겠다는 박 지점장의 눈물겨운 노력은 김 원장이 보기에도 안쓰럽기 짝이 없었다.

"원장님, 이거 번번이 죄송합니다. 좀 좋은 소식을 가지고 찾아뵈어야 한다는 걸 알면서도……. 형편이 좀 나아지는가 싶다가도 금세 제자리에서 허우적거리는 꼴에서 벗어나지 못하고 있으니 죽을 노릇입니다. 바위 덩어리를 굴려 올라가 정상에 다다르면 그 바위가 다시 굴러 내려가고, 재차 그것을 굴려 올라가면 또 굴러 내려간다는 시시포스의 신화와도 같은 형국이 아닐 수 없습니다. 이젠 사람들에 대한 회의감까지 겹쳐져서 뭘 어떻게 해보겠다는 의욕마저 사라질 지경입니다. 지난번에 주신 원장님의 조언에 따라 저는 지점에서 파트너십의 본을 보이기 위해 정말 최선을 다해 왔고, 몇몇 선임 사원들도 제 방식에 호응하여 헌신적으로 노력하고 있지만, 구성원들에게는 머나먼 남의 나라 얘기로만 들리는가봅니다. 그들은 저의 그런 노력들을 아는지 모르는지 늘 불평과 불만에 가득 차서 겨우겨우 살려내려는 불씨에 찬물을 끼얹고 마니…… 제가 힘이 날 리가 있겠습니까?"

박 지점장은 깊은 한숨과 함께 아직도 수렁 속에서 빠져나오지 못하고 있는 자신의 답답함을 토로했다.

"그렇게 애를 쓰는데도 원하는 효과가 나타나지 않으니 얼마나 괴로우시겠습니까? 그 심정 십분 이해합니다."

"덕분에 평생에 두 번 다시 하고 싶지 않은 마음 수양 하나는 실컷 하고 있습니다."

김 원장은 박 지점장의 자조 섞인 푸념을 들은 끝에 한 가지 질문을 했다.

"지난번에 저는 파트너십을 얘기하면서 그 지점에 적합한 방법을 별도로 개발할 것을 권해 드렸었는데…… 지점장께서 지점에 접목하신 파트너십의 구체적인 방법은 어떤 것이었습니까?"

"한마디로 말씀드리자면 지금까지 지속적으로 실시해 오던 코칭을 파트너십의 차원에서 다각도로 시도해 보는 방법을 썼습니다. 함께 협력하여 일하면서 그 기여도에 따라 소득을 나누는 시스템도 도입했고요. 그 결과, 파트너끼리 협력하여 업무를 수행하거나 팀 차원에서 공동으로 진행하는 일들이 늘어났습니다. 그럼에도 궁극적인 실적이 이렇다 하게 신장되지 않으니 구성원들은 자연 소극적인 자세로 돌아갈 수밖에 없었던 것 같습니다. 처음에 반짝 하던 효과가 그대로 유지되기만 했어도 좀 나았을 텐데, 지금은 이도저도 아닌 상태가 되고 말았습니다."

박 지점장은 의사 앞에 앉은 환자의 심정으로 그간에 진행되었던 상황을 열심히 설명했다.

"처음에 거두었던 효과라는 게 어떤 것이었습니까?"

"우선적으로 꼽을 수 있는 건 1인당 생산성이 직전보다 15% 정도 높아졌다는 겁니다. 또한 정확한 통계를 내보지는 않았지만, 일시적으로 다른 지점에 비해 정착률이 높았던 것도 사실입니다. 저는 그것을 파트너십을 적용한 결과라고 생각했습니다. 팀원들이 서로서로 힘이 되었기 때문에 그런 효과를 거둔 것만은 틀림없습니다."

"저도 동감입니다. 짧은 기간에 그치고 말았다지만, 기대 이상의 좋은 결과를 가져왔군요."

김 원장은 고개를 끄덕이며 의미심장한 표정을 지었다.

"생각하기에 따라서는 그렇다고 할 수 있겠지요."

"저로서는 잘하셨다고 박수를 쳐드리고 싶습니다. 그런데…… 지금은 그 파트너십에 어떤 문제가 생겨 주춤거리게 되었다고 생각하십니까?"

"처음에는 의욕을 가지고 적극성을 띠며 시도했었는데, 지금에 와서는 저 자신부터 그것을 지속하기가 버겁습니다. 솔직한 사실을 말씀드리자면…… 제가 먼저 희생하며 파트너십에 모범이 되겠다는 처음의 태도를 어느 순간 이후 유지하지 못했던 것이 가장 큰 원인이었던 것 같습니다. 정말 부끄럽습니다."

박 지점장은 자괴감으로 김 원장의 시선을 피한 채 그렇게 말했다.

"지점장님은 어떤 종류의 희생을 해야 한다고 생각하셨습니까?"

"마하트마 간디는 '빵을 가지고 있지 않다면 배고픈 사람에게 말을 걸지 말라.'고 했지 않습니까? 지금처럼 어려운 때에는 무엇보다도 상대방의 필요를 채워 주며 시작해야 하는 것이 '파트너십'의 본질이라고 생각합니다. 그런데 저는……."

다소 상징적으로 에둘러 표현한 박 지점장의 말에 수긍이 간다는 듯 김 원장은 고개를 두어 번 끄덕이며 말했다.

"예, 아주 좋은 말씀입니다. 하지만 지점장님, 일 중에는 우리가 당장 실천할 수 있는 것과 시간을 갖고 기다리면서 때를 봐야 되는 것이 있지 않겠습니까?"

"그렇기는 하지만 이 상황에서는 저의 존재가 너무 무력하다는 생각만 들 뿐입니다."

"왜 그렇게만 생각하십니까? 효과도 보셨고 구성원들 사이에 파트너십 정신도 아직은 살아 있지 않습니까?"

"왜 저인들 계속 열심히 해보고 싶지 않겠습니까? 하지만 지속되는 저소득으로 지점의 분위기가 엉망으로 가라앉다 보니 더 이상 체계적인 '파트너십'을 진행하는 것 자체가 어려운 현실이 되고 말았습니다."

결국은 저조한 영업 실적에 따른 저소득이 박 지점장과 그 구성원들의 의욕을 꺾고 있는 것이었다.

"부정할 수 없는 현실 사정이 안타깝군요. 그렇다면 지점장님께서는 다른 대안이라도 찾아보셔야지 그냥 그러고 계실 수는 없잖습니까?"

"원장님께서는 어떻게 생각하실지 모르겠지만 저로서는 지금 같은 상황에서 생각해 낼 특별한 대안이 없습니다. 그저 최근에 지점 목표를 다시 재조정하는 작업을 시작한 것과 조직원들의 사기 진작을 위해 갖가지 방법들을 강구해 보고 있는 것이 고작입니다."

"그 정도면 아주 잘하고 계시는 겁니다. 역시 박 지점장님은 훌륭한 리더다우십니다."

김 원장은 박 지점장 자신의 사기부터 되살리는 것이 필요하다는 생각을 하며 그렇게 말했다.

"그런데도 이 터널의 끝이 보이려면 요원하기만 한 것 같고 실질적으로 이루어지는 성과가 없으니 답답하고 힘듭니다. 아침에 눈을 뜨기조차 싫고 다가오는 미래가 두렵기까지 합니다."

"박 지점장님답지 않으신 말씀입니다. 그럴수록 희망과 용기를 잃지 마셔야지 지점장님이 의기소침해 있으시면 그 밑에 딸린 조직원들은 누구를 보고 힘을 내겠습니까? 아무튼 제가 보기에 지점장님께서는 이제 '조연'이 되셔야 할 때인 것 같습니다."

김 원장은 비로소 생각하고 있던 처방을 내밀었다.

"원장님, 조연이라면……? 조연이 된다는 건 무엇을 의미하는 겁니까?"

박 지점장은 얼른 납득이 가지 않는지 표정에 궁금증을 잔뜩 담고서 물었다.

"따지고 보면 리더들이 착각하고 있을 때가 참 많지요. 지점장님처럼 항상 앞장서서 조직원들에게 뭔가를 보여 주고, 본을 보여야 한다는 생각에 사로잡혀 있는 경우도 그에 해당됩니다. 일종의 강박관념처럼 말입니다."

김 원장은 천천한 어조로 말했다.

"원장님께서도 그래야 된다고 가르치시지 않으셨습니까?"

"물론 그랬지요. 하지만 그것도 다 때가 있다는 것을 아셔야 합니다."

"그러면 지금은 제가 조연이 되어 구성원들을 밑받침해 줘야 하는 때라는 말씀이시군요?"

박 지점장이 모처럼 눈빛을 빛내며 말했다.

"네, 바로 그것입니다. 지점장님께서는 최근에 코칭을 가미한 파트너십으로 일시적인 성과를 얻으셨다고 했습니다. 그러나 파트너십은 사업 실적이 일정 수준으로 유지되고 있을 때에는 그 효과가 있지만, 지금처럼 조직이 깊은 슬럼프로 빠져 들어갈 때에는 상생(相生)하자는 파트너십보다는 조연의 역할이 더 시급한 때입니다."

"그 점에 대해 좀 더 자세히 설명해 주십시오."

박 지점장은 상체를 김 원장 쪽으로 약간 기울이며 말했다.

"일반적으로 조연은 연극이나 영화에서 주인공을 돕거나 돋보이게 하는 역할을 하지 않습니까? 그러나 리더십에서의 조연은 아주 적극적이고 헌신적인 협조를 의미합니다. 마치 부모가 자녀를 위해 희생하는 것과 같다고 보시면 됩니다. 리더들의 그 같은 조연 역할을 통해 조직원들은 현실에서 느끼는 두려움과 슬픔을 극복하고 일어설 수 있는 용기를 갖게 되는 것입니다."

"무슨 말씀인지 알겠습니다. 그런데 일종의 이해관계의 틀 속에서 만들어진 조직에 그런 역할을 할 리더가 있을까요?"

박 지점장에게는 '부모가 자녀를 위해 희생하는 것과 같이'라는 말이 수월하게 받아들여지지 않는 것 같았다.

"물론 쉽지 않은 일입니다. 그렇지만 리더가 그와 같은 리더십을 발휘해야 할 때라는 게 그리 빈번하게 오는 것은 아닙니다. 하지만 리더가 조직을 극심한 위기에서 구하려 한다면 때로는 살신성인하겠다는 결단도 필요한 것입니다."

김 원장은 '살신성인'이라는 단어에 힘을 주면서 말했다.

"원장님의 말씀을 듣고 보니 제 모습이 부끄럽고 창피하다는 생각이 듭니다. 사실 저는 제 조직보다는 저 자신의 앞가림에 대한 걱정을 더 많이 하고 있었거든요."

"물론 리더라 하더라도 얼마든지 그런 생각을 할 수 있습니다. 또 실제로 그렇게 처신하는 분들이 많지요. 그렇지만 모름지기 리더는 결과에 대해서 책임을 지는 사람입니다. 비겁한 태도로 자신의 일신만을 위해 행동한다면 그는 더 이상 리더가 아닙니다. 누가 그런 사람을 따르겠습니까? 진정한 리더라면 이런 시점에 처해 결단을 해야 할 것입니다. 자기 구성원들을 위해 철저한 조연으로 희생적인 삶을 살아가겠다는 결단 말입니다."

아무나 할 수 없는 조연

리더의 길이 편하고 순탄하기만 하며 영광과 성공만을 열매로 수확할 수 있다면, 이 세상의 누구라서 리더의 길을 마다하겠는가? 때로는 외롭고 고뇌에 찬 가슴앓이를 거듭하며 구성원들의 역량을 결집시켜 한 가지 이상의 목표를 추구해야 하는 리더의 길은 이미 편함과 순탄함에서 벗어나 있기가 십상이다. 심지어 전쟁터에서의 리더는 목숨을 내놓고 선두에 서서 적진을 향해 돌격을 감행해야 한다. 자신을 죽여서라도 조직의 성공을 이루겠다는 일념을 가진 사람만이 참다운 리더가 될 수 있는 이유가 거기에 있는 것이다.

김 원장은 잠시 생각을 정리한 끝에 박 지점장과의 대화를 이어 나갔다.

"사람들에게 자신이 본받을 만한 리더로 누구를 꼽겠느냐고 물으면 자기의 부모님이라고 대답하는 경우가 많습니다. 박 지점장님께서는 리더로서 누구를 '역할 모델'로 삼고 계십니까?"

그 질문 앞에 박 지점장은 약간 겸연쩍어 하면서 대답했다.

"상투적이라고 생각하실지 모르겠지만 저의 역할 모델은 충무공 이순신 장군입니다. 어린 시절부터 저는 이순신 장군을 위대한 인물이라고 생각했고, 그분과 같은 위인이 되겠다는 꿈을 가져 왔습니다. 지금은 비록 제 앞가림도 제대로 하지 못해 쩔쩔매는 초라한 모습을 하고 있지만…… 정신만은 여전히 이순신 장군을 닮고 싶습니다."

"그러셨군요. 그래서 그렇게 강력한 카리스마와 입체적인 지략을 겸비하셨군요."

"부끄럽습니다."

"아닙니다. 저는 지점장님을 만날 때마다 늘 그런 느낌을 받아 온 게 사실입니다. 그건 그렇고…… 지점장님께 한 가지 묻겠습니다. 이순신 장군은 평생 23전 23승의 전과를 올렸는데, 그 비결이 있다면 무엇이라고 할 수 있을까요?"

김 원장의 질문을 받은 박 지점장은 잠시 골똘히 생각하더니 입을 열었다.

"저는 장군이 거북선을 만들었다는 것과 화포를 포함한 정철(正鐵) 조총이라는 개량된 무기를 보유했다는 것을 승전의 비결이라고 생각합니다. 왜(倭) 수군의 기동성은 우수하지만 배의 내구력이 약하다는 사실을 간파한 이순신 장군은 거북선을 만들었습니다. 철갑으로 둘러싸인 거북선은 충돌하는 것만으로도 적선을 깨부술 수 있었고, 백병전에 능한 왜군이 우군의 배 위로 올라오는 것을 막을 수 있도록 덮개가 있는 구조로 설계되어 있지 않았습니까? 그리고 조선 수군이 사용한 화포나 정철 조총도 일본 조총의 화력보다 매우 앞서 있었다고 들었습니다."

"역시 이순신 장군과 관련된 지식에도 해박하시군요. 그런데 저는 거기에 덧붙여 한 가지 더 말씀드리고 싶은 게 있습니다. 다름 아닌 이순신 장군의 희생정신입니다. 아시는 대로 '명량대첩'의 승리를 거둘 당시 장군은 12척의 전선(戰船)으로 133척의 적 함대에 맞섰습니다. 그 상황에서 우리 수군들이 큰 두려움을 느꼈으리라는 것은 충분히 짐작할 수 있지 않겠습니까? 그때 이순신 장군은 목숨을 돌보지 않고 직접 적 함대 사이를 헤집고 다니는 용감무쌍한 모습을 보임으로써 부하들의 사기를 끌어올렸다는 사실입니다."

"맞습니다, 원장님."

박 지점장은 자신이 미처 생각을 못했음을 인정하듯이 김 원장의 말에 맞장구를 쳤다.

"물론 지점장님의 말씀처럼 거북선이나 신종 화포를 발명하여 전투력을 획기적으로 높인 것도 간과할 수 없는 승인이었지만, 군사들의 사기를 드높인 것은 이순신 장군께서 스스로 발휘하신 조연 정신이었습니다. 박 지점장님, 잠시 현재의 어려운 상황에 처한 구성원들을 한번 생각해 보십시오. 임진왜란 당시 적 함대를 눈앞에 두고 두려움에 사로잡혀 있던 우리 조선의 수군과 다를 바가 없는 모습이 아니겠습니까?"

김 원장은 주먹을 불끈 쥐어 보이며 말했다.

"이순신 장군의 리더십에 조연의 역할이 있었다는 말씀…… 정말 놀랍습니다!"

박 지점장은 감동 받은 표정을 지으며 말했다.

"이제는 우리 리더들이 어려운 현실 앞에서 불안해하고 두려워하는 구성원들을 감동케 해야 할 때입니다."

"감동케 해야 한다는 말씀은……?"

"리더들이 조연 역할을 자임하고 나서야 한다는 말입니다. 사실 그렇게 하기 위해서 얼마나 많은 희생과 대가를 지불해야 할지는 저도 모릅니다. 그런 의미에서 영웅은 난세에 난다는 말을 음미해 볼 필요가 있습니다."

"그렇다면 구체적으로 어떤 형태의 조연을 말씀하시는지 가르쳐 주십시오.”

“조연에 어떤 형태란 것이 따로 있는 게 아닙니다. 자신의 전부를 다 던지는 것이라고 정리하는 것이 합당할 것입니다.”

김 원장은 전에 없이 단호한 어조로 말을 계속 이어 나갔다.

“물론 리더가 조연 역할을 감내하며 최선을 다한다고 해서 당장에 모든 문제가 해결되는 것은 아닐 수도 있습니다.”

“그렇다면 리더의 조연을 통해도 별반 성과를 거두지 못할 수도 있다는 것 아닙니까?”

“그렇습니다. 원래 조연이란 이름도 빛도 없는 희생으로 감내해야 하는 것입니다. 적어도 희생이라 하면 그런 것이 진정한 희생 아닐까요?”

김 원장 특유의 열정이 배어나오는 반문이었다.

“그렇기는 하지만…… 범인(凡人)으로서는 실천하기가 어렵다고 느껴집니다.”

“맞습니다. 그래서 우리가 사는 세상에 리더다운 리더는 많지 않은 것입니다.”

“원장님의 말씀을 듣다 보니 마음이 뜨거워지는 것 같기는 하지만, 그 한편으로는 왠지 감당하기가 두렵다는 생각이 들기도 합니다.”

“희생을 감당한다는 것…… 피해 가고 싶은 것이 인지상정이겠지요. 그래서 구성원들에 대한 깊은 사랑, 희생적인 사랑이 없다면 조연을 하기가 어렵습니다. 인위적인 조연, 억지로 마지못해서 하는 조연은 두렵고 힘들다는 이유 앞에 이내 꺾이고 말 테니까요.”

“여러 모로 저는 아직 함량 미달이로군요.”

박 지점장은 자신의 진면모를 비로소 알게 된 사람 같은 표정을 지었다.

"저는 그렇게 생각지 않습니다. 단지 박 지점장님은 구성원들을 어떻게 사랑해야 하는지 그 방법을 잘 모르고 있을 뿐이라고 얘기한다면 어떨는지요."

"아닙니다. 지금 말씀을 듣고 생각해 보니 아무래도 저는 리더로서 자격 미달인 것 같습니다. 제 딴에는 리더로서 자부심 같은 걸 은근히 느껴 왔는데…… 그저 제 일신의 성공과 안위만을 생각하기에 급급해하고 있었으니 말입니다. 이런 말씀은 지금까지 어느 누구에게서도 듣지 못했거든요."

"아닙니다. 지점장님께서는 조직의 장(長)으로서, 지금까지 조직이 어려움에 직면했을 때 그 어려움을 극복하려고 최선을 다해 오셨습니다. 또한 지금도 그렇게 하고 계시고요. 제 말이 지점장님의 마음을 아프게 찔렀다면 이해하십시오. 그렇게 마음에 걸리신다면 이제부터라도 찾아낸 길을 걸어가시면 될 것입니다."

김 원장은 박 지점장의 움츠러든 마음을 다독이며 새로운 의욕을 갖도록 해주고 싶었다.

"그러나 리더로서 자기희생을 외면하고 구성원들에 대해 겉돌고 있었던 제 꼴을 생각하면…… 진인사(盡人事)하겠다던 저의 말도 공언이 된 셈임을 느낍니다. 원장님, 제가 조연 역할을 하기에는 이미 때를 놓친 게 아닐까요?"

"아닙니다. 지금부터라도 늦지 않습니다. 지점의 구성원들이 박 지점장님께서 조연하는 모습을 보고 나면 필시 새로운 결의를 다지며 일어설 것입니다. 지점장님이 구성원들에 대해 느껴 왔던 회의감이야말로 치명독이란 사실을 꼭 명심하십시오. 그 독은 지점장님 자신을 시들게 할뿐더러 삽시간에 조직 전체로 확산되어 모두를 시르죽게 만들 것입니다. 저조한 영업 실적이야 노력하면 회복할 수 있지만, 한번 잃은 사람은 되찾기가 어려운 법입니다."

박 지점장은 김 원장의 말 한마디 한마디가 가슴속에 들어와 박히는 것을 느꼈다. 김 원장의 말은 계속되었다.

"그리고 염두에 두셔야 할 것은, 리더들의 조언에 따른 자기희생과 솔선수범이 반드시 문제 해결로 직결되지는 않는다는 것입니다. 아마 앞으로도 현실은 우리에게 더 많은 변화를 요구해 올 것입니다."

"제가 생각하는 두려움이란 게 바로 그것입니다. 어떤 노력을 기울인다 하더라도 완전 해결이라는 목표에 도달할 수 없다는……. 정말로 저는 그동안 온실 속에서만 지내기를 원했던 것이 아닌지 모르겠습니다."

"걱정하실 것 없습니다. 올바른 자세로 대처하기만 한다면 태산이 무너진다 해도 살아날 수 있는 겁니다. 리더의 철저한 자기반성과 겸손한 자세…… 이제부터는 그런 것들이 조직을 지켜내는 원동력이 될 것입니다. 그리고 리더의 그 모든 노력들이 종합적으로 힘을 발휘할 때 비로소 조직은 승승장구하는 기세를 올릴 것이며, 리더는 그 누구도 경험하기 어려웠던 성공의 보람을 누리게 될 것입니다."

"잘 알겠습니다, 원장님. 말씀해 주신 내용에 따라 생각을 재정비해서 앞으로 나아가겠습니다."

말끝에 박 지점장은 어금니를 꾹 깨물었다.

"지점으로 돌아가시는 대로 구성원들 앞에서 철두철미한 조연이 되는 일에 착수하십시오. '철두철미'라는 말의 의미를 꼭 기억하십시오. 끝까지 자기희생을 하겠다는 일념으로 주인공인 구성원들을 위해 조연의 대장정을 시작하시는 겁니다. 자신을 드러내지 않고 주연을 돋보이게 하는 것이 조연의 역할임을 절대로 잊지 마시라는 말씀을 다시 한 번 드리고 싶습니다."

"잘 알겠습니다. 제 인생에 비로소 살신성인할 기회가 왔다고 생각하면서 매진하겠습니다. 정말로 최선을 다해 보겠습니다."

자리에서 일어나는 박 지점장의 눈빛은 굳센 결의로 불타오르고 있었다.

'조연'이란 조직 내에서 스스로를 낮추는 사람만이 감당할 수 있는 역할이다. 그런데 조연이 조직 전체에 영향을 미쳐 그 어떤 주연보다도 월등한 결과를 창출해 내기 위해서는 어느 한 부분만을 보완하는 역할에 그쳐서는 곤란하다. 조직 전체의 밑바닥에 들어가 그 전체를 떠받치는 역할을 할 때 비로소 참다운 조연의 역할이 완성된다. 그것은 투철한 자기희생의 정신을 가져야만 가능한 일이다.

일반적인 리더들은 조직 전체에 의해 자신이 떠받쳐지기를 원한다. 그런 리더는 조직이 힘을 잃고 흐트러질 때 허공에 매달려 있거나 바닥으로 곤두박질하게 된다. 그러나 조직 전체를 떠받치는, 조연에 충실한 리더는 조직이 힘을 잃고 흐트러지더라도 자기중심을 잃지 않고 조직의 재정비와 회생을 기할 수 있는 위치적 안정성을 갖게 된다.

'리더=조연'의 공식을 가슴에 새기고 이를 실천하는 리더야 말로 우리 사회의 어떤 조직, 심지어는 국가 차원에서도 필요로 하는 리더일 것이다.

통해야 한다

며칠 후 박 지점장이 김 원장을 다시 찾아왔다. 여느 때와 달리 특별한 문제점이 있어서 상담하려고 온 것이 아니라 지나가던 길에 들른 것이라 했다. 두 사람은 모처럼 가벼운 환담을 즐길 수 있었다. 그러던 중에 김 원장이 물었다.

"박 지점장님, '좋은 친구는 열 스승보다 낫다.'는 말이 있지 않습니까? 정말로 좋은 친구는 우리의 삶을 매우 살맛나고 윤기 나게 만드는 존재라고 생각합니다. 지점장님은 마음속에 진정한 친구라고 여기는 분을 몇이나 두고 계신가요?"

"글쎄요…… 한 4, 5명 정도 됩니다. 저야 내세울 것 없지만 제 친구들은 모두 훌륭한 사람들이죠."

"진정한 친구를 네댓 명이나 두셨다니 놀랍고 부럽습니다. 친구를 보면 그 사람을 알 수 있다고 했는데, 친구 분들이 그처럼 훌륭하다고 하면 결국 자기 자랑을 하시는 것은 아닌가요? 하하하……."

"그렇게 되는 건가요? 아무튼 저에게는 스승 같은 친구도 있고…… 그중에는 저의 멘토로 여겨지는 친구도 있답니다."

"정말 이상적인 친구들을 두셨군요. 그런데 그런 이유 말고…… 일반적으로 친구가 좋은 까닭은 무엇이라고 생각하십니까?"

김 원장이 짓는 부드러운 미소가 박 지점장의 마음을 아주 편하게 만드는 것 같았다.

"그야 무엇보다도 대함에 있어서 마음이 편하다는 것을 꼽을 수 있지 않겠습니까? 숨길 것도 없고 미화시킬 것도 없고…… 그저 있는 그대로 자연스러운 상대이기 때문일 것 같습니다. 또한 웬만한 행동은 서로 다 용납할 수 있고 이해할 수 있기 때문이 아닌가도 합니다. 서로 가르치거나 충고하려고 하지 않고 상대의 입장을 충분히 이해하기에, 굳이 감추려 하거나 거짓으로 대할 필요가 없다는 것도 하나의 이유가 될 것 같습니다. 저 같은 경우, 친구들끼리 만나면 정말 자유롭게 행동하는 편입니다만, 그래도 누가 비난하거나 백안시하지 않습니다."

박 지점장은 미리 준비하기라도 한 듯이 친구가 좋은 이유를 줄줄이 늘어놓았다.

"아주 잘 정리해 주셨습니다. 하신 말씀에 모두 공감이 갑니다."

"원장님, 예전에 영국의 어떤 신문사에서 '영국 땅의 한쪽 끝에서 런던까지 가장 빨리 가는 방법은 무엇일까요?' 하는 물음에 대한 아이디어 현상 공모를 했다고 합니다. 다양한 사람들이 다양한 해답을 냈지만, '좋은 친구와 함께 가는 것'이란 대답이 가장 뛰어난 아이디어로 당선되었다고 합니다. 매우 재미있고 흥미롭지 않습니까?"

"예, 정말 재미있고 음미해 볼 만도 하네요."

"원장님, 그래서 저도 그런 친구 같은 사람과 같이 일한다면 현실이 좀 힘들어도 즐겁고 재미있게 목표를 향해 나아갈 수 있을 것이라는 생각을 해봤습니다. 그와 더불어 일전에 말씀해 주셨던 조직을 위한 '조연', 즉 희생에 대해서도 많은 생각을 했습니다. 이 시기에 꼭 필요한 말씀인 것만은 틀림없는 것 같아서……. 그런데 막상 제가 먼저 희생을 감수해야 한다는 사실 앞에서는 마음의 부담을 떨쳐내기가 어렵더군요. 모두 제가 리더로서의 자질이 부족한 탓이겠지만요."

박 지점장이 결의를 다지기 위해 안간힘을 쓰고 있다는 것은 그 표정만 보아도 알 수 있었다. 박 지점장은 뭔가 마음의 결의를 다질 때 하는 특유의 버릇대로 어금니를 한번 꾹 깨물더니 잠시 멈추었던 말을 다시 이었다.

"오직 '구성원들에 대한 깊은 사랑, 희생적인 사랑'을 지니게 되면 두려움을 떨쳐 버릴 수 있다고 하신 원장님의 말씀을 붙들어야겠지요. 실천이 뒤따르지 않는 생각만 백날 해본댔자 나아질 게 뭐가 있겠습니까? 이제 원장님의 말씀에 따라 용기를 내겠습니다."

박 지점장의 눈빛이 새로운 결의로 타오르는 것 같았다.

"마침내 지점장님께서 뭔가 큰 결실을 거두기 위해 나서실 때가 된 것 같습니다. 아닌 게 아니라 우리가 직장에서 친구처럼 아끼고 사랑하며 정을 나누는 동료들과 몸과 마음을 합쳐 일할 수 있다면 어떤 어려움도 쉽게 극복할 수 있을 것입니다."

"맞습니다, 원장님. 그런 우정을 가진 동료들과 근무한다면 우리의 직장은 곧 천국이나 다름없어질 것입니다. 저는 기필코 저희 지점을 그런 천국으로 만들고야 말겠습니다. 제가 앞장서서, 어떤 희생을 치르더라도 더 나은 미래를 보상으로 받을 수 있다는 확신을 가지고 나아가겠습니다."

"훌륭한 결단을 하셨습니다. 피차 '조연'으로 상대를 받쳐 주고 높여 주며, 상호 간 활발한 의사소통을 하면서 함께 가는 풍토를 조성하십시오. 소꿉장난하는 친구들과 같이 순수한 우정을 나누면서 간다면, 멀고 험한 길도 수월하게 가게 될 것입니다."

김 원장은 발돋움하려고 애쓰는 박 지점장의 뒤를 힘껏 밀어 주고 싶은 절실한 심정으로 그렇게 말했다.

"원장님, 이제 제 머릿속이 개운해졌습니다. '조연'을 통해 이루어질 미래를 바라보니 벌써부터 기분이 좋아지는군요."

두 사람은 웃음 속에서 손을 굳게 잡았다.

제2장 클로징

'하강기'는 조직원들이 매우 극심한 공포를 느끼는, 실로 위험한 시기이다. 영원히 승승장구할 것 같던 조직의 상승세가 꺾여 하향 추세에 접어들게 되더라도 조직원들은 타성에 젖어 얼마 동안은 위험을 감지하지 못한다. 그러다가 서서히 온몸으로 감지되는 '하강기'의 싸늘한 기운이 결국 조직원들의 몸과 마음을 얼어붙게 하고야 만다.

준비하는 리더는 조직의 기운이 절정에 달해 있을 때에도 '하강기'가 닥쳐올 때를 미리 대비한다. 리더로서는 '하강기'를 상상한다는 것조차 자존심이 상하고 거북한 일이지만 '조직 순환 사이클'의 측면에서 본다면 그것은 언젠가 엄연한 현실로 다가오는 것이며 누구도 피해갈 수 없는 것이다. 또한 미리 예상하고 대비하지 않는다면 그 상황이 닥쳐왔을 때 당황하게 될 것이며, 그 상황이 요구하는 변화에 유연하게 대처하기까지 시행착오를 겪으며 소중한 시간과 노력을 낭비하게 된다.

'하강기'에 접어든 리더들이 꼭 염두에 두어야 할 것은 '태도 역량 리더십'이다.

이렇게 '태도 역량 리더십'을 발휘하는 리더의 핵심 역량 가운데 첫째는 변화에 대한 긍정적인 태도이다. 변화란 필연적이며 반드시 겪어야 하는 과정이다. 다만 그것을 어떻게 받아들이고 반응하느냐 하는 것이 '태도 역량 리더십'의 핵심과 통한다는 말이다. 잘 훈련된 성숙한 리더의 긍정적인 태도는 조직원들에게 책임지는 리더로서의

믿음을 주게 될 뿐만 아니라, 조직을 결속시키는 위대한 힘을 발휘하게 된다.

금융 위기로 불리는 글로벌 경제 한파의 파편은 박 지점장의 지점에도 여지없이 날아들었다. 악화되는 영업 환경이 점점 목을 옥죄어 오고 있을 때에 박 지점장은 깊은 고뇌에 빠져 앞날을 가늠하기 어려운 나날을 보내고 있었다. 어마지두에 지점의 영업 실적은 점점 저조해져 마침내 6개월 전 실적의 50%를 밑도는 암울한 상황을 맞이하고 말았다.

그 사이를 견디지 못해 이미 절반의 영업 사원들이 회사를 떠났고, 잔류한 영업 사원들도 생활조차 꾸려 나가기가 어려운 지경에서 허덕이고 있었다. 지점의 영업 사원들에 대한 급여는 실적에 연동되어 있기 때문이었다.

그러던 어느 월요일 아침, 박 지점장은 직원들과의 미팅 석상에서 폭탄 발언을 하였다.

"연말이 되기까지 우리 지점의 영업 사원 1인당 평균 급여가 300만 원에 이르지 못한다면 제가 책임을 지고 지점장 직에서 물러나겠습니다."

듣는 이들 모두 눈을 크게 뜨고 놀라지 않을 수 없었다. 그것은 그 당시보다 두 배 이상의 실적 향상이 없다면 불가능한 일인 데다, 실적은 계속 하향 추세에 있는 현실이기 때문이었다. 지점 곳곳에서 웅성거림이 일었다.

"6개월 동안에 천지개벽이 일어날 것도 아니고…… 그건 불가능한 일이다."

"이거 우리를 너무 쥐어짜려는 것 아냐? 누군 돈 벌기 싫어서 이러고 있나?"

"우리가 뭘 잘못해서 어려운 상황을 초래한 게 아니라 세계적 경제 동향이 어려워서 이런 판인데, 뭘 어떻게 해서 우리의 평균 급여를 300만 원으로 올린단 말인가? 말도 안 되는 소리……."

"지점장님이 너무 의욕을 앞세우는 것 아냐? 가능성을 보고 말해야지…… 저렇게 함부로 말해도 되는 건가?"

"제 눈 제가 찌른다는 말과 같은 결과가 될까봐 걱정이네."

조직원들은 그렇게 박 지점장에 대해 걱정 어린 시선과 뒷공론을 쏟아부었다.

그로부터 며칠 후 박 지점장은 자신의 집을 팔아 지점의 사원 복지 기금을 확보하고 지점 영업 사원들을 위해 두 가지 제안을 내놓았다.

첫째, 일정 기간 이상 근무하고 일정 업적 이상을 달성한 사원들 중 원하는 사람에게는 복지 기금에서 은행 이자 수준의 무담보 대출을 시작하겠다는 것이었다. 당연히 여러 구성원들이 그의 결단과 실질적인 도움에 깊은 감명을 받게 되었다. 어떤 사원은 감동의 눈물을 흘리기까지 했다.

다른 한 가지 제안은 모든 구성원의 급여 가운데 10%를 복지 기금에 편입시켜 운용하자는 것이었다(박 지점장 자신은 급여의 50%를 내놓기로 했다). 물론 그 일에 동참하는 것은 각자의 자유의사에 따르기로 하였지만 여건이 아주 힘든 한두 사원을 제외하고는 모두 흔쾌히 동참하는 결과를 낳았다.

한편 복지 기금에서 자금 대출을 받은 사원이 가능한 빠른 시일 내에 빌린 자금을 변제하기 위해 더욱 열심히 일하게 된 것은 모두가 예상했던 일이었다.

그때 박 지점장은 월세 집으로 이사를 했으며 급여의 50%씩을 사원 복지 기금으로 내놓게 됨에 따라 그의 부인이 다시 직장 생활을 하면서 집안 살림을 꾸려 갔다고 한다. 얼마 후 그 사실을 알게 된 지점의 모든 구성원들은 다시 한 번 깊은 충격과 놀라움을 금치 못하게 되었다.

그렇게 리더의 살신성인하는 자세를 목도한 지점 구성원들은 일에 대해 잃었던 열정을 다시 회복하는 계기를 갖게 되었고, 그해 연말에 이르렀을 때 지점 구성원들의 평균 급여는 목표했던 300만 원보다 33%를 초과 달성한 400만 원에 달하는 기적을 체험하게 되었다.

'태도 역량 리더십'의 둘째 요소는 조직원들에 대한 동기부여의 능력이다. 그 능력을 발휘하기 위해서는 우선 구성원들과 혼연일체를 이루는 것이 중요하다. 구성원들로 하여금 위기에서 기회를 찾도록 끊임없이 동기부여를 하는 능력이야말로 '하강기'에 처한 조직의 리더가 갖추어야 할 역량인 것이다. 리더로서는 구성원들에게 일의 결국은 성공이라는 확신을 심어 주는 것, 평소처럼 일하면서도 줄곧 샘솟는 창의력을 발휘할 수 있는 환경을 만들어 주는 것이 중요하다.

박 지점장이 집을 팔아 내놓고 급여의 절반까지도 사원 복지 기금으로 내놓는 초강수의 결정을 단행하게 된 배경은 지점의 끝 모르는 추락을 바라볼 수만은 없었던 리더의 희생적인 결정이 있었기 때문이었다. 물론 그것은 아무나 흉내 내기 어려운 일이라고 할 수 있을 것이다.

그러나 그와 같은 리더의 살신성인하는 솔선수범만으로 성공 모멘텀을 지속적으로 유지해 갈 만큼 조직 '하강기'의 극복은 간단하지가 않았다. 지점장의 이런 희생적인 결단에도 불구하고 여전히 회의적이거나 의구심의 눈초리로 그를 보는 사람도 있었고, 부질없는 행동이라고 뒷공론을 일삼으며 그의 진정성을 폄하하는 사람도 있었다.

박 지점장은 기회가 있을 적마다 구성원들에게 앞으로 전개될 어려운 상황을 설명하고, 그런 가운데에서도 희망과 용기를 잃지 말고 일치단결할 것을 호소했다.

그는 먼저 앞으로 상당 기간 동안 영업 실패와 저조한 실적에 시달릴 것임을 예고했다. 그러면서도 자신이 그 순간 확실히 알고 있는 것은 그런 어려움의 시간이 언젠가는 지나가고 또다시 봄날같이 활기찬 시기가 올 것이라는 사실을 누누이 역설했다. 그리고 문제 해결 의식에서 비롯된 것이 아니라면 어떤 불평불만도 삼가야 한다고 못을 박았다. 만약 이를 어기는 사람은 미래를 함께할 수 없다는 것을 단호하게 천명했다.

"우리 땅콩 한쪽이라도 함께 나누겠다는 신념으로, 서로를 가족 이상으로 보호하고 아끼겠다는 선언을 하도록 합시다!"

박 지점장은 구성원들에게 향후 3개월 동안에 자신이 이루어야 할 목표를 카드에 적어 제출하게 한 후, 그들이 정한 각각의 목표에 따라 특별한 시상을 실시하였다. 생활 보조 자금 지원, 유명인과의 만남 주선, 호텔 식사, 가족 초대 파티 등 다양한 방법으로 구성원들의 사기를 진작시키는 방안을 동원한 것이다. 개개인의 취향을 감안하여 그 같은 시상 메뉴 가운데 본인이 원하는 것을 선택하게 하니 구성원들의 도전의식은 더욱 높아질 수밖에 없었고, 어려운 중에도 웃음과 여유를 가지게 되는 계기가 되었다.

박 지점장은 지점의 분위기 일신을 위해 또 하나의 방법을 생각해 냈다. 각자의 욕구에 따른 '욕구 지원 서비스'를 실시한 것이다. 구성원이 희망하는 바에 따라 술자리를 함께해 주기도 하고, 중요 고객 방문 시에 동행 방문을 해준다거나 사무실 내에서의 업무 협조 요구에 부응해 주는 등 다양한 욕구에 대하여 '욕구 지원 서비스'를 실시했다. 그것은 기대 이상의 효과를 나타내 상호 간의 신뢰를 키우고 유대감을 돈독히 하는 역할을 했다.

이와 같이 다채로운 아이디어로 항상 지점 구성원들의 입장에 서서 조직을 진두지휘한 박 지점장의 열성은 그 자체만으로도 이미 확실한 동기부여가 될 수 있었다. 진심과 배려가 조화를 이룬 박 지점장의 리더십으로 그가 이끌어 가는 지점은 어느덧 어려운 고비를 넉넉하게 극복해 가고 있었다.

'태도 역량 리더십'의 셋째 요소는 조연으로서의 '서번트 리더십'이다. '하강기'에 조직의 부활을 꿈꾸며 최선을 다하지 않는 리더가 어디 있겠는가? 그러나 리더로서의 모든 권위를 버리고 겸손한 모습으로 구성원을 섬겨야 하는 조연 역할을 하기란 결코 쉽지 않은 리더십일 것이다. 그 시기에 리더는 더 이상의 주연이 아닌 조연으로 희생적인 삶을 요구받는다. 새로운 모습의 희생적인 '역할 모델'이 되어야 하는 것이다. 다시 한 번 강조하자면, 글자 그대로 '서번트 리더십'의 발휘가 절실한 것이 '하강기'이다.

조연의 리더십을 실행에 옮기기로 결심한 박 지점장은 지점 구성원들 개개인이 당면하고 있는 어려움이 무엇인지를 파악하기 시작했다. 그리하여 그중에서 시급을 요하는 것부터 우선순위를 정해 자신이 조연의 역할을 해야 할 일들의 목록을 작성하였다.

그는 가장 먼저, 1년 전에 교통사고로 남편을 잃고 외롭게 두 아이를 키우고 있는 동료를 위해 어떤 역할을 해줄 수 있을까 궁리하면서, 아이들을 건사해야 하는 엄마로서의 책임이 중요하기 때문에 직장 일에 전념하고 싶어도 그럴 수 없는 형편이라는 것에 착안을 하였다. 마침 그 동료는 박 지점장의 집에서 가까이 살고 있었으며 그 집 자녀들이 박 지점장의 자녀들과 또래가 비슷하여 방과 후에는 박 지점장의 집에서 함께 시간을 보낼 수 있도록 하였다. 처음에 서먹서먹해하던 아이들은 시간이 지날수록 서로 친해지면서 활기찬 모습을 띠게 되었고 학교생활도 안정적으로 하게 되었다. 박 지점장의 이런 마음 씀씀이에 감동한 동료 사원은 자녀들 보살피는 일에서 얼마간 자유로워졌고 회사 일에 더욱 전념할 수 있는 기회를 얻게 되었다.

그 다음은 일은 열심히 하는데도 실적이 오르지 않는 직원에 대한 배려였다. 박 지점장은 해당 사원과 함께 고객을 방문하기도 하고 식사 및 문화 활동도 함께하며 조언을 게을리 하지 않았다. 나중에 알게 된 일이지만, 그 사원은 그때 한 달만 더 영업 활동을 해보고 뜻대로 안 될 경우 회사를 그만두겠다는 생각을 하고 있던 상태였다는 것이다. 그러나 박 지점장이 그 시기에 보여 준 헌신적인 조언으로 말미암아 그 사원은 생각을 바꿨고, 지금은 정상급의 사원으로 성장하여 지점의 중심인물이 되어 있다.

또 하나의 사례는, 능력은 있으나 현실의 벽을 극복하지 못하고 늘 불평불만이 많았던 사원에 대한 배려를 실천에 옮긴 것이다. 그 사원은 지점의 모든 일에 있어서 항상 이방인처럼 겉돌고 있었다. 박 지점장은 '미운 오리'와도 같았던 그 사원을 만날 때마다 매일 한 가지씩 칭찬을 하기 시작했다.

"부인의 안목이 높으신 겁니까, 아니면 본인이 직접 고르신 겁니까? 넥타이 색깔이 정말 멋있군요."

"이발소에 다녀오셨어요? 앞으로도 그 헤어스타일을 유지하세요. 평소에도 그랬지만, 더욱 이지적인 모습으로 보이십니다."

"드디어 빌딩에 교두보를 확보하셨군요. 대단한 성과입니다. 앞으로 그 건물 영업은 혼자서 도맡게 되실 날이 있을 겁니다. 파이팅!"

처음에는 박 지점장의 칭찬을 시큰둥하게 받아들이던 그 사원은 계속되는 칭찬이 진심에서 우러나오는 것임을 알게 되었고, 점차 닫아걸었던 마음의 문을 열기 시작했다. 그 후 그는 지점 내의 '행복 전도사'를 자처하며 지점의 어떤 사람보다 동료를 칭찬하고 돕는 일에 앞장서는 사람이 되었고, 지점 분위기를 쇄신하는 도화선이 되었다. 물론 그에 따라 그 자신의 성취 영역이 확대된 것은 말할 것도 없었고.

박 지점장은 '조연'의 리더십을 발휘하는 것이 결코 쉬운 일이 아니지만 결과는 매우 크고, 리더로서의 만족감과 기쁨은 상상을 초월한다는 것을 그때 경험하였다.

이런 요소들이 잘 갖추어져 있다면 최악의 위기인 '침체기'를 지나게 된다 하더라도 결코 포기하거나 좌절하는 일만은 없게 된다. 그렇다면 그때 우리는 더 높은 성공을 위한 위대한 기회를 만들 수 있는 것이다.

제 3 장

관계 역량 리더십 강화

타이밍이 생명이다

"당신이 리더가 되기 전의 성공이란 오로지 당신 자신의 성장을 의미했다.
그러나 리더가 되고 난 후의 성공이란 다른 사람을 성장시키는 것을 의미한다."

잭 웰치

제3장 오프닝

'조직 순환 사이클' 별 리더십 역량 그래프

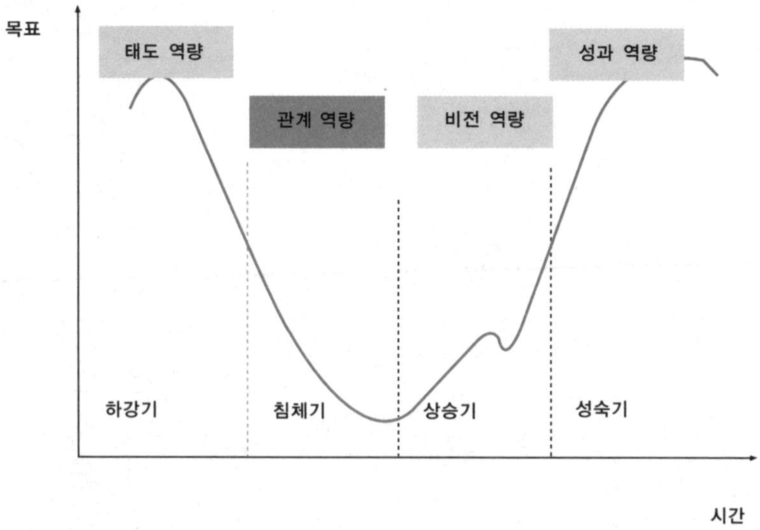

〈'조직 순환 사이클'별 리더십 역량 그래프〉에서 보듯이 '관계 역량 리더십'은 조직의 순환 사이클 중 가장 저점인 '침체기'에 발휘되어야 할 리더십이다.

조직이 '하강기'를 지날 때 구성원들은 갑작스런 변화에 대한 심한 공포와 두려움으로 우왕좌왕하며 큰 혼란을 겪게 된다는 것을 앞 장에서 보았을 것이다. 이때는 구성원들이 조직을 이탈하기도 하고, 피차에 심한 상처를 주고받기도 하는 위험한 시기이다. 그러나 그 시기가 어느 정도 지나면 구성원들은 비로소 피할 수 없는 변화에 대해 서서히 수긍하는 자세를 보이기 시작하며, 상황에 대처하는 잘못된 원인도 자신한테서 찾기 시작하는 시기가 온다. 이런 시기가 바로 '침체기'에 해당되는데, 구성원들이 전반적으로 의기소침해 있거나 자신감을 잃고 방황하는 시기이다.

'하강기'의 흐름이 하나의 관성으로 작용하여 맞게 되는 '침체기'를 극복해 가려는 박 지점장은 영업 조직의 리더로서 이 장에서 다룰 '관계 역량 리더십'을 발휘하게 된다.

그는 조직이 '침체기'를 겪는 시기를 터널의 가장 깊숙한 속을 지나가는 것과 같은 암흑기라고 보았다. 리더로서 그런 상황을 맞게 되었다는 사실 자체에서 받은 자존심의 상처가 컸지만, 그것에 연연해 할 때가 아니었다. 그는 구성원들에 대한 자신의 명예회복을 위해서라도 조직의 기초를 탄탄히 다져 나가는 일련의 과정들을 실행한다. 그것을 재건이라고 하며, 이는 마치 스포츠 선수들이 동계 훈련을 통해 이듬해에 좋은 성적을 거두기 위한 대비를 하는 것과 같은 것이다.

그와 같은 재건을 위해서는 리더 자신을 비롯한 구성원들의 상처와 무너진 자존심, 명예 등을 회복하는 절차가 반드시 필요한데, 박 지점장은 그 해답을 구성원들의 아픈 마음을 어루만져 주고 위로하여 회복시키는 카운슬링 차원의 과정에서 찾고 있다.

'관계 역량 리더십'을 다른 말로 '감성 리더십'이라고 부르기도 한다. 이는 '관계 역량 리더십'이 리더와 구성원들, 또는 구성원들 상호 간의 관계 개선을 전제로 하는 리더십이고, 그렇게 하기 위해서는 리더의 혼(魂)이 지닌 기능 중 감성 기능을 최대한끌어내야 하기 때문이다. 관계 개선을 위한 핵심 매체는 말할 것도 없이 '의사소통'이며, '관계 역량 리더십'은 '의사소통'의 완성으로써 마침표를 찍게 된다.

조직이 침체기에 접어들었을 때, 리더의 실패

동트기 전

오랜만에 김 원장과 마주앉은 박 지점장은 다소 야윈 듯이 보이기는 했지만, 활기차고 씩씩한 모습은 여전하였다. 두 사람은 그동안 지내온 일들과 근황 이야기에 열중하고 있었다.

"원장님, 이제 저 개인적으로는 별 걱정이 없습니다. 미국에 유학 갔던 딸은 고등학교를 마치고 이제 곧 귀국하여 대학에 입학할 예정이고, 나머지 가족도 다 건강하며, 살림살이도 어느 정도 회복되어 중산층 정도의 생활 유지 기반은 확보한 것 같으니 말입니다. 한숨 돌린 셈입니다. 이제 회사 일만 잘 풀려 나가면 걱정이 없을 것 같습니다."

혈투가 벌어진 전장에서 이기고 돌아온 장수처럼 박 지점장이 나열하는 전과(戰果)는 나름대로 여유 그 자체인 것 같았다. 뭔가 앞뒤가 어긋난 얘기처럼 들리는 구석이 감지되지 않는 것은 아니었지만 김 원장은 그가 굳이 자신의 생활을 부풀려 말할 까닭은 없지 않느냐고 생각하여 걱정거리가 없다는 박 지점장의 사생활을 진심으로 축복해 주고 싶었다.

"그런 말씀을 들으니 부럽다는 생각이 듭니다. 어려운 상황을 겪으시면서 언제 그렇게 용의주도하게 기반을 닦으신 거예요?"

"하하하, 보통 사람들이라면 다 이 정도는 하고 사는 세상 아닙니까?"

평소와 다른 박 지점장의 말투와 큰 제스처가 왠지 김 원장의 마음에 밟혔다.

"그래도 따님을 미국에 유학까지 보내시려면 비용도 만만치 않게 들 텐데, 그게 어디 누구에게나 가능한 일이겠습니까?"

"예, 그렇긴 해요. 우리 아이가 초등학교 5학년 때 갔으니, 약 7년간 뒷바라지 한 셈이죠. 일단 보내 놓고 보니 꾸역꾸역 해 나가게 되더라고요. 다 그 녀석이 타고 난 복이죠, 뭐."

거기까지 얘기한 박 지점장이 돌연 화제를 바꾸어 말했다. 공연히 사생활 자랑을 늘어놓은 것이 겸연쩍었던지, 아니면 실제로는 그렇지 못한데 계속 그런 식으로 얘기를 이어 나가자니 부담스러웠던 것인지도 몰랐다.

"원장님, 그나저나 우리 회사의 진로는 앞으로 어떻게 될 것으로 예상하십니까? 주위에서는 제게 그 터널 끝이란 게 대체 언제 어디쯤에 있는 것이냐고 많이 물어 오는데, 제가 정확히 대답할 수가 있어야 말이지요. 그럴 때는 뭐라고 대답해야 하나요?"

"아마도 우리 회사에 속한 사람이라면 모두가 그것을 알고 싶어 하겠지요. 또 이 어려운 시기가 이제는 끝나기를 간절히 희망하고 있을 테고요. 그러나 그건 박 지점장님뿐만 아니라 그 누구도 확실히 알 수 없는 일 아니겠습니까? 마치 주식이 최고점이나 최저점에 도달하는 시기를 예측하는 것과 같은 이치일 테니까요."

김 원장은 만면에 부드러운 미소를 띠며 말했다.

"그렇지만 원장님, 저와 같은 조직의 리더들은 미래의 상황을 예측할 수가 없다고 해서 언제까지나 '조금 기다리다 보면 좋은 날이 올 것이다.'는 말만 되풀이하고 있을 수가 없잖습니까? 뭐 앞이 좀 보여야 조직원들을 이끌고 갈 수 있는 것이지…… 이건 마치 저 자신이 장님인 상태에서 똑같이 눈먼 조직원들을 인도하려는 것과 마찬가지이니……."

그렇다. 우리의 삶이라는 게 대개는 그렇게 오리무중 속을 더듬어 가면서 영위되는 때가 다반사 아니던가! 그렇지만 인간에게는 경험과 통계, 학문과 연구의 결과로 얻게 된 각종 지표들을 사용하여 그 안개 속 같은 삶에서 올바른 방향을 찾아 나갈 수 있는 능력이 있다.

"무슨 말씀인지 알겠습니다. 지점장님의 말씀을 십분 이해합니다. 그런데 지점장님, 혹시 밤이 지나고 동이 트기 직전에 더욱 깜깜해지는…… 그 칠흑 같은 어두움을 경험해 보신 적 있으십니까?"

"예, 그런 경험이 있습니다. 군대 시절 해안가의 경계 근무를 설 때 여러 번 경험해 보았습니다. 새벽이 막 밝아 오기 전 더욱 깊어지는 어두움과 고요함…… 거기에서 느껴지는 숨 막힐 듯한 외로움을 저는 알고 있습니다."

"박 지점장님, 우리 조직의 순환 생리도 바로 그와 비슷하답니다. '하강기'에 놓인 조직에는 심한 충격과 분노, 죄책감, 공포 같은 것들이 밀려오지만, '침체기'를 지날 때에는 '하강기' 때보다 더 힘든 고비가 오더라도 조직 내부에 그런 반응은 좀처럼 생기지 않습니다. 일종의 면역 기능이 작용하는 결과이기도 하지요."

김 원장은 될 수 있으면 차근차근히 설명하려는 것 같았다. 자신이 말하고자 하는 내용을 다시한번 떠올리며 천천히 말했기 때문이다.

"그렇다면 원장님, 지금 우리 조직원들이 현실에 어떻게 반응하는지를 예의 주시해 보면 간접적으로나마 터널의 끝이 어디인지 감 잡을 수 있다는 말씀이시네요?"

김 원장의 말뜻을 금세 알아차린 박 지점장이 그렇게 물었다.

"뭐 꼭 그렇다고 단언할 수야 없겠지만…… 많은 경우 구성원들의 반응을 잘 들여다보면 그 조직의 현 위치가 어디쯤에 와 있는지 알 수도 있지요."

김 원장은 쓰고 있는 안경의 한쪽 다리를 잡아 바로잡으며 말했다.

"그렇다면 터널을 거의 다 빠져나온 시기에 구성원들이 보일 수 있는 반응과 태도에 대해 말씀해 주시면 제게 큰 도움이 될 것 같습니다."

"모르긴 몰라도 어느 시점에 들어선 이후로는 아마 지점장님께서도 뭔가를 이미 깨닫고 계실 것이고, 지점 구성원들도 알게 모르게 마음의 변화를 경험하고 있을 겁니다. 잘 생각해 보시면 아실 일입니다. 보통 이 시기에 조직 구성원들이 보이는 태도는 의기소침한 반면 불평불만은 확연히 잦아들어 웬만한 상황은 체념한 상태에서 수용하려는 반응을 보입니다."

김 원장이 말하는 동안 박 지점장은 열심히 귀를 기울이는 동시에 60여 명에 달하는 지점의 영업 사원들의 모습을 파노라마처럼 머릿속에 떠올려 보았다.

"원장님의 말씀을 듣고 생각해 보니 저희 지점 구성원들의 절반 정도는 대략 그런 위치에 와 있다는 느낌이 듭니다. 자꾸 보채듯 여쭈어서 죄송합니다만…… 여건이 성숙되기 위해서는 모든 구성원들이 다 그런 상태에 도달해야 하는 것인가요?"

박 지점장이 상당히 고무되어 있음을 그 눈빛에서 읽을 수 있었다.

"어떻게 다수의 구성원들이 동시에 같은 반응을 보일 수 있겠습니까? 단지 조직의 전반적인 흐름을 잘 관찰해 보면, 그 조직이 터널의 어디쯤에 위치하고 있는지 어느 정도 알 수 있다는 말씀 정도로 새기십시오."

김 원장은 탁자 위에 놓인 찻잔을 들어 차 한 모금을 삼킨 뒤에 계속 말을 이어 나갔다.

"이때 조직은 외견상 별 의욕이 없어 보입니다. 그러나 그때가 암암리에 새로운 도약을 준비하고 있는 때라고 생각하시면 정확할 겁니다. 마치 바다의 일출 전 모습, 바로 그 상황이라고 보시면 맞습니다. 잠시의 깊은 어두움과 고독에 잠긴 것 같은 시간이 지난 뒤에는 찬란한 태양이 떠오르게 되지요."

김 원장은 들고 있던 찻잔을 내려놓았다.

"얼마 전 정동진에 가서 일출 광경을 보았는데, 지금 그 광경이 눈에 선합니다. 그러고 보니…… 지금 저희 조직은 일출 전의 고요한 어둠에 싸인 새벽녘에 이르고 있는 게 분명합니다. 아, 이제 앞이 좀 보이는 것 같습니다."

박 지점장은 낯빛을 환히 밝히면서 그렇게 말했다.

"그렇게 말씀하실 만한 무슨 징후라도 있습니까?"

"방금 말씀드렸다시피, 저희 지점 구성원들의 절반가량은 얼마 전부터 '고요함' 그 상태를 유지하고 있는 것 같습니다. 아마 나머지 구성원들도 곧 그렇게 될 것이라는 예감이 듭니다. ……생각해 보면 우리 회사도 전반적으로 그 방향으로 흘러가고 있다고 봐야 되지 않겠습니까?"

박 지점장의 새로운 판단은 자신의 지점에 대해서뿐만 아니라 회사 전체로까지 확대되고 있었다. 그렇다. 전체 조직에 편입되어 있는 부분 조직의 순환 사이클은 그 전체 조직의 순환 사이클과 보조를 같이하는 것이 일반적이며, 그렇기 때문에 부분 조직이 나타내 보이는 생리 현상은 전체 조직의 상황을 가늠하는 바로미터가 될 수 있는 것이다.

김 원장도 환하게 밝아지는 표정으로 박 지점장의 말을 받았다.

"그렇다면…… 우리 회사는 이제 곧 찬란한 태양을 만나게 되겠네요. 제가 박 지점장님을 믿어도 되는 건가요? 하하하!"

"원장님! 한번 믿어 보세요. 저에게도 그 정도의 감은 있답니다!"

박 지점장은 자신이 붙잡게 된 희망의 끈이 결코 썩은 동아줄이 아님을 확신하는 것 같았다.

"지점장님, 그러나 조직 관리에 있어서 그런 현상에만 의존하는 것은 위험합니다. 외적으로 드러나는 현상보다는 그 내면에 흐르는 내용이 더 중요할 때가 많기 때문입니다."

직관을 사용하라

"그건 그렇겠군요. 구성원들의 반응이나 태도 같은 것에서 감지해 내는 징후를 가지고 다가올 상황을 판단하는 것이 일견 합리적이랄 수는 있겠지만, 그 징후들을 감지하고 해석하는 것은 다분히 주관적이며 또한 상황에 따라 유동적이지 않겠습니까? 그래서 리더가 조직이 보이는 어떤 징후만 가지고 상황 판단을 하려 한다면 잘못될 수도 있다고 생각됩니다."

'그러면 그렇지. 한 사람의 삶만 하더라도 복잡하기 한이 없는 원인과 결과가 교차하면서 흘러가는데, 하물며 여러 사람이 한데 모인 조직에 있어서야 어디 한 가지 해결책만으로 만사형통할 수 있다고 말할 수 있겠는가?' 하는 생각을 하면서 박 지점장은 말했다.

"맞습니다. 우리가 활동하는 현장에 그런 징후들이 늘 일사불란하게 나타나는 것도 아니고, 그 징후라는 게 오락가락할 때도 있어서 리더가 혼란스러울 때도 많은 것입니다."

"원장님, 이거 방금 전까지 뭔가 환히 보인다고 생각했던 것이 우습게 되고 말았군요. 잘못했다간 이 잘생긴 코를 제대로 한번 다칠 뻔 했네요."

박 지점장은 자신의 코를 어루만지는 시늉을 해보이며 멋쩍은 웃음을 지었다. 그러고는 물었다.

"이거 아무래도 제가 원장님을 너무 귀찮게 하는 것이나 아닌지 모르겠습니다. 하지만 모르는 것은 여쭤서 알아 둬야 할 테니…… 그럼 그런 때는 어떻게 상황을 판단해야 하는 게 옳겠습니까?"

김 원장도 가볍게 웃으며 대답했다.

"많은 리더들은 이런 때 '직관' 같은 것을 통해 사태를 예측해 내곤 한답니다."

"직관이라…… 많이 들어본 말이긴 합니다만…… 그게 예감과 비슷한 말 아닌가요?"

"예감하고는 또 다른 말이지요. 비슷한 말인 것 같지만 아주 다릅니다. 예감이 다소 막연한 느낌을 통해 어떤 상황을 미리 추론해 내는 추상적인 것이라면, 직관은 매우 잘 준비되고 훈련된 리더가 조직의 방향과 비전을 바라보면서 그 전체적인 식견에 따라 보다 확실한 신념을 가지고 앞일을 들여다보는 구체적인 인지 능력의 일종입니다."

"얼른 알아듣기가 좀 어렵군요. 저와 같이 평범한 사람도 직관 능력을 가질 수 있나요?"

박 지점장은 직관이라는 말에 상당한 관심을 느끼는 것 같았다.

"물론입니다. 누구든지 훈련을 통해 직관력을 기를 수 있답니다. 철학 용어로서의 직관을 설명하려면 듣는 사람이나 말하는 사람이 다소 머리가 아플 수도 있지만, 여기서 제가 말하는 직관은 그저 '상호 연관되어 있는 상황 전체에 대한 구체적인 인식'이라는 정도로만 이해하셔도 좋을 것입니다. 다만 현장에서 직관력을 발휘하기 위한 전제 조건이 있다면 역시 조직이나 조직원들에 대한 깊은 애정과 관심이 있어야 된다고 봅니다. 비근한 예로 보통 나이 드신 부모들은 자녀들에 대해 불길한 꿈을 꾸거나 불현듯 이상한 생각이 들면 자녀들에게 조심하라고 이르곤 하지요. 그런 것도 다분히 직관적인 행위 중 하나에 속한다고 할 수 있습니다."

김 원장은 박 지점장의 이해를 돕기 위해 꼭꼭 집어서 떠먹여 주듯 설명했다.

"그렇군요. 아닌 게 아니라 시골에 계신 저희 어머니도 가끔 꿈자리가 사납다든지 느낌이 안 좋으실 때는 제게 전화를 하셔서 '어디 아픈 데는 없느냐, 아이들은 별일 없느냐?' 하고 묻곤 하시거든요. 그런데 신기하게도 그런 때는 대개 제가 정말로 몸이 불편하거나 어려움을 겪고 있을 때였던 것 같습니다."

"그렇습니다. 어머니는 자기 자식에 대해 대단한 직관력을 가지고 있습니다. 한번 생각해 보십시오. 자당께서는 박 지점장님에 대해 얼마나 많은 관심과 사랑을 가지고 계시겠어요? 그렇기 때문에 비록 멀리 떨어져 계시면서도 아드님에 대한 상황을 종종 직관력으로 인식할 수가 있단 말입니다."

"그럼 그처럼 어버이와 같은 심정으로 구성원들을 바라보면 직관이 가능해진다, 그 말씀이신가요?"

박 지점장은 비로소 직관이라는 말의 의미가 머릿속에 새겨지는 모양이었다.

"그렇습니다. 어버이 같은 심정으로 조직을 리드할 수만 있다면 당연히 훌륭한 직관력을 가질 수 있다고 봅니다. 그리고 그런 직관력은

'침체기'에 처한 조직을 위해, 리더 자신을 위해 매우 유용한 수단으로 작용할 것입니다. 그런데 조직에 대한 깊은 배려와 고뇌를 통해 실제로 발휘할 수 있는 직관력을 가지고 있는지 여부는 조직의 리더 그 자신만이 알 수 있다고 봅니다."

박 지점장은 김 원장이 오랫동안 리더십에 대한 전문가로서 수많은 사람들을 가르치고, 리더로 양성시킬 수 있었던 것은 한마디로 '인간애'를 기본으로 삼고 있기 때문이라고 생각했던 적이 있었다. 그런데 지금도 머릿속에 그런 생각이 떠오르는 것을 느끼며 다시 물었다.

"그러니까 원장님의 말씀은 리더들이라고 해서 모두 조직의 앞길을 직관력으로 볼 수 있는 것이 아니라, 어버이가 지니는 것과 같은 사랑에 근거한 관심으로 구성원들을 대할 때 비로소 '직관적인 사고와 판단'이 가능하다는 말씀이로군요?"

"네, 그렇게 이해하시면 될 듯합니다."

김 원장은 빙그레 웃는 미소와 함께 박 지점장의 말에 동의를 표시했다.

리더의 직관력이 제 기능을 발휘하기 위해서는 두 가지 요소가 필요하다. 자신의 조직이 처한 상황을 정확히 판단해 낼 수 있는 전문적인 능력과 조직원들을 대하는 깊은 사랑이 그것이다. 이는 마치 환자를 대하는 의사에게 요구되어지는 것과도 같다고 할 수 있다. 의사는 환자의 병증에 대한 구체적인 증상과 그 치료 방법을 잘 알고 있어야 하며 환자의 나이와 체력 상태, 병력 등을 정확히 파악한 상태에서 인간애적 관심과 정성으로 환자를 대해야 한다. 그래야만 올바른 진단과 효과적인 치료로써 환자의 병을 낫게 할 수가 있는 것이다.

길을 잃다

지점의 리더로서 희망의 끈을 놓지 않고 조직을 정상 궤도에 올려놓겠다는 박 지점장의 희생적인 노력이 있었음에도 불구하고 그의 지점 운영 상황은 점점 더 깊은 침체의 늪으로 빠져들고 있었다. 워낙 깊어질 대로 깊어진 침체 국면에서 벗어나기에는 그를 비롯한 구성원들의 노력이 부족했든지, 아니면 아직 때가 되지 않은 것이라고밖에 설명할 길이 없었다. 최근 몇 달 동안에는 몇 년 전 회사 내의 지점 가운데 선두 그룹을 형성하며 내달리던 때의 자존심마저 형편없이 잃어 가는 모양새를 띠고 있었다.

더욱 낮아진 실적과 그에 따른 소득의 급격한 감소로 구성원들은 전의를 상실한 지가 이미 오래되었다. 설상가상으로 지점 구성원들 간의 불화까지 겹치며 더 이상의 기대를 가지기가 어려운 처지가 되었다. 지점장과 생사고락을 같이해야 할 매니저들은 어느새 자기 자신들만의 살아갈 궁리에 급급한 듯, 암암리에 다른 회사의 자리를 알아보고 있는 눈치였다. 더구나 지점의 당면한 과제들마저도 성의 없이 건성으로 수행하는 모습을 보일 만큼 매니저들은 조직원으로서의 기본 양심마저 저버린 상태이니 말해 무엇 하겠는가? 심지어 매니저들이 지점장을 대하면서 최소한의 예의조차 갖추려 하지 않는 상황이 자주 발생하자 박 지점장은 그들에게 더 이상 그 어떤 것도 기대할 수 없다는 것을 직감하게 되었다.

"원장님, 정말 죄송스럽고 자존심이 상해서 차마 드리기 어려운 말씀이지만…… 이젠 저도 더 이상 옴치고 뛸 여력이 없어졌습니다. 미련을 버리지 못해 더 붙들고 있어 봤자 추한 꼴만 보이게 될 것이고…… 아무래도 여기서 그만 포기해야 할 것 같아……."

만감이 교차하는 듯 채 말을 마치지 못하는 박 지점장의 눈에서는 뜨거운 눈물이 주르르 흘러내렸다. 오랜 시간 동안 희생과 인내로 어렵게 매 고비를 넘겨 왔지만 이제 더 이상 어떤 기대를 가지기가 어려운 상황에까지 이른 것으로 보였다.

"지난달에 오셨을 때만 해도 의욕이 넘쳐 보이시더니…… 그게 무슨 말씀이십니까? 지금 제 앞에 앉아 계신 분이 박 지점장님이란 게 도무지 믿어지지가 않는군요."

김 원장은 자기도 모르게 걱정스러워 하는 표정을 짓게 되었다.

"먼젓번에 찾아뵈었을 때는 괜한 자존심으로…… 제가 누리고 싶은 생활을 이미 이룬 것처럼 얘기했던 것뿐입니다. 그러나 어디까지나 희망은 희망일 뿐 현실이 아니라는 걸 고백하지 않을 수 없습니다. 실은 저 개인적으로도 가진 것을 지점에 모두 갖다 쏟아 부은 나머지 아무것도 남아 있지 않습니다. 그런 판국에 오늘…… 지금까지 저와 경제적인 궁핍을 견디며 꺼져 가는 불씨를 다시 살리겠다는 긍지와 자부심으로 끝까지 같이하기로 맹세했던 팀장과 팀원들이 지점을 떠나겠다고 통보를 해왔습니다. 그들의 사정을 모르는 바 아니기에 더 붙잡을 수도 없고…… 결국 이렇게 끝장이 나고 마는 것을……. 부끄럽습니다, 원장님."

박 지점장이 고개를 숙인 채 손수건으로 눈시울을 닦아내는 동안 김 원장은 잠자코 있었다. 울먹이는 박 지점장의 마음이 진정되기를 기다리면서. 그렇게 2, 3분이 흐른 뒤에 김 원장은 조용히 입을 열었다.

"그렇다면 이제 그 지점에는 영업 사원이 2개 팀밖에는 남지 않은 상황이군요."

"그렇습니다. 남은 그 팀들도 분위기에 편승해서…… 언제 돌아설지 모릅니다. 그래서 제 힘으로는 더 이상 지점을 이끌고 나갈 수가 없다고 판단했습니다. 제 능력의 한계점에 도달한 것이겠지요."

박 지점장이 울음 끝의 코맹맹이 소리로 말했다.

"지금까지도 지점장님을 믿고 따르며 남아 있는 그 2개 팀은 어찌하시려고요?"

"전례에 비추어…… 다른 지점에 배치되지 않겠습니까?"

부하와 배를 버리고 탈출하려는 함장과 같다고나 할까, 그 순간의 박 지점장은 바로 패잔병 그 이상도 그 이하도 아니었다. 여느 때처럼 그와 리더십 이론이나 주고받을 계제가 아님을 직감한 김 원장은 의외로 박 지점장의 포기하려는 생각에 동의하는 것으로 말문을 열었다.

"박 지점장님, 말인즉슨 옳습니다. 저라도 박 지점장님과 같은 상황에 처했다면 그런 결정을 내렸을지 모르겠습니다. 해도 해도 결과가 없다면 남자답게 깨끗이 승복하고 두 손 드는 것도 한 방법이겠지요. 물론 그것이 잘한 선택이냐 아니냐는 별개의 문제로 할 경우의 얘기입니다만. 그런데 한 가지만 물어봅시다. 박 지점장님은 지금까지 사는 동안 이보다 더 큰 실패를 경험하신 적이 있으신가요?"

"없습니다. 이렇게 비참하고 자존심 상하는 실패는 처음입니다."

박 지점장은 역시 자존심이 강한 사람이었다. 어쩌면 그는 실패했다는 것보다도 자존심이 상하게 되었다는 사실을 더 뼈아프게 생각하고 있을지도 몰랐다.

"그래서 그러시군요."

김 원장은 그 대목에서 의미심장한 눈빛을 띠며 고개를 주억거렸다.

"그래서 그렇다니, 그게 무슨 의미입니까?"

"박 지점장님, 여기서 포기하느냐 마느냐 하는 것은 오로지 박 지점장님의 의사에 달려 있습니다. 그리고 박 지점장님의 의사 결정은 여전히 중요합니다. 갈림길에서 어느 쪽 길을 택하느냐에 따라 최종적으로 도달하게 되는 지점이 크게 달라진다는 것은 알고 계시겠지요? 아무튼 장수가 싸움의 중간에 포기하고 무기를 던지는 것은 올바른 태도가 아니라고 생각합니다. 숱한 실패를 겪으면서도 마침내 성공을 일구어 낸 분들은 결코 그리 쉽게 포기하지 않았습니다. 실패 경험이 없으시다는 건 실패에 대한 면역력이 없다는 말과 같습니다. 그래서 그리도 간단하게 포기를 입에 올리시는구나 하는 생각이 든다는 말입니다. 절벽에 매달린 사람이 팔 힘이 떨어졌다고 손을 놓아 버린다면 어찌 되겠습니까? 어떻게든 발로 딛을 곳을 더듬어 찾아 그 위험한 지경에서 벗어날 노력을 해야 되지 않을까요?"

김 원장은 자신이라도 그 발판이 되어 주고 싶은 심정으로 말했다.

"그럼 원장님께서는 제가 더욱 비참한 실패를 겪게 되더라도 지금 참아 내라고 말씀하시는 건가요?"

"지점장님, 더 비참한 실패를 하게 될 것인지 성공의 모멘텀을 찾아 재기하게 될 것인지는 아무도 장담할 수 없는 일입니다. 다만 지점장님이 지금 현재 어떤 마음과 각오를 가지고 있느냐가 중요할 뿐입니다."

"실패와 성공이 제 마음먹기에 달려 있다는 뜻인가요?"

"그렇습니다. 세상 일이 다 마음먹기에 달렸다는 이야기도 못 들어 보셨습니까?"

"그러나 저는 이미 마음을 접었습니다. 더 이상의 혼란도 겪고 싶지 않습니다. 비록 나중에 후회를 하게 되는 한이 있더라도…… 아, 저는 더 이상 자존심을 잃고 싶지 않습니다."

박 지점장은 머리를 감싸 쥐며 괴로운 표정을 지었다.

"그러시군요. 그렇지만 제가 생각하기에는…… 지금 중도에 포기하는 것이 더 비겁하고 자존심 상하는 일 같은데요. 지점장님을 알고 있는 모든 사람들은 과연 어떻게 생각할까요? '그 사람 뭘 좀 하는 줄 알았더니 형편없이 약하군그래.' 이럴 것 아닙니까?"

몸이 아픈 환자에게는 쓴 약을 주어야 한다. 따끔한 주사를 놓아야 한다. 김 원장은 박 지점장의 자존심을 따갑게 찔러 댔다.

"……물론 맞는 말씀이지만 이미 전의를 상실한 장수가 어떻게 다시 전투를 할 수 있겠습니까?"

"조금 시간의 여유를 가지고 다시 한 번 생각해 보시기 바랍니다. 지금까지도 지점에 남아 있는 충성스런 구성원들을 생각하십시오. 도리어 그들은 아직까지도 포기를 하지 않고 있습니다. 지점장님에게서 희망을 찾고자 버티고 있는 것입니다. 지점장님이 지금 내리는 결정은 그들의 삶에 큰 변화를 가져다 줄 것입니다. 지점장님을 믿고 그동안 자신들의 삶을 투자한 분들이지 않습니까?"

"저도 그들을 생각하면 마음이 몹시 아프지만…… 어쩔 수 없는 것 같습니다. 제가 아니더라도…… 그분들은 또 다른 길을 찾아갈 수 있을 것입니다."

"물론 그렇기야 하겠지만 지점장님 자신이 그분들에 대한 미안함이나 죄책감으로 오랫동안 괴로워해야 한다는 것은 생각지 않으십니까?"

오늘따라 낮게 내려앉은 잿빛 하늘이 고개를 돌리는 김 원장의 시선을 가득 채우며 유리창 너머로 보였다.

"……원장님, 포기하는 것도 이렇게 어려운 건가요?"

박 지점장이 깊은 한숨과 함께 신음 같은 말을 토했다.

"리더는 자신을 위해 사는 사람이 이미 아닙니다. 궁극적으로 구성원들의 성공을 위해 존재해야 하기 때문입니다."

그동안 얼마나 많은 기회에 되풀이한 그 말이었던가.

"원장님, 심려를 끼쳐 드려 정말 죄송합니다. 주신 말씀 잘 새겨듣겠습니다. 제 거취 문제는 다시 한 번 시간을 갖고 생각해 보겠습니다. 혹시 다시 찾아뵙지 못한다 하더라도…… 염치없지만 저의 부족함을 용서하여 주십시오."

박 지점장은 자리에서 일어나며 말했다.

"아닙니다. 저는 박 지점장님을 반드시 다시 만나게 될 것이라고 믿습니다. 지점 구성원들이야 말할 것도 없겠고…… 우리 모두가 박 지점장님을 얼마나 사랑하고 존경하는지 알고 계시지 않습니까? 결코 우리를 실망시키지 않으실 것으로 저는 확신합니다."

악수를 나누고 돌아서서 터벅터벅 걸어가는 박 지점장의 지친 뒷모습은 자신의 깊은 슬픔과 고통을 밟으며 걷는 듯 보이다가 어느덧 김 원장의 시야에서 멀어지고 있었다.

구성원들에게 열정의 순간을 기억나게 하라

열정이라는 것

박 지점장은 쥐구멍이라도 찾을 듯한 자세로 어깨를 웅크린 채 김 원장 앞에 다시 모습을 드러냈다. 일전에 보였던 자신의 모습이 마냥 부끄럽게 여겨진 탓이리라. 김 원장은 도리어 환한 표정으로 그를 맞아들었다.

"어서 오십시오, 박 지점장님. 그래 그간 어찌 지내셨습니까? 보아하니 몹시 수척해 보이시는데……."

"그새 체중이 5Kg 이상이나 줄었습니다. 엄살을 떠는 것이 아니라…… 그동안 정말 몇 번 죽어도 모자랄 만큼 많은 고민을 했습니다. 생각을 정리하느라 조용한 곳을 찾아 혼자 여행을 갔었고, 그 길에 고향집에도 다녀왔습니다."

"잘하셨습니다. 그저 숨이 곧 막힐 것처럼 답답할 때는 그렇게 훌쩍 어디론가 떠나 보는 것도 좋습니다. 그나저나 박 지점장님도 이제 무슨 구상 하나 정도는 내놓을 때가 되셨나 봅니다."

김 원장은 분위기를 좀 가볍게 이끌어 가고 싶은 생각에서 말끝에 농담 한마디를 슬쩍 얹었다.

"구상이라시면…… 무슨 뜻이신지요?"

"왜 지점장님은 TV 뉴스도 안 보십니까? 웬만한 정치인들은 모종의 중대한 결심을 앞두고 조용한 절간이나 고향에 며칠씩 다녀와서는 무슨무슨 구상입네 하고 발표하지를 않습니까? 하하하!"

"아, 그 말씀이로군요. 에이, 원장님도 참…… 제가 어디 그런 분들 축에나 들겠습니까? 그냥 부모님 곁에 가서 모처럼의 조용한 시간을 보내며 복잡한 생각을 풀 실마리나 좀 잡아 볼까 한 것이지요, 뭐……."

박 지점장은 쑥스러운 듯 뒤 머리칼을 매만지며 말했다.

"그래, 이젠 기분이 한결 좋아지신 거지요? 지점을 포기하시겠다는 생각은 버리신 거지요?"

김 원장이 들이대듯 연거푸 질문을 하자, 박 지점장은 그제야 김 원장의 눈을 바로 쳐다보며 말하기 시작했다.

"원장님, 제가 아직 미숙해서 그랬던 것으로 이해해 주십시오. 거두절미하고 말씀드리자면 저는 다시 한 번 용기를 내 보고 싶습니다. 끝장을 보고 싶습니다. 마지막 힘을 다해 조직을 일으켜 세우고 싶습니다. 원장님께서는 앞으로도 변함없이 저를 지도해 주실 거라고 믿어도 되겠습니까?"

박 지점장의 어조에서는 재기를 갈망하는 간절함이 뚝뚝 묻어나고 있었다.

"여부가 있겠습니까? 아무튼 박 지점장님께서 다시 한 번 새로운 결심을 하셨다니 저도 기쁩니다. 지점장님은 반드시 해내실 것입니다. 성공을 바라보고 매진하십시오. 한때의 부끄러움을 가지고 있지 않은 사람이 몇이나 되겠습니까? 알고 보면 저도 리더로서 아주 부끄러운 과거의 경험을 한 꾸러미는 가지고 있답니다. 언제 기회가 있다면 저의 실패담을 있는 그대로 말씀드릴 때가 있을 겁니다. 단지 저는 실패 그 자체가 중요한 게 아니라, 그 실패를 통해 성공을 창조해 내는 과정이 중요하다는 점을 두고두고 빼놓지 않을 것입니다."

"원장님께서도 실패의 경험이 있으시다니 얼른 믿기지가 않습니다. 하지만 방금 말씀하신 것처럼 어떻게 그 실패들을 딛고 일어설 수 있으셨는지에 대해서는 꼭 듣고 싶습니다. 혹 원장님의 실패 극복기 가운데 지금의 저에게 꼭 필요하다고 생각되시는 부분이 있다면 뒤로 미루지 마시고 이 자리에서 말씀해 주십시오. 그리고 지금부터 제가 무엇에 중점을 두고 조직을 이끌어 가야 하는지 한 말씀 해 주십시오."

김 원장은 그 대목에 이르러 마음속에 생각하고 있던 리더십의 역량에 대해서 말하기 시작했다.

"글쎄요, 박 지점장님의 지점 상황을 제가 완전히 파악하고 이해할 수는 없지만, 이 시점에서는 무엇보다도 '관계 역량 리더십'에 관한 문제를 풀어 가셔야 하리라 생각합니다."

그 말을 들은 박 지점장은 상체를 굽혀 김 원장에게 가까이 다가가는 자세를 취하며 물었다.

"원장님, '관계 역량 리더십'에 관한 문제라면…… 당연히 인간관계와 관련된 것이겠지요?"

"그렇습니다. 지금 상황에서는 인간관계를 개선해 가는 능력이 그 어느 때보다 중요하다는 말씀입니다.

"그렇게 말씀하시니 다소 막연하다는 느낌이 듭니다. 저희 조직이란 게 무슨 동창들의 친목 모임이나 가족 단위의 절대적 관계를 바탕으로 존재하는 것이 아닌 바에야, 구성원 간의 인간관계야 기본적인 것에 충실한 정도로 유지되고 있다면 별문제 없는 것 아니겠습니까? 어차피 개개인의 경제적 목적을 이루기 위해 존재하는 조직인데, 인간관계를 풀어야 할 당면 화두로 삼아야 한다니 쉽게 납득이 가지 않습니다. 원장님, 그러니 방금 하신 말씀을 조금 더 구체적으로 설명해 주십시오."

김 원장은 박 지점장이 한마디씩 할 때마다 고개를 끄덕이며 듣고 있다가 입을 열었다.

"알겠습니다. 제 이야기를 좀 더 들어 보시면 이해가 되실 겁니다. 지금까지 지점장님께서는 지점의 현 상황을 '조직 순환 사이클'에서의 최저점인 '침체기'에서 겨우 빠져 나오고 있는 막바지 상황이라고 보고 계시지 않았습니까? 그래서 구성원들과 함께 이런 기회를 잘 살려 멋진 도약을 하시겠다는 강한 의지를 지니시고 지점 구성원들을 몰아붙임으로써 생각지 않은 부담을 그들에게 주지 않았습니까? 아마 죽기를 각오하고 노력을 쏟아 부으면 반드시 재도약할 수 있다는 강한 신념으로 서둘러 의욕적인 목표도 세우셨을 겁니다. '터널의 끝을 볼 날이 멀지 않았다. 이제 곧 고생이 끝난다.'는 생각에 사로잡혀 지점장님과 구성원들의 모든 역량을 오로지 '침체기'를 빨리 벗어나려는 데에만 집중했을 것입니다. 냉철히 생각해 보십시오. 그 노력을 한다는 것이 결국 대증요법과도 같은 일과성 캠페인이나 시책에 매달려 분위기를 살려 보려고 애쓰는 것이 고작이지 않았습니까? 물론 그러면서도 잠시 잠깐의 반짝 효과는 거둘 수 있었을 테지만 근본적인 상승 무드로 지속적인 탄력을 받기에는 역부족이었을 겁니다. 그런 와중에 지점장님은 지점장님대로 리더로서의 정체성을 잃게 되었고 구성원들은 구성원들대로 제 길을 못 찾아 갈팡질팡하게 된 것입니다. 그리고 급기야는 수하의 영업팀을 잃게 되는 사태까지 발생하게 된 겁니다."

이어지는 김 원장의 현실 진단 발언에 박 지점장은 점차 놀라움으로 눈을 크게 뜨고 말았다.

"네, 모두 맞습니다. 바로 보셨습니다. 조급한 마음으로 많은 비용까지 투자하며 과욕을 부렸던 것이 사실입니다. 그토록 성공으로 향하는 정확한 방향을 찾아내겠다고 발버둥 쳐 왔지만, 결과적으로 저는 엉뚱한 곳에다 조직의 화력을 집중케 한 못난 지휘관 꼴이 된 셈이로군요."

박 지점장의 새로운 인식은 곧바로 자괴감을 몰고 오는 것 같았다. 그러나 실패를 인정하지 않고서는 성공으로의 전환이 불가능하다는 점에서 김 원장은 박 지점장의 자탄하는 말이 오히려 다행스럽게 생각되었다.

"예, 제 얘기를 모두 인정하고 받아 주시니 이제는 길이 보이는 것 같습니다. 아까 잠깐 '침체기'의 어려운 상황에서는 리더십의 역량 중 '관계 역량'이 중요하다는 말씀을 드렸습니다. '관계 역량'은 우리의 이성보다는 감성의 역할에 기인하는 역량인데요, 이 '관계 역량'은 말 그대로 인간관계를 그 핵심으로 삼고 있습니다. 따라서 인간관계를 얼마나 개선시킬 수 있느냐 하는 것이 '관계 역량'을 재는 바로미터입니다. 제가 보기에 지점장님께서는 다급한 마음에서 구성원들을 단 시간 내에 연합시켜 뭔가 빨리 결과를 보여줘야 한다는 실적위주의 리더십에 몰입하셨고, 그것이 현재와 같은 '침체기'에 처한 조직에는 오히려 독으로 작용했던 것 같습니다. 그렇게 하시기에 앞서 패배주의에 물들어 가는 구성원들의 마음을 위로하고 그들 스스로 대수롭지 않게 여기는 자신의 명예를 회복시켜 줌으로써 관계를 개선하는 사전 단계가 부족했던 것입니다. 어려움을 겪으면서 여기까지 함께 온 동료들에 대한 명예 회복과 배려가 선결 과제라는 것을 도외시한 것이지요. 누구인들 실패를 하고 싶어서 하겠습니까? 긴 여정을 지나다 보니 때로 예기치 않았던 실패를 경험하게 되는 것이지요. 실패는 성공의 어머니라는 격언도 있다시피, 실패를 모르는 성공은 사상누각이 될 공산이 큽니다. 하나의 실패를 다음 성공을 위한 시금석으로 간주하고…… 역설적인 표현이지만 리더가 구성원들의 '멋진 실패'에 대한 의미를 부여하는 일을 소홀히 해서는 안 되는 이유가 거기에 있습니다. 넘어진 자는 자기가 넘어진 바로 그 자리를 딛고 일어설 수밖에 없습니다. 그런데 넘어진 사람이 일어나기도 전에, 그 사람을 다시 일으켜 세우지는 못할망정 어서 빨리 달리라고 채찍질을 가한데서야 그가 달릴 수 있겠습니까? '침체기'에 처한 조직 리더에게 구성원들과의 관계 개선이 무엇보다 우선적이고 중요한 이유를 이제 이해하시겠습니까?"

말을 하는 동안 김 원장의 눈빛은 점점 더 뜨거운 불을 뿜어 내는 것 같았다.

"네, 이제 어느 정도 이해하겠습니다. 실적 위주의 조직 운영을 하기에 앞서서 구성원들이 그동안 보여 준 수고와 노고를 먼저 위로하고, 조직 내부에 갈등이 있다면 그것을 먼저 치유해야 하며, 단지 외형적인 결과가 저조해짐에 따라 손상된 구성원들의 명예를 회복시켜 줌으로써 조직원으로서의 자긍심을 갖도록 해야 하고, 실패한 일에 대해서조차 의미와 가치를 부여하여 구성원들의 마음을 사야 된다는 말씀 아니겠습니까?"

김 원장은 박 지점장의 수강 태도는 신입사원일 적이나 지금이나 변함없이 똑 부러진다는 생각을 했다.

"네, 바로 그겁니다! 좋은 인간관계는 곧 그 주체들의 열정을 불러일으키게 됩니다. 열정(Enthusiasm)이란 영어는 '들어오다(En)'와 '신(Theos)'을 어근으로 하여 합성되었답니다. 즉 신명나는 상태를 말하는 것입니다. 조직 전체가 바로 이렇게 신명 나는 상태가 되도록 만들어 내는 리더의 능력을 '관계 역량 리더십'이라고 보시면 됩니다."

김 원장은 거기서 일단 말을 멈추고 물컵을 들어 물 한 모금을 마셨다.

의사소통

"이상적인 인간관계에서 이루어지는 의사소통은 그 주체들의 열정을 불러일으킨다고 했지요? 그런데 그렇게 해서 솟아나는 열정은 다시 의사소통을 수단으로 하여 나누어 갖게 됨으로써 그 에너지를 배가하게 됩니다. 의사소통, 즉 커뮤니케이션의 어원은 '나눈다.'는 뜻을 지닌 라틴어의 '코무니케어(Communicare)'라는 것만 보아도 그것을 알 수 있습니다."

"그렇다면 원장님, 의사소통을 잘못하는 사람은 리더로서 자격이 없다고 할 수 있겠군요."

"옳은 지적이십니다."

박 지점장은 김 원장의 얘기를 들을 때마다 흔히 들어오던 용어들의 개념에 대해 자신이 잘못 알았거나, 정확히 알고 있지 못하다는 사실을 깨닫는 경우가 많음을 느꼈다.

"일반적인 대화와 그로 인한 의사 전달을 뛰어넘는 곳에 의사소통이 있다는 말씀이신데…… 그러면 리더로서 구성원들과 의사소통을 잘할 수 있는 방법은 무엇입니까?"

"그야 물론 열정을 갖는 일이라고 할 수 있습니다."

올바른 인간관계는 의사소통을 낳고, 의사소통은 열정을 낳으며, 열정은 다시 올바른 인간관계를 형성하여 바람직한 의사소통을 낳게 된다는 순환 구조를 얘기하며 김 원장은 스스로 재미있다는 듯 웃음을 터뜨렸다.

"그 이외의 일반적인 방법이나 기술 같은 것도 있을 법한데, 그중

한 가지만이라도 알려주시죠?"

"지점장님께서는 이미 의사소통의 여러 가지 방법과 기술을 알고 계시고, 또 잘 활용하고 계실 줄로 압니다. 그렇지만 거기에 덧붙여 한두 가지 점을 더 고려하셔야 한다는 것을 부탁드리고 싶습니다. 먼저 공식적인 의사소통과 비공식적인 의사소통의 문제입니다. 공식적인 의사소통은 그야말로 공식적인 정보 유통을 말하는 것입니다. 공문, 각종 회의, 토론, 보고, 지시 등의 방법들이 그에 속하지요. 이와 같은 것들은 지점장님께서도 이미 잘 훈련되어 문제없이 잘하고 계실 것입니다. 제가 지금 강조하고자 하는 것은 비공식적인 의사소통인데요, 전화 · 메일, 복도나 흡연실에서의 잡담, 식사 중의 대화 등을 말합니다. 미로처럼 얽힌 이 비공식적 대화가 오히려 더 중요한 의사소통 채널이라는 것을 알아야 합니다. 흔히들 '입소문'이라고도 말하는 대화 채널, 이것을 잘 관리해야 된다는 말입니다. 많은 리더들이 이런 의사소통 채널을 무시하거나 무관심으로 대하는 경향이 있습니다. 그런 태도는 아주 위험합니다. 물론 비공식 채널이 양산해 내는 말들을 일일이 다 신뢰하라는 이야기가 아닙니다. 다만 많은 경우에 그 비공식적인 채널이 공식적인 채널보다 더 큰 영향을 조직에 미친다는 것을 간과해서는 안 된다는 말입니다.

그 다음은 의사소통의 진실성이 중요하다는 것을 명심해야 합니다. 잘 아시는 동화 '임금님의 귀는 당나귀 귀'에서 볼 수 있듯이, 임금 자신은 당나귀 귀처럼 흉하게 큰 귀를 가진 사실이 부끄러워 계속 숨기려고 했지만 결국은 온 백성이 다 알게 되었고, 마지막에는 임금 스스로가 진실을 말하게 되지 않았습니까? 그렇게 진실을 알리고 나니 오히려 마음이 편안하고 행복해졌다는 게 그 동화의 결말입니다. 진실은 항상 밝혀지게 되어 있습니다. 그렇기 때문에 조금 돌아서 가는 한이 있더라도 진실한 의사소통을 하려고 최선을 다하셔야 합니다.

마지막으로 한 가지를 더 말씀드린다면, 상대방을 배려하는 의사소통이 무엇보다도 중요합니다. 상대방의 말을 경청하고, 역지사지(易地思之)하는 마음으로 대화에 임하는 것이 기본적으로 갖추어야 할 의사소통의 자세일 것입니다."

조직 내의 구성원들 사이에서 오가는 비공식 채널의 대화가 오히려 공식적인 채널로 이루어지는 조직의 활동 지침이나 설정된 목표 지향 노력들을 능가하는 경우가 많음을 전제로, 의사소통의 수단은 대화이기 때문에 구성원들과 대화를 함에 있어서 진실을 감추려 하지 말되 항상 상대방에 대한 배려심을 갖는 것이 중요하다는 김 원장의 말을 모두 들은 박 지점장은 자기도 모르게 한숨을 내쉬었다. 그동안 자신의 모습을 그 말에 비추어 보면서 리더로서 자신이 적잖이 부족했음을 깨달은 눈치였다.

"저에게는 역시 어려운 과정이로군요. 하지만 조직 운영을 제대로 해 나가기 위해서는 의사소통의 달인이 되도록 노력해야 된다는 것을 확실히 깨달았습니다."

"그렇습니다. 지금과 같은 '침체기' 상황에서의 리더는 그 어느 때보다도 의사소통에 온 정성을 쏟아야 합니다. 말씀드린 것처럼 의사소통이 우리 모두의 열정을 실어 나르고 그것을 증폭시키는 통로가 되기 때문이지요."

"그런데 원장님, 아까 비공식적인 의사소통의 중요성을 강조하셨는데, 저희 지점 내에도 구성원들 간에 확인되지 않은 루머나 사실이 아닌 이야기가 많이 떠돌고 있어서 걱정입니다."

"아마도 그건 그동안 서로 친밀한 관계를 형성했던 동료들이 회사를 떠나면서 생긴 현상들일 겁니다. 그것이 동료들이 남기고 간 빈자리입니다. 구성원들 사이에 그동안 동료들과 형성했던 네트워크가 무너지다 보면 당분간은 정보의 진실성과 그 의미를 잘 읽지 못하게 되어 루머나 미확인 정보들이 난무할 수 있는 것입니다."

"그렇군요. 그럼 그런 상황에는 제가 어떻게 대처해야 좋습니까?"

"무리하게 윽박지르거나 일방적인 설득으로 일관하시면 도리어 역효과가 생깁니다. 그러니 항상 진실은 통한다는 사실을 믿고 침착하게 대응하십시오. 그러다 보면 머지않아 다시 새로운 '비공식적 의사소통' 채널이 형성되고, 서로의 인간관계가 개선되어 신뢰가 생기면, 루머나 거짓 정보들은 자연스럽게 사라지게 될 것입니다."

김 원장은 박 지점장과의 대화가 훌륭한 의사소통을 이루고 있고, 그것이 박 지점장에게 새로운 열정을 갖게 하고 있음을 보며 만족스러웠다.

"그런데 그 문제에 있어서는 본사의 책임도 어느 정도 있다고 봅니다. 원장님께 드릴 말씀은 아니지만, 현장에서의 상황과 본사에서 바라보는 시각 사이에는 상당한 격차가 있는 게 사실입니다. 본부로서는 야전군들의 피 터지는 전투에 물심양면의 적절한 지원을 해줘야 하는 건데, 도리어 야전군의 사기를 떨어뜨리는 헛소문의 진원지가 되는 경우가 많습니다. 본사 역시 현장과의 의사소통을 중시하고 그에 대한 대책 마련이 뒤따라야 한다고 생각합니다."

세세한 사연까지야 알 수 없지만, 박 지점장의 볼멘소리가 무슨 뜻인지 대강의 흐름을 짐작할 수 있는 김 원장은 빙그레 웃으면서 말했다.

"예, 그렇지 않아도 본사에서는 그동안 새로운 '방송 시스템'을 만들어 현장의 원활한 '의사소통'을 돕기 위한 준비를 마쳤습니다. 곧 그에 대한 실행에 들어갈 겁니다."

문제는 사람이다

"혹시 '성공만큼 큰 실패는 없다.'는 속담을 들어 보신 적 있나요? 실패의 쓴 잔을 마실 때 우리는 매우 큰 고통을 느끼게 되지요. 그러나 분명한 것은 우리가 포기하지 않고 다시 일어서서 나아간다면 언젠가 다시 성공을 경험하게 될 것이고, 그 성공의 기쁨은 실패에서 맛보던 고통보다 훨씬 크다는 것을 담고 있는 속담이지요."

김 원장은 실패와 성공이 점철되는 가운데 영위되는 인생의 주인공들이 꼭 기억해 둘 만한 속담이라고 생각하면서 말을 꺼냈다.

"네, 저도 그 속담을 새겨 두기를 마치 산모가 출산의 고통을 겪으면서 다시는 아기를 낳지 않겠다고 마음먹지만, 아기를 기르면서 얻는 기쁨이 매우 크기 때문에 또다시 아기를 낳게 된다는 이야기와 비슷한 이치라고 생각하고 있습니다."

"그렇습니다. 그 대목에서 우리는 결국 성공하면서 살아갈 수밖에 없는 사람들이라는 신념이 중요합니다."

"그렇지만 우리의 현실에서는 성공한 사람보다는 실패한 사람들이 더 많지 않습니까?"

"네, 맞습니다. 그런데 그런 분들이 실패자로 남게 되는 것은 대개의 경우 성공을 추구하다가 중간에 포기하기 때문이라는 점에 주목할 필요가 있습니다. 그래서 우리의 선배들은 '결코, 결코, 결코 포기하지 말라!'고 웅변했던 것입니다."

"그러니까 원장님의 말씀 취지는 리더로서 구성원들이 중도 포기를 하지 않도록 도와야 한다는 뜻이로군요?"

박 지점장의 물음에 김 원장은 대화의 박자가 척척 맞아떨어진다는 생각을 떠올리며 대답했다.

"바로 그것입니다. 리더라면 혹시라도 어느 순간의 결과나 실적에 매달리느라 사람을 놓쳐 버리는 어리석음을 범하지 않도록 항상 경계해야 합니다. 게다가 그런 일이 반복된다면 결국 리더로서 모든 것을 잃게 된다는 말씀입니다."

"그 점과 관련하여 지금 같은 상황에서 저는 어떻게 해야 되는 건가요?"

박 지점장은 성공을 위한 새로운 자각을 얻기 위해 마치 목이 말라 물을 찾는 아이와 같은 심정으로 물었다.

"아까 말씀드렸던 것처럼 구성원들 개개인에게 좀 더 다가가기에 주력하시기를 바랍니다. 그리고 겉으로 나타난 현상이나 현재의 실적만으로 사람을 보지 마시고, 가능성이라는 프리즘을 통해서 미래를 볼 수 있는 눈을 가져야 한다는 말씀을 드리고 싶습니다."

"원장님께서도 잘 아시는 바와 같이, 지점의 생리라는 것이 늘 목표에 목숨을 걸어야 하기 때문에……. 저로서는 그런 시각을 갖기가 쉬운 일은 아니지만, 아무튼 옳은 말씀이라고 생각합니다."

"제가 구성원들에게 다가가기를 권하는 것은 오로지 구성원의, 구성원에 의한, 구성원을 위한 관계 개선을 당면 목적으로 삼으시라는 뜻임을 명심하십시오. 만일 이 시기에 그 간단한 원리를 간과한다면 조직은 더 깊은 나락으로 떨어져 더 오랜 시간 동안 고통을 받으며 방황하게 될 것입니다."

"역시 오늘 주시는 말씀의 초점은 구성원들과의 관계 개선에 맞춰지는군요. 원장님, 이제 관계라는 것이 무엇이고 그것을 개선하기 위해 리더인 제가 어떤 자세로 임해야 하는지 확실하게 정리가 되었습니다. 구성원들과 올바른 인간관계를 형성할 수만 있다면 어려움의 절반 이상은 해결된다고 해석하면 되겠습니까?"

박 지점장은 윗몸을 기울인 자세로 김 원장의 얼굴을 올려다보며 말했다.

"예, 그렇다고 장담할 수 있습니다. 하지만 관계 개선을 위해 노력하는 과정에서도 서로의 이해가 틀리고 의견이 다를 수 있음을 인정하셔야 합니다. 그렇게 서로 다른 부분이 있음을 인정하고 서로 존중하는 가운데 기존의 문제점들은 해소될 수 있으며 바람직한 인간관계의 정립이 가능한 것입니다. '나는 옳고, 너는 그르다.'는 식의 일방적인 편견은 아무에게도 도움이 되지 않습니다."

"그 마지막 말씀이 제 가슴을 찌르는군요. 반성을 많이 해야 될 것 같습니다. 저는 약간의 성공 경험을 가지고 마치 제가 잘나서 성공한 것으로 착각한 나머지 그동안 조직 운영에 있어서 지나치게 제 주장만을 내세웠던 것 같습니다. 그러다 보니 구성원들의 말을 잘 귀담아

듣지 않고 무시했던 경우도 많았습니다. 지금 생각하면 그런 게 바로 어리석은 사람의 태도인데, 그걸 모르고서……."

박 지점장은 진심으로 자신의 과오를 뉘우치는 것 같았다.

"지점장님께서 그렇게 생각하신다면 지금이라도 늦지 않았습니다. 반성을 한다는 것은 이미 그 문제점에서 벗어나고 있다는 증거가 되니까요. 지점으로 돌아가시는 대로 기회를 만들어 구성원들과 대화를 하시면 좋을 듯합니다."

"그렇지 않아도 빠른 시간 안에 지점 구성원들에게 그동안 제가 보인 부족함과 결례를 사과하고 열린 대화의 장을 마련해야겠다는 생각을 하고 있습니다."

"잘 생각하셨습니다. 아마 처음에는 다소 힘들고 부자연스러울 수도 있을 겁니다. 그러나 지점장님의 진심이 구성원들에게 잘 전달된다면 구성원들도 마음을 열게 될 것입니다. 마음을 서로 열어야 진솔한 대화가 되지 않겠습니까? 결코 인사치레나 가식적인 모습을 띠어서는 곤란합니다. 진정성이 느껴지는 진솔한 마음의 표현이 중요하다는 것을 잊어서는 안 됩니다. 누구에겐가 다가간다는 것은 형식의 문제가 아니라 내용의 문제이기 때문입니다."

김 원장은 언제나 말하고자 하는 내용을 그렇게 다지고 또 다지는 식으로 표현하는 편이었다. 그러나 아무리 좋은 생각이더라도 현실에 반영하는 과정에서는 삐걱거림이 전혀 없을 수는 없다. 박 지점장은 그 점이 염려스러웠다.

"그런데 원장님, 구성원들의 입장을 성심(誠心)으로 이해하고 그들의 입장에 서서 생각해야 한다는 말씀에는 전적으로 동의하지만,

여러 사람이 있다 보니 구성원들 중에 분명히 문제점을 지닌 사람들도 있고 또 그런 분들 가운데에는 목소리가 커서 지점에 좋지 않은 영향력을 끼치는 사람도 있기에 걱정이 됩니다."

"그럴 겁니다. 그런 부분들이 고민되시겠지요. 하지만 먼저…… 사람을 볼 때 현실적으로 문제점을 지녔다는 것과 미래의 가능성을 지녔다는 것을 구분해 볼 줄 아는 지혜가 리더에게는 필요합니다. 예를 들자면 어느 구성원이 매우 월등한 잠재 능력을 지녔으면서도 당장의 현실에 안주하거나 방황하고 있기 때문에 현재로는 무능해 보일 수도 있는 것입니다. 리더는 그런 것을 구분해 볼 줄 알아야 합니다. 설령 무능한 사람이라고 판단했다 하더라도 리더가 그 사람 속에 감춰진 가능성을 발견하여 그 숨겨진 능력을 끌어내어 성공으로 이끌 수 있다면 얼마나 보람되겠습니까?"

"그런 안목을 갖추기가 어디 쉽겠습니까? 인간의 잠재 능력을 알아볼 수 있는 눈을 갖는다는 것, 그건 아마도 극소수의 사람들에게만 가능한 일이 아닐까요? 원장님께서는 어떻게 하면 사람들이 지니고 있는 잠재 가능성을 알 수 있다고 생각하십니까?"

박 지점장이 물었다.

"사실은 잘 알 수 없습니다."

김 원장이 자르듯 말했다.

"예? 잘 알 수 없다면…… 원장님, 그렇다면 말씀에 모순이 있는 게 아닌가요? 잘 알 수 없는 것을 알아내어 계발시키라는 말씀이니……."

박 지점장이 어안이 벙벙한 표정을 지었다.

"모순이 아니라…… 누구에게든지 가능성이 있음을 믿어 줘야 한다는 뜻입니다. '교육'이라는 영어 단어의 어원은 라틴어의 '이끌어 내다.'라는 말에서 왔다고 합니다. 결국 리더의 역할은…… 구성원들에 대한 교육이라는 측면에 봤을 때…… 구성원들의 가능성을 이끌어내어 가르치고 연마하여 그들에게 내재되어 있는 능력을 최대한으로 구현시키는 것이라고 할 수 있습니다."

"제 머릿속이 매우 혼란스러워지는 것 같습니다. 그동안 저는 오로지 '능력' 있는 사람들이 중요하다는 생각에 사로잡혀 있었습니다. 그래서 그런 분들을 찾아서 리쿠르트(Recruit)하는 일에 최선을 다해 왔던 것입니다. 지금 원장님 말씀을 듣고 보니 그런 저의 생각을 바꿔야 될 것 같습니다."

"물론 유능한 분들을 리쿠르트하여 그분들의 가능성을 최대화시켜 준다면 더할 나위 없겠죠! 하지만 이 시점에서는 조직의 구성원들이 무능하다고 여겨지더라도 그 속에 잠재된 가능성을 어떻게 계발하여 성공으로 이끄느냐 하는 것이 중요합니다. 국가적으로 우리나라에 있는 자원을 개발하는 일이 외국으로부터의 수입에 우선해야 하는 것과 같은 이치라고 생각하면 어떻겠습니까? 이렇듯 리더로서는 구성원들의 무능함을 바라보는 시선과는 별도의 안목으로 그들에게서 또 다른 가능성을 찾아내고 그것을 구별할 수 있어야 비로소 진솔한 대화도 가능해지는 것입니다."

김 원장은 차분하게 설명을 이어 나갔다.

"이제야 무슨 뜻의 말씀인지 충분히 이해가 됩니다. 제가 모든 구성원들의 가능성을 보는 안목을 갖는 일이 얼마나 중요한가를 이제 알았습니다. ……그저 지금까지의 제 자신이 부끄러울 따름입니다.”

“아닙니다. 부끄러워하실 필요는 없습니다. 지금부터라도 구성원 한 사람 한 사람에게 관심을 가지시고 진심으로 대하시다 보면 뭔가 보이기 시작할 것입니다. 그동안은 실적 위주의 매니지먼트의 기술로 지점을 운영하는 일에 숙달되어 있으셨기 때문에 구성원들에 대한 가능성을 찾고 그 가능성을 이끌어내어 성공으로 이끌어 줘야 한다는 것은 관심 밖의 일이었을 겁니다. 또한 그것은 시간도 많이 걸리는 일이라서 현실적으로 적용하기에 어려움이 있다는 것도 분명한 사실입니다. 그래서 저는 그 일을 ‘가능성을 창조하는 일’이라고 부르고 싶습니다.”

창조란 없는 것을 있는 것으로 만들어 내는 행위이다. 김 원장은 구성원들의 잠재 능력을 발견하고 계발하는 리더로서의 역할이 발전되면 구성원으로 하여금 새로운 능력을 갖게 하여 성공으로 이끄는 경지에까지 도달할 수 있다는 암시를 한 것이다.

“원장님, 아시다시피 우리의 영업 현장은 바쁘게 움직이는 조직 운영 체계인 데다 자신의 실적에 따른 소득을 얻기 위해 일하는 곳입니다. 구성원들의 모든 활동은 실적으로 평가되고, 그 실적을 높이기 위한 방향으로 집중되어 왔습니다. 그러나 도움닫기를 하기 위해 뒤로 물러설 줄 아는 멀리뛰기 선수처럼, 이제 저는 눈앞의 실적 올리기에 급급했던 지점 운영 방침에서 한발 물러나 구성원들의 면면을 살펴보고 그들 가운데 숨어 있는 또 다른 가능성을 찾아내 계발하는 일에 주력할 것입니다. 그것이 어느 정도 궤도에 오르게 되면 영업 실적에 있어서도 눈부신 성장을 할 수 있다는 생각이 들었습니다. 저를 깨우쳐 주신 원장님께 감사할 따름입니다. 어리석은 질문을 또 하나 드리자면, 말씀하신 내용은 영업 사원뿐 아니라 내근 사원들에게까지도 적용해야 된다는 말씀이시겠지요? 사실 저희 지점에는 도저히 개선의 기미를 보이지 않는 직원들이 몇 명 있는데, 그들의 가능성까지도 믿으며 가야 할까요?"

하겠다는 마음의 결정을 내린 뒤에도 다시 한 번 주저하는 모습을 보이는 박 지점장이었다. 조직 관리에 새로운 방법을 동원한다는 것은 그만큼 간단한 일이 아니라는 것을 여실히 보여 주고 있는 셈이었다.

"물론입니다. 지점의 구성원으로 발탁하셨다면 끝까지 책임을 지시는 것이 당연합니다. 다만 그 가능성을 계발하기에 너무 많은 시간이 걸리거나 오히려 다른 방면에서 더 잘 발휘될 수 있는 가능성을 지닌 사람이라고 판단된다면, 다른 길을 찾도록 배려해 주는 것도 하나의 좋은 방법이기는 합니다."

"원장님, 저는 오늘 아주 큰 충격을 받았습니다. 그러면서 우리의 구성원에 대한 소중함을 깊이 깨달았습니다. 돌이켜보면 저는 지금까지 우리의 구성원들의 능력에 대한 잦은 비판과 폄하를 당연시하며 그들을 함부로 대했던 일이 많았던 것 같습니다. 그 점에 대해 깊이 반성을 하게 된 것도 오늘 얻은 수확 가운데 하나입니다."

박 지점장은 아직 정리되지 않은 자신의 심경에 스스로 하나의 뚜렷한 방향을 제시하는 몸짓과도 같이 김 원장에게 머리를 한 번 깊이 숙여 보였다.

"네, 좋습니다. 사실 우리 중 누구도 그런 오류로부터 자유로울 사람은 없을 것입니다. 우리는 이 어려운 시기에 오로지 사람만이 해답이라는 사실을 명심하고 그 가능성을 위해 몸을 던져야 합니다. 그래야 이 조직에 미래가 있습니다."

김 원장의 확신에 찬 말에 박 지점장은 잘 알겠다는 뜻을 담은 눈길을 보내며 말했다.

"용기를 내겠습니다. 다시 시작한다는 용기 말입니다."

무너진 조직 내부의 인간관계를 재건하라

상처는 싸매라

"원장님, 모처럼 밝은 소식을 들고 찾아뵙게 되어 마음 가볍습니다. 이제 저희 지점도 새로운 도약을 위한 준비에 들어가게 되었습니다."

박 지점장의 표정은 그 말처럼 밝고 씩씩했다.

"그래, 어떻게 하시기로 하셨나요?"

김 원장도 반색하며 물었다.

"먼저 구성원들과 서로에게 입힌 상처를 인정하고 피차 이해하고 용납하며 과거의 허물들을 용서하기로 하였습니다. 최근에 그 점에 대해 서로 의기투합하며 아주 좋은 시간들을 가졌습니다."

"그랬군요. 참 잘하셨습니다. 그것만 하더라도 쉬운 일이 아니었을 텐데, 어떻게 하셨는지 좀 자세히 설명해 주실 수 있으신가요?"

"우선 지금까지 있었던 문제점들을 개괄적으로 이야기하고 그 문제들을 다시 꺼내어 서로에게 상처를 주는 일은 없도록 하자고 소주 한잔씩 들면서 풀었습니다."

박 지점장은 결코 쉽지 않았을 일을 아주 간단하게 설명하였다.

"물론, 서로의 상처들을 들춰내어 다시 문제를 삼는 것은 어리석은 일이겠지만, 그렇다고 해서 지점장님처럼 문제 전체를 한꺼번에 두루뭉술하게 처리하시면 다시 또 문제가 불거질 수 있지 않을까요? 상처는 아주 사소한 것 같지만 극히 개인적인 것이지요. 따라서 상처 치유를 위해서는 피차 용납하고 화해하는 개인적 관계 개선이 반드시 필요합니다."

김 원장은 박 지점장이 취한 행동에서 발견되는 미흡한 요소를 짚기 위해 그렇게 말했다.

"그렇게 하려면 어떻게 해야 하는지 말씀 해주십시오."

"그 문제를 처리하는 별도의 시간을 가져 보시는 것이 바람직하다고 생각합니다."

"별도의 시간이라면 워크숍 같은 것을 말씀하시는 것인가요?"

"예, 그것도 좋지만…… 형식은 어떻더라도 관계없습니다."

"추천해 주실 만한 관련 프로그램이라도 있으신가요?"

"효과를 높이기 위해서는 전문가를 초빙하여 진행하는 것이 좋을 것입니다. 간략하게 말씀드린다면, 먼저 자신들의 성향을 잘 파악하는 것이 우선입니다. 사람들에게는 각자 자기만이 선호하는 사고방식이나 행동 특성들이 있기 마련입니다. 그런 자기의 특성이나 선호하는 것들을 스스로 잘 알아 두는 일을 선행해야 합니다. 그렇게 자신에 대해 잘 알아 가는 것이 의사소통의 시작이기 때문입니다. 그런 다음, 타인들의 사고방식이나 행동들을 관찰하여 자기와 무엇이 다른가를 인식하는 것입니다. 그 후 서로 다른 성향이나 특성들 때문에 부딪치는 현상들을 이해하고 배려해야 합니다. 이런 기본적인 인식 작업을 거친 후, 피차 주고받은 상처들을 용서하고 더 좋은 관계로 개선하려는 방법을 찾아 나가야 하는 것이지요."

김 원장은 자신이 생각하고 있는 관계 개선에 대한 프로그램을 단계적으로 하나하나 설명했다.

"제 생각이 너무 단순했군요. 그냥 '그래, 나는 너를 이해한다. 그러니 너도 나를 이해하고 잘해 보자.' 하면 되는 줄로 알았는데……. 제가 도움을 청할 분이 원장님밖에 더 있겠습니까? 그러니 원장님께서 좀 도와주십시오."

"그렇게 하지요. '관계 회복 워크숍' 같은 프로그램이 있으니 도움이 되실 겁니다. 그러나 그 프로그램을 시행하려면 먼저 구성원들의 동의가 있어야 합니다."

"당연합니다. 그렇게 하겠습니다."

그로부터 얼마 후에 김 원장은 박 지점장의 지점에서 '관계 회복 워크숍'을 실시하였다. 워크숍은 자신과 타인과의 역동 관계를 조화롭게 하기 위한 'MBTI(Myers-Briggs Type Indicator)'를 중심으로 진행되었다. 먼저 자신을 통찰할 수 있는 시간을 가진 후, 타인과의 관계 속에서의 역동을 실제로 체험하는 시간이었다. 또한 서로 간에 주고받은 감정의 골들을 메우고 해결하는 그 시간은 모두에게 감동적인 시간이 되었다.

넘어졌으면 일어나라

"원장님, 지난번 '관계 회복 워크숍'은 정말 획기적이었습니다. 그 이후로 우리 구성원들의 눈빛이 사뭇 달라졌습니다. 그들의 태도가 바람직한 쪽으로 변화된 것은 기적이라고밖에 할 수 없을 정도입니다. 다시 한 번 감사드립니다."

김 원장은 박 지점장의 음성에서 오랜만에 활기를 느낄 수 있었다.

"그렇다면 그런 분위기를 잘 살려 다시 도전할 수 있는 계기로 삼아야 하지 않을까요?"

"지당한 말씀이십니다. 원장님, 그래서 저희 지점에서는 '3S 운동'을 시작했습니다. '3S'란 서비스(Service), 스마일(Smile), 스마트 워킹(Smart Working, 깔끔하게 일하기)을 일컫습니다. 고객에게 최고의 서비스를 제공하고, 업무는 항상 웃으면서 수행하며, 모든 일을 활기차고 깔끔하게 처리하자는 취지로 시작한 운동입니다."

"재미있군요. 그 운동을 지점장님께서 주창하셨습니까?"

김 원장은 미소를 띠며 물었다.

"아닙니다. 워크숍이 끝난 직후, 저희 지점 구성원들이 워크숍의 감동 여세를 몰아 정말 제대로 일해 보자는 뜻에서 함께 논의한 끝에 그와 같은 창의적 아이디어를 내어놓았습니다. 그래서 그런지 참여도 자발적으로 잘 이루어지고 있습니다."

박 지점장은 신바람이 난 사람처럼 말했다.

"대단히 훌륭합니다. 먼저 자신들의 상처가 치유되고 동료나 다른 사람들을 용서하고 나니, 다시 뭔가를 할 수 있다는 자신감이 생겨난 것으로 볼 수 있는 현상입니다."

"원장님, 저는 그런 심리적 변화에 대해서는 전문적인 지식이 없어서 잘 알지 못합니다. 다만 제가 아는 것은, 이번 '관계 회복 워크숍'이 우리 지점에 큰 전환점이 되었다는 사실뿐입니다."

"그렇다니 저로서도 보람이 큽니다. 부정적이고 패배적인 생각을 깨끗하게 정리했으니 새로운 용기가 생길 것은 자명한 이치입니다. 지점장님, '넘어졌으면 일어나야 하는 것' 아니겠습니까? 지점의 구성원들 모두를 다시 일으켜 세우는 일이 지금은 아주 중요한 때인 것입니다."

"맞습니다. 저 자신부터 긍정적인 마인드를 갖고 구성원들이 하루 빨리 자신감을 회복하여 앞으로 나아갈 수 있도록 열심히 도울 생각입니다. 그런데 원장님, 저희 구성원들 중 몇몇 분들은 너무 오랫동안 어려움 속에서 방황하다 보니, 다시 재기하기가 쉽지 않은 분들이 있습니다. 그런 분들에 대해서는 어떻게 하는 것이 좋을까요?"

"두 가지 방법 가운데 하나를 선택하실 수 있으리라고 봅니다. 전체 구성원들에 비하자면 그분들이 차지하는 비중이 낮다는 것을 전제로 하셔야 합니다. 만일 그들도 언젠가는 바람직한 쪽으로 변화할 수 있다는 믿음이 있으시다면 다소 시간이 걸린다 하더라도 기다려 주는 것이 첫 번째 방법입니다. 두 번째 방법으로는 그게 여의치 않을 경우 다른 구성원들이나 전체의 분위기를 위해서라도 그분들이 다른 직업을 선택할 수 있도록 도와 드리라고 말씀드리겠습니다. 어디까지나 지점장님께서 현명하게 판단하셔서 처리할 일이라고 생각합니다."

"그런데 그 판단을 내리기가 쉽지 않아서 고민입니다."

"다시 한 번 말씀드리자면, 이런 '침체기'의 조직에서는 가능한 한 구성원들을 보호하고 감싸 주시는 것이 좋습니다. 왜냐하면 현재까지 남아 있는 구성원들은 모두 '조직의 순환 사이클'에서 말하는 '하강기'와 '침체기'의 끝까지 잘 견뎌 왔고, 리더인 지점장님의 든든한 응원군 역할을 해 왔기 때문이기도 합니다."

"그렇습니다. 그들 모두 어려운 시기를 저와 함께 잘 견뎌 주신 분들임에는 틀림없습니다."

"그렇다면, 리더로서 그런 분들의 어려움을 나 몰라라 하지 마시고, 다소 어려움이 있더라도 그분들이 분발할 수 있도록 성심껏 격려하시는 게 좋겠습니다. 가능성을 보시라는 것이지요. 그렇게 하신다면 지점 분위기도 한결 좋아질 수 있고, 차제에 지점장님의 리더십도 인정을 받게 되는 일석이조의 효과가 생기지 않을까요?"

"원장님, 그 말씀을 듣고 제 마음을 정했습니다. 지난 어려운 시절에 저를 믿고 따라 준 것에 대한 보은이라고 여기며, 적극적으로 그분들을 도와 꼭 성공 할 수 있도록 최선을 다해 보겠습니다. 제 자신이 먼저 마음을 다스리면 되는 일이었는데 고민만 한 셈이었군요."

먼 길을 가기 위해 새벽을 깨우자

박 지점장의 지점은 언제부터인지 모르게 분위기가 많이 달라지고 있었다. 지점 구성원들 전원이 자발적으로 아침 일찍 출근하게 되었고, 주말에도 회사에 나와 사무실 구석구석을 깨끗이 청소하는 등, 최근 한두 달 사이에 지점 분위기가 면모를 일신했다. 이렇듯 리더 한 사람의 상황을 보는 안목만 달라져도, 조직이 딴판으로 바뀔 수 있다는 것을 박 지점장은 몸소 체험하고 있었다.

"지점식구 여러분, 우리 지점은 금융 위기가 시작된 이후 약 2년여 동안 어둡고 긴 터널을 겪어 왔습니다. 우리와 한솥밥을 먹던 식구들이 많이 떠나가는 아픔도 겪었고, 남아 있는 우리의 체면도 말이 아니게 실추되었습니다. 그러나 저는 확신합니다. 적어도 우리 지점에서만큼은 그 지긋지긋하던 터널 속 행군에 마침표를 찍을 때가 온 것입니다. 이제 우리는 밝은 세상으로 나온 것입니다. 우리에게 더 이상의 침체는 없다고 저는 확신합니다. 우리의 현실은 아직 초라하지만 우리 모두가 새로운 변화를 위해 도전장을 내기로 결의한 이상 우리의 앞날은 밝습니다. 이에 저는 다음 달 초에 제2의 지점 창립식을 열어 우리 지점의 재창립을 선포하려고 합니다."

큰 박수와 환호성이 물결쳤다. 그 자리에 있는 모든 구성원들은 지점의 상승 분위기 신호를 감지하고 있었다. 박 지점장의 선언은 계속되었다.

"이제 창립식을 기폭제로 하여 우리는 보다 새로운 모습으로 탈바꿈하게 될 것입니다. 가장 먼저, 이번 기회에 우리를 갉아먹어 온 패배의식부터 제거합시다. 우리는 더 이상 패배의식에 사로잡혀 있거나 남에게 책임이나 전가하는 무책임한 사람들이 아닙니다. 지금부터 우리 지점은 당당히 그 존재를 회사 내외에 알리고 다시 한 번 성공에 도전하는 1등 지점으로 거듭나게 되는 것입니다.

두 번째로 우리는 곧 다가올 기회를 우리의 것으로 만들기 위한 만반의 준비를 하도록 합시다. 기회는 바람과 같아서 소리 소문 없이 왔다가 붙잡지 않으면 냉정하게 사라져 버립니다. 다가온 기회를 결코 놓쳐서는 안 됩니다. 우리는 이번에 잡은 기회를 우리 지점의 성공을 위한 발판으로 삼아 그동안 실추되었던 명예를 회복해야 합니다. 이 기회를 등에 업고 성공이라는 먼 길을 가기 위해 다시 한 번 신발 끈을 단단히 동여매고 새벽을 깨워 앞으로 나아갑시다!"

'기회를 우리 것으로 만들고 싶다면 지점장님의 말처럼 지금 바로 행동해야 한다. 예전의 우리 조상들이 먼 길을 떠날 때에는 새벽 어두움을 뚫고 집을 나섰던 것처럼 우리도 지금 새벽을 깨우며 먼 길을 가기 위한 첫걸음을 떼어놓아야 하는 것이다.'

박 지점장의 말을 들으며 그런 각오를 다지고 있는 지점 구성원들의 모습은 한없이 진지했고 의욕도 넘치고 있었다.

리더는 카운슬러가 되어야 한다

침체기에는 카운슬링을 하라

“원장님, 저희 지점 내에는 아직도 해결되어야 할 문제들이 많습니다.”

김 원장을 찾아온 박 지점장은 자리에 마주 앉자마자 호소하듯이 말했다.

“잘하고 계신 것으로 알고 있는데, 무슨 문제들이 많다는 건가요?”

“시간이 지나면서, 우리 지점의 구성원들은 대략 두 부류로 나뉘는 것 같습니다. 긴 고통과 슬픔을 극복하려고 애쓰면서 새로운 도약을 준비하는 아주 믿음직스러운 구성원들과 그렇지 않은 부류들입니다. 처음에는 모두 뭔가 달라지려는 노력을 하는 듯했는데, 적지 않은 구성원들이 얼마 가지 못해 다시 백 슬라이딩(Back Sliding)을 하는 상태입니다. 얼마 전처럼 의욕과 활기에 넘치는 모습도 시간을 두고 차츰 시들해져 가고 있는 형편이니 제가 걱정이 되지 않을 수 없습니다."

"그렇다면 지점장님께서는 무엇 때문에 그런 현상이 생겼다고 생각하십니까?"

"글쎄…… 그것을 잘 모르겠습니다. 무슨 냄비 근성도 아닐 텐데…… 금세 하늘을 찌를 것처럼 달아올랐던 분위기가 한쪽에서부터 싸늘히 식어 들어가고 있으니 알다가도 모를 일입니다."

김 원장은 턱밑을 어루만지면서 고개를 한두 번 주억거리더니 질문 하나를 던졌다.

"지점장님께서는 구성원들이 의욕이나 열정을 잃게 되는 이유로는 어떤 것들이 있다고 생각하십니까? 리더로서의 경험에 비추어 보면 뭔가 집히는 것이 있을 텐데요."

"음…… 비전을 잃었거나, 비전은 있지만 넘기 어려운 장애물을 만났거나, 가까이 있는 사람이 싫어졌거나, 마음의 상처로 인한 정신적 혼란이 있거나…… 등등 많은 요인들이 있겠지요."

박 지점장은 나름대로 답이 될 만한 사항들을 열거하였다.

"대강의 요인들을 제대로 짚어 주셨다고 생각합니다. 잘 알고 계시는군요. 그렇다면 방금 전에 말씀하신 지점장님의 지점에서 볼 수 있는 문제는 어떤 요인들 때문에 생기는 일이라고 판단하십니까? 지금이라도 한번 생각해 보십시오."

"네, 비로소 어렴풋하게나마 감이 오는데요, 아무래도 비전이나 목표의 문제라기보다는 인간관계의 문제 때문인 것 같습니다. 왜냐하면 비전이나 목표, 활동 계획 등은 이미 어려워진 영업 현장의 현실을 반영하여 충분한 의견 수렴과 토론을 거쳐 재조정을 해놓은 상태이거든요. 그런데 지금 가만히 생각해 보니 우리 지점 구성원들이 '조직 순환 사이클'의 '침체기'를 거쳐 오면서 스스로의 자존심을 챙길 기회가 너무나 오랫동안 없었고, 동료들과의 인간관계 차원에서는 피차간에 주고받은 상처들이 너무 깊었었다는 것을 깨닫게 됐습니다. 저번의 '관계 회복 워크숍'을 통해 어느 정도 관계 개선의 실마리를 풀기는 했지만, 그때 생긴 동력을 지속적으로 유지하지 못하는 것은 아무래도 과거의 어두운 경험들에서 배태되어 그들을 뒤에서부터 잡아당기는 원심력을 이기지 못하기 때문인 것 같습니다."

이상하게도 혼자서는 잘 분석이 되지 않던 주변의 문제점들이 김 원장 앞에 앉으면 명료하게 보이는 경우가 많다는 것을 박 지점장은 오래전부터 알고 있었는데, 이번의 경우도 그랬다.

"지금 아주 중요한 부분을 말씀해 주셨습니다. 그렇습니다. 인간은 자신의 문제나 인간관계 속에서의 문제들을 해결하지 못한 채로는 앞으로 나아가기가 쉽지 않습니다. 인간은 기계가 아니기 때문입니다."

"그렇다면 어떻게 이 문제를 풀어야 할지 저로서는 난감합니다. 지금 또한 원장님의 풍부한 경험과 아이디어를 빌려야 할 때인 것 같습니다."

"저라고 무슨 뾰족한 수가 있겠습니까만…… 그 해결책을 찾기 위한 수단으로서 추천해 드릴 만한 것에 대해 말씀드리지요. 지점장님께서도 아시는 것처럼 리더십에서 크게 관심을 갖는 분야로는 두 가지가 있습니다. 그 하나는 일(목표)에 대한 관심이고, 다른 하나는 태도(사람)에 대한 관심입니다. 많은 분들이 이 관심들을 어떻게 효과적으로 다룰 것인가 하는 것에 대해 끊임없이 연구해 오고 있지요. 그렇게 해서 좋은 방법으로 도출된 것이 바로 코칭과 카운슬링이라는 것입니다."

김 원장은 엄지와 검지를 꼽아 가며 말했다.

"코칭과 카운슬링이라……. 코칭이라면 이미 지점의 조직 관리에 접목하여 활용하고 있지만, 카운슬링은 아직 생소한 분야로 어떻게 활용할 수 있는지 그에 대한 정보가 별로 없습니다."

"그러실 겁니다. 제가 보기에는 코칭과 카운슬링이 현장에서 비슷한 의미로 사용되는 경우가 많습니다. 그러나 그 둘은 엄연히 다릅니다. 간단히 비교 설명을 해 드린다면, 먼저 코칭은 일(목표)의 수행 능력에 더 관심을 둘 때 사용하는 방법입니다. 실적이 태도에 영향을 준다고 보는 것이지요. 그러니까 지시나 명령의 성향이 강한 리더십 스타일과 맞아떨어진다고 보시면 될 것입니다. 반면 카운슬링은 태도(사람)에 더 많은 관심을 두는 방법입니다. 태도(사람)가 실적에 영향을 준다는 신념이 그 바탕에 깔려 있는 것이지요. 그래서 리더십 스타일 면으로 볼 때 도와주거나 지지해 주는 경향이 농후한 편입니다. 물론 현실적으로는 코칭이 대세를 이루고 있는 것만은 틀림이 없습니다. 기업에서 카운슬링을 접목하여 일을 추진해 나가는 것은 매우 많은 시간이 필요한 전문적인 영역입니다. 그렇지만 대다수의 동료들이 힘들고 지쳐서 포기하고 싶은 마음이 불쑥불쑥 생겨나는 이런 시기에는 카운슬링이 더 효과적이란 생각이 듭니다. 어떠세요, 박 지점장님은?"

박 지점장은 김 원장의 말을 경청하고 있다가 말을 받았다.

"아, 이제 코칭과 카운슬링이 구별됩니다. 그러니까 원장님은 지금과 같은 침체기에는 코칭 스타일보다는 카운슬링 스타일이 효과적이라고 권하시는 거군요?"

"맞습니다. 저는 그렇다고 생각합니다."

"그런데 현실적으로 우리 현장에서 카운슬링을 어떻게 활용해야 할지는 아직 막막하기만 해서 잘 모르겠습니다."

박 지점장은 김 원장으로부터 명쾌한 대답이 나올 것으로 기대하며 그렇게 말했다.

"저도, 동감입니다."

"아니, 동감이라고 하시면……."

"……."

김 원장은 잠시 동안 아무 말이 없었다.

"……? 원장님, 카운슬링이 현재 상태의 문제를 풀어 나가는 효과적인 방법임에 틀림없다면 저로서는 하루 빨리 적용해 봐야 되지 않겠습니까? 지금이 저에게는 절체절명의 시기라는 걸 원장님도 잘 아시면서……. 그런데 현장 접목의 방법을 잘 모르겠다는 제게 동감이라고만 말씀하시면……?"

박 지점장은 김 원장이 동감이라고 말한 뜻을 얼른 알아챌 수 없어 그 답답한 심정을 표정에 역력히 나타내며 말했다.

"사실은 저도 카운슬링을 조직 현장에 적용하기가 그리 쉽지 않다는 걸 잘 알고 있기 때문에 그러는 겁니다. 이미 대기업이나 다국적

기업은 직원들이나 그 가족, 심지어는 고객들을 위한 카운슬링을 시행하기 위해 전문 상담자들을 채용하기까지 하고 있습니다."

"전문 상담자요? 그런데 우리에게는 아직 그런 시스템이 갖춰져 있지 않으니 어떻게 해야 됩니까?"

"그 밖에 당장 무슨 뾰족한 수가 있는 것은 아닙니다. 결국 전문 상담자를 초빙하여 그룹 카운슬링을 받아 보는 방법 정도를 생각해 볼 수 있을 것입니다. 그 후에 필요에 따라 개별적인 카운슬링을 하신다면, 아마 효과가 있을 것입니다."

"그렇지만 저희 같은 지점 차원에서 그렇게 하기에는 시간과 비용이 부담스럽지 않겠습니까?"

"물론, 시간과 경비를 생각한다면 적지 않은 대가를 지불하여야 하므로 결정하기가 쉽지 않을 것입니다. 그러나 좀 전에 말씀드린 대로 태도(사람)가 실적에 영향을 준다는 신념이 있는 리더라면 주저할 필요는 없을 것입니다."

"원장님, 업적이라는 것은 결국 사람이 이루어 내는 것이고, 사람의 태도가 조직의 수준을 나타내는 척도라는 것에는 저도 전적으로 동의합니다. 그런데 당장은 경비도 문제일 뿐더러 어떻게 진행해 가야 될지 감이 잡히지 않아서 계획을 세우기조차 곤란합니다."

"그러실 것입니다. 그래서 드리는 말씀인데…… 전문 상담자를 초빙하여 카운슬링을 실시하는 것은 시간을 두고 계획을 세워서 진행하시고, 카운슬링과 관계하여 우선 지점에서 하실 수 있는 간편한 방법 몇 가지를 소개해 드리겠습니다."

"감사합니다, 원장님. 전문의를 찾아가 상처를 치료받을 계제가 못 되는 급박한 상황이라면, 우선 응급조치라도 해야 될 테니까요."

"뭐 지점장님께서 모르시는 기발한 방법을 말하려는 게 아닙니다. 다만 카운슬링의 기본 정신을 가지고 잘 활용하실 수 있는 방법들이란 것은 분명히 말씀드릴 수 있습니다. 몇 가지를 소개한다면 이렇습니다.

먼저, 롤플레잉 기법을 잘 활용하십시오. 잘 아시는 대로 그것은 상대편의 입장을 잘 이해하고 용납할 수 있는 좋은 방법이지요. 오래전부터 정신과 치료에서 사용되는 방법이기도 하지 않습니까? 아마도 우리 구성원들의 정신 건강과 그 마음에 담력을 기르는 데 좋은 영향을 미칠 것입니다.

다음은 개인 스피치 훈련을 활성화하는 방법이 좋다고 생각합니다. 구성원들로 하여금 평소에 하고 싶었던 이야기나 가슴에 맺힌 응어리 같은 것을 다 쏟아낼 수 있도록 자리를 만들어 주는 것입니다. 물론 그때 발언한 내용은 어떤 내용이라도 문제를 삼지 않는다는 전제가 있어야 하겠지요.

그 다음으로는 봉사 활동을 추천해 드리고 싶습니다. 아무리 마음의 여유가 없다 하더라도 자기보다 형편이 어렵고 힘든 이웃들을 돌아보고 도움의 손길을 준다는 것은 여러 모로 아주 유익하답니다. 새로운 용기와 힘을 얻을 수 있는 기회라고 보시면 됩니다. 다시 말해 남을 돕는 가운데 자기 자신이 도움을 받게 된다는 것입니다.

팁(Tip)으로 한 가지만 더 소개를 드린다면 NLP(Neuro-Linguistic Programming, 신경 언어 프로그래밍)라는 실천적 심리 요법이 있습니다. 자신은 물론 상대방의 심리 상태를 파악하여 긍정적인 변화로 나아가도록 도와주는 프로그램이지요. NLP는 서로 친밀한 관계를 형성하는 법, 결과를 명료하게 하는 법, 직관력을 길러 주는 법, 행동의 유연성을 길러 주는 법 등의 핵심 원리들을 가지고 있습니다. 이미 우리나라에도 도입되어 여러 곳에서 교육을 하고 있고, 그와 관련된 책도 나와 있습니다. 카운슬링을 조직 현장에 적용해 볼 방법과 기회는 이렇게 다양하게 열려 있습니다."

"NLP라는 것에 대해서는 아직 문외한이지만 기회가 닿는 대로 꼭 공부하여 조직 관리에 적용하고 싶습니다. 그때그때 필요한 조언은 원장님께 듣기로 하겠습니다."

"좋습니다. 저도 힘닿는 데까지 지원하겠습니다. 성공하고자 하는 열망만 있다면 길은 얼마든지 열려 있답니다. 그와 같은 깨달음을 하셨다는 것 자체가 고마운 것이지요!"

희망을 만들어 내는 것이 진정한 리더다

칠흑 같은 어두움

그것을 정중동(靜中動)이라 했던가? 일렁이는 물살 위를 칠흑 같은 어두움이 덧칠해지듯 무겁게 내리누를 때 그저 침묵하며 가슴에 품은 엄청난 에너지를 추스려 찬란한 아침을 맞을 준비에 여념이 없는 드넓은 바다를 생각해 보라!

우리는 이제 수평선을 힘차게 박차고 떠오르는 태양의 장엄한 빛을 기다리며 잠시 옷깃을 여미고 있을 뿐, 더 이상의 패배자이거나 자신의 미래를 포기한 무책임한 리더들이 아니다.

오늘은 한 달을 마무리하며 지난달을 되돌아보고 새 달을 준비하기 위해 지점장들이 미팅을 하는 날이다. 김 원장은 지점장들에게 힘과 용기를 불어넣기 위해 바야흐로 '침체기'의 끝에 다다라 곧 비상의 날개를 펴게 될 것임을 강조하며 오늘도 열띤 강의를 했다.

"지점장 여러분, 여러분들께서 지난 한 달 동안에도 열심히 활동해 주신 노고에 다시 한 번 깊은 감사를 드립니다. 그리고 어려운 여건 속에서도 동료들과 힘을 다해 훌륭한 업적을 실현하신 것에 대해서도 깊은 감사를 드립니다. 또한 조직 내에서 칭찬하며 격려하는 문화가 자리를 잡기까지 부단히 노력해 주고 계신 점에 대해서도 감사드립니다. 현 상황에서 남에 대한 칭찬을 앞세우기란 결코 쉽지 않은 일인데도 이제 우리 회사의 문화로 확실한 자리 매김을 해가고 있게 됨을 저는 매우 기쁘게 생각합니다.

여러분이 보여 주신 이와 같은 일련의 노력으로 장기적인 어려움 속에서도 우리는 모두 비전을 잃지 않고 회사 내외에 좋은 영향력을 끼칠 수 있었다고 믿고 있습니다. 이 모든 것이 다 여기 계신 여러분들이 탁월한 능력을 바탕으로 몸을 사리지 않는 헌신과 희생을 해 주신 결과입니다. 그러나 아직 상황이 끝난 것은 아닙니다. 아직도 우리 주변에는 남은 몇 가지의 어려움이 있는 것도 사실입니다. 그렇지만 이제 우리는 어떤 어려움이 와도 능히 극복하고 찬란한 새 아침의 태양을 맞을 준비가 되어 있다는 것만은 확실합니다.

여러분 가운데 우리 회사의 경영 여건이 언제쯤 확실하게 좋아질지 궁금히 여기는 분들이 여전히 많을 줄로 압니다. 하지만 그것은 아무도 장담해 말할 수 없습니다. 단지 그것을 확실히 알 수 있는 사람은 우리들 자신이라는 것을 저는 강조하고 싶습니다. 왜냐하면 우리가 똘똘 뭉쳐 더 낳은 결과를 만들어 낸다면 그 시기는 앞당겨질 것이고 그렇지 않으면 그 시기는 더 뒤로 미뤄질 것이기 때문입니다.

그 시기는 우리 모두의 마음속에 있다고 보아야 합니다.

우리는 전장에서 만반의 태세를 갖추고 전투 명령을 기다리는 전사들과 같습니다. 전사는 싸움을 두려워하지 않습니다. 승리를 의심하지도 않습니다. 오직 지니고 있는 전투력을 총동원하여 자신의 생명을 지키고 아군의 승리를 이루기 위해 싸움에 임할 뿐입니다.

우리 모두가 마음을 모아 함께한다면 다시 위대한 조직을 이루게 될 것이고, 남들은 그것을 기적이라고 말하게 될 것입니다. 그 기적을 이뤄 내는 것은 우리들의 결집된 힘이라는 것을 꼭 기억합시다!"

기회는 만드는 것

지점장 미팅이 끝난 후 김 원장과 몇몇 지점장들이 환담을 나누고 있었다.

"원장님의 말씀대로 이 위기를 지내고 나면 우리에게도 기회가 오리라는 예상을 가끔씩 해봅니다. 그렇지만 현재의 여러 상황을 종합해서 생각해 보면 그 기회라는 것이 그렇게 쉽게 올 것 같지는 않더라고요."

어느 지점장이 그렇게 운을 떼자 김 원장은 말했다.

"물론입니다. 기회는 '나 이제 너에게로 간다.'라고 선포하면서 떠들썩하게 오는 것이 아니지요. 그건 우리가 준비해야 비로소 조용히 다가오는 것이랍니다."

"준비를 해야 기회가 온다면, 이런 와중에 무엇을 어떻게 준비해야 되는 건가요?"

"무엇보다 먼저 조직원들의 관계를 곧추세우는 일을 해야 합니다. 다음은 서로를 신뢰하고 협동할 수 있는 시스템을 구축하는 일이지요. '멘토' 제도 같은 것 말입니다."

"그렇지만 원장님, '멘토링'에 대해서는 그동안 여러 번 말씀하셨고, 저희들도 시도해 보았지 않습니까?"

"예, 맞습니다. 그렇지만 그때는 그 일을 하기에 적합한 시기가 아니었다고 보시면 됩니다. 또한 '얼마나 열정을 가지고 진행했느냐?' 하는 것도 점검해 볼 중요한 포인트입니다."

"열정이라…… 그렇게 말씀하시니까 더 드릴 말씀이 없습니다. 그때는 그냥 하라고 하시니까 마지못해 하는 척했던 것이 사실이니까요."

"저번에 말씀드렸듯이, '열정'은 어원적으로 '신이 내린다.'는 의미를 지닌 말입니다. 마치 떠오르는 태양이 열정적이듯이 말입니다. 눈이 부셔서 감히 쳐다보기도 어려운 상태이지요. 아무튼 제가 보기에는 우리 지점장님들도 이제 기회를 맞아들일 준비가 된 듯합니다."

"무엇을 두고 하시는 말씀인가요?"

"지점장님들 사이에 비판적이고 부정적인 말씀들이 현저하게 줄었다는 것을 보면 알 수 있습니다. 그것은 현 상황을 있는 그대로 수용하려 하고, 또 새로운 변화와 새로운 질서에 순응하시려는 마음의 준비가 되었다는 증거로도 볼 수 있기 때문이지요."

"그래서 그런 말씀을 하셨군요. 그런데 저희 지점장들이야 원장님의 말씀에 100% 동감하지만, 우리 구성원들이 아직도 쉽게 따라오려

하지 않으니…… 어떻게 하면 그들의 열정을 끌어올릴 수 있는지 잘 모르겠습니다."

"구성원들의 열정을 끌어올릴 생각보다는 지점장님들이 먼저, 그리고 끝까지 불타오르라고 말씀드리고 싶습니다. 이런 이야기 들어 보셨나요?"

"어떤 이야기인데요?"

"옛날에 어느 연설가가 아무리 열심히 연설을 하여도 청중이 잘 모이지 않았답니다. 그래서 청중에게 많은 인기를 누리는 또 다른 연설가를 찾아가서 그에게 비결을 물었답니다. 그 성공한 연설가의 대답이 무엇이었는지 아세요?"

"아니, 잘 모르겠는데요."

"이렇게 말했다는군요. '당신 자신을 장작불 위에 올려놓으십시오. 그러면 청중은 불구경을 하기 위해 구름같이 몰려들 것입니다.' 라고요."

"대단하군요. 음미해 볼 만하다고 생각됩니다."

"우리 자신이 먼저 바뀌지 않는다면 절대로 조직은 바뀌지 않습니다. 또한 우리가 성장하지 않으면 조직원들은 절대로 성장하지 않는답니다."

"잘 알겠습니다, 원장님. 제가 먼저 바뀌도록 해보겠습니다. 쉽지 않겠지만 최선을 다해 보겠습니다."

김 원장은 지점장들이 자리에서 일어나기 전에 다시 한 번 기회를 잡기 위해 필요한 준비 자세에 대해 얘기하는 것으로 그날의 대화를 마무리하기로 했다.

“기회는 누구에게나 찾아옵니다. 그러나 모든 사람이 기회를 살릴 수 있는 것은 아닙니다. 그것이 기회인 줄 모르고 그대로 흘려보내는 사람이 있는가 하면, 그 기회를 살릴 여력을 이미 상실하여 그것이 기회인 줄 알면서도 잡지 못하는 사람도 있습니다. 그러나 큰 성공을 꿈꾸는 사람은 기회가 왔을 때 그것을 잡기 위한 만반의 준비를 미리 하고 있을 뿐 아니라, 그 기회가 자기에게 다가오도록 기회를 부르는 적극성을 발휘합니다. 단순히 기회가 오기를 기다리는 것이 아니라, 기회를 스스로 만들어 나가는 것입니다. 그런 사람이야말로 진정한 의미의 창조적 리더가 될 수 있는 것입니다.”

'관계 역량 리더십'이 필요한 때는 구성원들의 태도가 의기소침해지고 체념적이며, 웬만한 상황이면 수용하려는 태도를 보일 때이다. 이런 때를 '조직 순환 사이클'에서는 '침체기'라고 부르며, '관계 역량 리더십'의 발휘가 요구되는 시기이다.

'관계 역량 리더십'은 구성원들의 인간관계를 회복시키는 역할을 하기 때문에 결국은 '재건' 역량 리더십이라고 할 수 있다. 조직원들로서는 '침체기'를 거치며 서로 많은 상처를 주고받게 되고, 그러다 보면 상사나 동료 간에도 신뢰가 깨지는 상황에 놓이게 된다. 그 상처를 먼저 싸매고 치료하는 절차가 있어야 한다는 것이다. 아울러 조직의 가치나 문화 등에 대한 명예 회복과 존중을 통해 조직에 대한 충성심과 자부심을 갖게 하는 절차가 반드시 필요하다. '재건'이란 이런 일련의 모든 절차를 통칭하는 것이다.

골이 깊으면 봉우리가 높은 법! 지점의 재건을 위한 움직임이 이곳저곳에서 활발히 진행되려는 싹이 트고 있을 때 박 지점장은 대승적 차원에서 지점의 부활을 예고하는 결정을 하였다.

첫째는, 1년 전에 큰 타격을 주며 지점을 떠났던 팀의 매니저와 영업 사원들이 복귀할 수 있도록 결정한 것이다. 결코 쉽지 않은 결정이었지만 그동안 어려움을 이겨내며 지점을 지켜온 지점 구성원들의 암묵적 동의가 큰 힘이 되었다. 더욱 고무적인 것은 1년 전엔 6명 이었던 그 팀의 영업 사원이 지금은 11명으로 늘어난 상태에서 돌아온 것이다. 지점의 분위기가 반전된 것은 당연한 결과였다. 박 지점장은 물론이고 지점의 구성원들의 사기도 높아지게 되었다. 다시 한 번 도약을 해보고자 하는 의지를 가질 수 있는 계기가 마련된 것이다.

둘째는, 어려운 고비를 지나면서도 비전을 버리지 않고 희생적으로 조직 관리를 해 온 박 지점장의 노력을 높이 평가한 회사는 그를 회사의 대표 지점장으로 임명하였다. 박 지점장 개인으로서는 회사의 임원 대우를 받게 되는 영예도 안게 되었다.

거기에다 회사 조직이 통폐합됨에 따라 10여 명의 정예 영업 조직을 추가로 얻게 되어 박 지점장은 2년 전의 영업 조직 규모를 회복하는 것에 그치지 않고 그것을 상회하는 수준에까지 이르게 되었다.

이런 현상은 단순한 행운이 아니라 숱한 어려움을 묵묵히 참고 견디며 비전을 바라보고 희생적으로 수고해 온 박 지점장과 조직의 구성원들에게 부여된 당연한 기회였다. 박 지점장은 이후 얼마 동안은 확대된 조직을 추스르는 힘든 과정을 거쳐야 했지만, 대형 지점을 맡은 책임자로서 후일 명실상부한 회사 내의 최고 지점장으로 발돋움하게 되는 기회를 그때 잡았던 것이다.

'카운슬링', 그것은 사람의 가능성을 통해서 목표를 보는 정신적 행위를 말한다. 이 같은 바탕 위에서 새로운 질서인 재건이 시작되는 것이다. 구성원들 사이에서 행해지는 '역할 연기', '개인 스피치', '봉사 활동' 등도 좋은 '카운슬링'의 효과가 있다.

지점의 분위기는 눈에 띄게 호전되어 가고 있었지만 한편으로는 어려운 고비마다 겪었던 문제들로 인한 지점 구성원들의 깊은 상처를 치료하는 일도 중요 사안으로 대두되었다. 이에 대처코자 박 지점장은 카운슬링 기법을 적용하여 조직 관리를 해 나갔다.

첫째, 지점의 미팅 시스템을 지점장 중심에서 영업 사원 중심으로 바꿨다. 그 결과 지점 미팅 분위기가 한결 부드러워지고 사원들의 참여도가 높아졌다. 월요일과 목요일에만 실시하던 미팅을 매일 실시하며 서로의 고충을 토로하고 해결해 가는 해결 중심의 열린 카운슬링도 실시했다. 파격적인 미팅 문화의 개선이었다. 전체 지점 미팅 시 '1:1' 롤플레잉을 실시하며 서로의 장 · 단점을 보완해 갔을 뿐 아니라 상대의 입장을 역지사지(易地思之)로 이해하는 풍토를 조성해 나갔다. 또한 '1:다수' 및 '다수:1'의 롤플레잉 기법을 반복하여 꾸준히 실천하기도 했다.

둘째, 개인 스피치 훈련을 실시했다. 박 지점장은 미팅을 가질 때마다 한두 명의 발표자를 세워 평소에 말하지 못했던 내용을 자연스럽게 발표하도록 권장하였다. 물론 발표자의 준비 부족과 발표 내용상 미숙한 점이 있기도 했지만 그런 부분들은 구성원들의 성숙한 판단 능력으로 슬기롭게 극복할 수 있었다. 그 과정에서 지점 구성원들의 가슴에 응어리졌던 부분들이 자연스럽게 치료되고 해결되어 갔다. 특히 내향적이어서 평소에 여러 사람 앞에서 발표하는 일을 꺼렸던 사람들을 배려하며 발표를 잘할 수 있도록 도왔던 것은 지점 구성원들의 일치단결을 이끌어 내는 데 큰 역할을 하였다.

셋째, 포천에 소재한 중증 장애우들을 돌보는 정기적인 봉사 활동을 실시했다. 비록 자신들도 힘들고 어렵지만 자신들보다 더욱 힘들게 살아가는 사람들을 두 달에 한 번씩 정기적으로 방문하여 여러 가지 뒤치다꺼리를 돕고 대화하는 봉사는 지점 구성원들의 마음을 따뜻하게 변화시키는 계기가 되었다.

점차 개선된 지점의 분위기는 서로 칭찬할 수 있는 자연스런 문화로 이동하게 되었다. 누구라도 먼저 힘차게 인사하는 인사 문화와 만나는 사람마다 한 가지 이상의 칭찬을 하는 칭찬 문화가 자연스럽게 자리 잡게 된 것이다. 그런 모든 모습들은 심신이 건강해진 지점 구성원들의 여유와 자신감의 확실한 증거였다.

그렇다! 열정은 인간관계를 통해 창출되는 보석 같은 결과물이다. 열정의 대상은 사람이다. 사람에 대한 가능성을 인정하고 그 가능성을 계발하여 성공을 일구어 내는 것이 바로 리더의 '관계 역량 리더십'이다. 리더가 열정을 갖고 그것으로 구성원의 성공을 이끌어 낸다는 것은 매우 보람 있고 가치 있는 일이기도 하다. 이때 열정을 불러일으키고 열정을 나누게 하는 의사소통은 대단히 중요한 수단이 된다.

침체기의 깊은 수렁 속에서 1년 넘게 분투를 해오는 상황을 어떻게든 벗어나고자 하는 박 지점장의 노력은 계속되었다. 그러나 현실은 남을 탓할 힘도 없는 자포자기의 상태로 그를 몰아갔다. 더 이상 바랄 것도 없고 잃을 것도 없는 참담한 현실이었다.

어려움은 겹쳐져서 온다더니 그 상황에서 박 지점장의 아내가 유방암 진단을 받게 되었다. 설상가상으로 영업 사원 중 한 사람이 밤늦은 시간까지 일을 하고 귀가하다가 교통사고로 입원하는 사고까지 겹친다. 극심한 고통이 첩첩산중을 이룬 상황에서 박 지점장은 한동안 술과 자포자기로 세월을 보냈다.

그러나 그는 마침내 죽음보다도 더 무서운 그 고통들과 맞서 싸우기로 결심하였다. 자기에게 더 이상의 슬픔은 없다고 선포하고 열정을 불태우게 되었다.

첫째, 지점의 환경을 바꿔 보기 위해 지점 사무실을 전격 이전하였다. 사무실 분위기를 바꿔 지점 구성원의 기분 전환을 도모해 보자는 시도였다. 새로운 사무실에서 다소 안정적이고 아늑한 분위기를 연출하니 기대했던 대로 지점 구성원들이 점차 심적 안정을 되찾는 것 같았다.

둘째, 지점 내에 명예의 전당을 만들고 이를 기념하는 행사를 가졌다. 지점 창립 이후 최고의 실적들에 대한 기록을 정리하고 기록 보유자들에 대한 기념 부스(Booth)를 지점의 중앙에 설치하였다. 구성원들로 하여금 다시 한 번 더 높은 비전을 바라볼 수 있는 가시적인 상징물을 마련한 것이었다. 이는 지점 구성원 모두의 자랑인 동시에 기쁨의 원천이 되는 광장이 되었다.

셋째, 새벽에 노량진 수산 시장을 방문하여 새벽시장의 활기와 에너지를 느끼는 행사를 가졌다. 이는 마치 '펄떡이는 물고기'와 같은 활력을 연상케 하는 대목이기도 했다. 싱그러운 아침 햇살을 맞으며 시장의 모퉁이에서 함께하는 지점 식구들의 아침 식사는 많은 이야기로 꽃을 피우곤 했다. 구성원들은 또한 틈틈이 지점 근처의 재래시장을 방문하여 생의 의지가 살아 숨 쉬는 현장에서 재충전을 받는 것도 잊지 않았다.

사면초가(四面楚歌)와도 같은 어려움이 중첩한 상황이었지만 박 지점장의 조직 구성원에 대한 애정, 회사 사랑, 리더로서의 어려움을 극복해

가는 열정은 그 누구도 막을 수 없는 위대한 리더십의 발로였다.

이 시기는 다가올 기회를 잡기 위해 준비하는 단계이기도 하다. 소극적인 생각, 안주하려는 생각 등을 이겨내고 내일을 위해 눈물 젖은 빵을 먹으며, 기회를 단단히 붙잡을 준비를 해야 하는 때이다. 마치 떠오르는 태양을 맞이하려는 장엄한 새벽의 바다처럼…….

제 4 장

비전 역량 리더십 강화

타이밍이 생명이다

"장님으로 태어난 것보다 더 불행한 사람은 시력은 있지만 비전이 없는 사람이다."

헬렌 켈러

조직이 상승기에 접어들었을 때, 리더의 비전

비전을 공유하며 같은 방향을 바라보게 하라

사명선언문과 비전선언문을 가슴에 품게 하라

인생이 연극이라면 리더는 연출자다

리더는 구성원들의 성공을 돕는 멘토다

'조직 순환 사이클' 별 리더십 역량 그래프

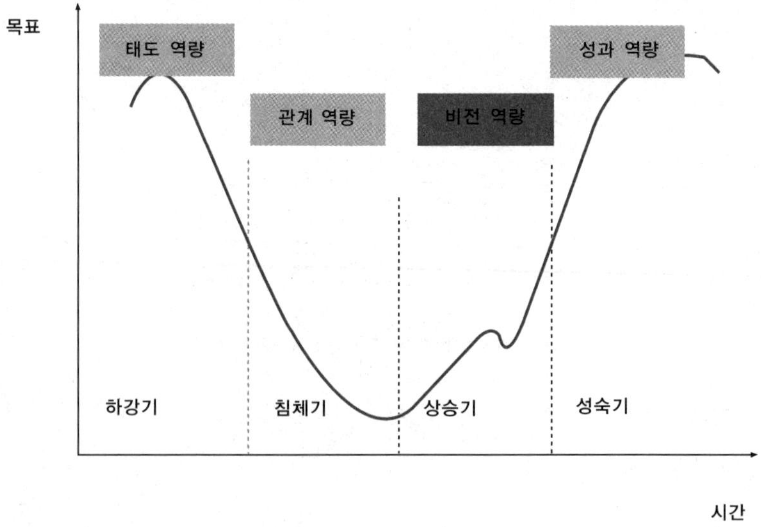

〈'조직 순환 사이클'별 리더십 역량 그래프〉에서 '비전 역량 리더십'은 '조직 순환 사이클' 중 새로운 도약이 시작되어 오름세를 타는 '상승기'에 발휘되어야 할 리더십이다.

조직이 '침체기'를 지날 때는 구성원들이 의기소침해지고 자신감을 잃은 상태로 방황하는 시기라고 할 수 있다. 그러나 조직 구성원 간의 믿음과 신뢰를 회복하고 새로운 관계 개선을 통해 재건의 기초가 다져지는 시기이기도 하다. 바로 이때 새로운 게임 룰이 생성되고 새로운 패러다임이 등장하는데, 이때가 '상승기'의 시작이다. 이 장에서는 그러한 '상승기'를 지나는 리더의 리더십을 다루게 된다.

'상승기'를 맞아 새로운 국면에 처한 박 지점장은 영업 조직의 리더로서 '비전 역량 리더십'을 발휘하게 된다.

'상승기'는 계절로 치자면 '봄'이라고 할 수 있다. 농부가 씨를 뿌리며 농사를 시작하는 때와 같은 것이다. 조직의 혁신이 시작되는 시기인 이때 구성원들은 의기투합하여 비전을 공유하게 되는 특징을 보인다.

아울러 리더는 그 비전을 이루기 위해 연출 기능을 동원하여 지속적이고 끈질긴 도전을 시작하게 된다. 그리고 이때 리더는 '비전 역량 리더십'의 핵심 실천 사항으로 멘토링을 실시하여 성공 모멘텀을 찾아내게 된다.

비행기가 이륙하는 때와 같이 모든 역량을 다해 높은 성공을 향한 힘찬 전진과 도약을 시작해야 하는 매우 중요한 이 시기에 조직 리더인 박 지점장은 다시 한 번 슬기로운 대처 방안을 모색하며 지점의 성장을 일구어 나간다.

조직이 상승기에 접어들었을 때, 리더의 비전

혼돈

"원장님께서는 그동안 기회라는 낱말을 자주 거론하시며 그것을 붙잡아야 한다고 말씀해 오셨는데, 저로서는 지금 무엇이 기회인지 그 기회가 어떤 형태로 오고 있는지 잘 알 수가 없습니다."

대표 지점장으로서 회사 내에서 많은 사람들의 주목을 받게 된 박 지점장이었지만, 지점 운영에 있어서는 아직도 확실한 상승 모멘텀을 확보하지 못하고 있는 것 같았다. 김 원장은 그가 이전의 그 어느 때보다도 지혜로운 판단력으로 상황에 대처해야 할 것이라고 생각하며 입을 열었다.

"박 지점장님, '기회는 거북이처럼 왔다가 토끼처럼 사라진다.'고 하지 않았습니까? 우물쭈물하다가는 아무것도 이루지 못할 것입니다."

"그래서 더 걱정이 됩니다. 원장님께서 진행해 주셨던 '관계 회복 워크숍'을 전기로 해서 저희 지점이 서비스, 스마일, 스마트 워킹의 '3S 운동'을 전개해 오고 있다는 것은 이미 말씀드린 바대로입니다. 처음에는 조직원들의 호응도가 높아서 지점의 '제2의 창립식'도 갖는 등, 곧 무슨 일이 이루어질 것 같은 분위기였습니다. 그러나 이것저것 궁리하여 의욕적으로 도전해 보았지만 아직 이렇다 하게 내세울 만큼 이루어진 결과가 없으니 어찌된 셈인지 도무지 영문을 모르겠습니다."

누구라도 마찬가지이겠지만 박 지점장도 자신이 쏟아 부은 일련의 노력들에 대한 결과의 도출을 조급한 마음으로 기다리고 있었고, 그러면 그럴수록 그것은 잘 나타나지 않는 것 같아 보였다. 그가 말하는 기회란 바로 그것을 의미했다. 하지만 그런 가운데에서도 상승의 씨앗은 움트고 있으며, 아주 느리게나마 기회가 숙성되고 있음을 그는 모르고 있을 뿐이었다.

"지점장님은 욕심이 너무 많은 것 같습니다."

좀처럼 없던 일로서, 김 원장은 단정적으로 잘라 말했다.

"제가요?"

박 지점장이 눈을 크게 뜨면서 물었다.

"여기에 지점장님 말고 다른 분이 계신가요?"

"제가 욕심이 많다는 게 무슨 말씀이신지……?"

"지점장님께서는 지금까지 '침체기'를 지나는 구성원들과 더불어 실적보다는 사람에게 더 많은 관심을 가지며 관계 개선을 잘해 오셨습니다. 그래서 다른 어떤 지점보다도 구성원들 간의 관계가 돈독하고 자부심이나 자긍심을 가진 분들이 많습니다. 그건 매우 큰 자산이 아닐 수 없습니다. 지점장님께서 중도에 포기하지 않고 섬김과 배려를 통해 현재 상태를 일구어 내신 것은 정말 대단한 것으로 타 지점의 귀감이 될 만하며, 그 모든 것이 훌륭하고도 적절한 리더십을 발휘하신 결과라고 생각합니다."

김 원장은 진심으로 박 지점장의 노력과 성실한 태도를 높이 평가하고 있었다.

"부족한 저를 그리 칭찬해 주시니 오히려 부끄럽습니다. 아무튼 제가 우리 구성원들 각자의 능력을 믿고서 그들이 어려운 시기를 극복해 나가는 힘겨운 노력을 할 때 리더로서 힘이 돼 주었던 것은 분명하다고 할 수 있겠지요."

"맞습니다. 지점장님께서는 아주 잘해 주셨고, 그 덕분에 지점이 건재하며, 이제 본격적으로 기회를 잡을 준비를 하고 있는 것입니다."

"그런데 그 기회라는 것이 무엇인지 아직 눈에 보이지 않고, 어떻게 잡아야 되는 건지 감이 잡히지 않아서 이러는 것 아닙니까?"

"제가 동트기 직전의 새벽이 가장 어둡다고 했던 말 생각나지 않습니까? 기회는 언제나 위기라는 포장지에 싸여 온다는 것을 염두에 둘 일입니다. 동서고금의 역사를 통해 보더라도 기회는 늘 위기를 동반하고 나타났던 사례가 비일비재합니다."

"그렇다면 현재 제가 겪고 있는 이 혼란스러움을 위기라고 본다면, 이 위기가 포장하고 있는 내용 속에서 곧 기회를 찾을 수 있을 것이라고 해석하면 되겠군요?"

대화를 하다 보면 대개 박 지점장이 말귀를 빨리 알아듣는 편이라는 것을 김 원장은 알 수 있었다.

"정확히 말씀하셨습니다. 세상의 흐름이 일정한 법칙을 가지고 있다고 본다면, 지금은 확실히 박 지점장님께서 기회를 잡을 때인 것입니다."

"그것을 알 수 있는 좀 더 객관적인 증거는 없을까요?"

김 원장의 말을 믿기는 믿는데 확실히 알 수가 없으니 뭔가를 좀 손에 쥐어 달라는 얘기였다.

"구성원들이 새로운 혁신을 기대하거나 변화를 능동적으로 받아들이려는 준비가 되어 있는 시기를 '조직 순환 사이클'에서는 '상승기'라고 봅니다. 이 상승기의 특징은 새로 조직이 태동되거나 기존 조직이 새롭게 변신하는 아주 중요한 시기입니다. 마치 봄에 농부가 씨앗을 뿌리는 시기라고 할 수 있습니다. 자신의 조직이 그런 준비가 되어 있는지, 그런 특징을 띠고 있는지 판단해 보면 그 시기가 도래했는지 알 수가 있겠지요."

"그렇다면 저희 지점은 이제 '상승기'에 진입했다고 판단해도 될까요?"

"그거야 이제 지점장님과 구성원들이 판단하실 일입니다."

김 원장은 얼굴 전체로 물살처럼 퍼져 나가는 미소를 지어 보이며 말했다.

"원장님, 그럼 제가 적극적으로 그 '상승기'의 분위기를 만듦으로써 '상승기'의 도래를 맞을 수도 있지 않겠습니까? '안 되면 되게 하라.'는 말까지 하는 판국인데…… 저희 조직이 '상승기'에 확실히 진입하려면 이 시점에서 무엇을 어떻게 해야 하는지 말씀해 주십시오."

"오늘은 제가 어느 무명 시인의 시 한 편을 소개해 드리지요. 잘 들어 보세요."

김 원장은 머릿속에 시구를 떠올리느라 잠시 눈을 감았다.

"나는 상상이 지식보다 강함을 / 꿈이 사실보다 뛰어난 능력인 것을 / 소망이 경험을 항상 이김을 / 슬픔을 치유할 수 있는 유일한 방법은 웃음인 것을 / 그리고 사랑이 죽음보다 강한 것임을 믿노라."

천천히 운율에 맞춰 시를 암송한 김 원장은 다시 눈을 뜨며 물었다.

"어떻습니까?"

"글쎄요…… 좀 더 음미해 봐야 잘 알겠지만 얼른 듣기에도 아주 의미 있는 시인 것 같습니다. 그런데 혹시 제게 그 시에서 답을 찾으라고 하시는 것은 아니신지요?"

"이 시 안에 답이 있을 수도 있습니다. '상승기'를 준비하는 리더로서 깊이 생각하신 후 다시 이야기를 하는 것이 좋겠습니다. 오늘은 제가 다른 일이 좀 있어서……."

김 원장은 메모지에 방금 전에 암송했던 시를 또박또박 적어 박 지점장에게 건네고는 자리에서 일어섰다. 외출해야 될 일이 있다는 말과 함께.

무질서 속의 질서

리더로서 구성원들의 외견상의 움직임만을 관찰하다 보면 아주 무질서하다는 생각을 자주 갖게 된다. 그러나 조직의 실질적인 힘은 외적인 변수보다 영혼과 같은 내적 능력에 따라 더 많이 좌우된다. 즉 구성원들 서로의 영혼이 긴밀하게 연결되어 있을 때 조직은 비로소 시너지 효과를 낼 수 있게 되는 것이다. 리더인 박 지점장은 '침체기'를 지나는 동안 '관계 역량 리더십'을 발휘하여 꾸준히 구성원들 간의 관계를 개선하고 재건을 준비해 왔다. 그 모든 것이 '상승기'를 대비한 것이었음은 말할 나위도 없을 것이다.

"원장님, 암만 생각해 보아도 저희 조직이 '상승기'의 오름세를 타려면 그저 열심히 발로 뛰어다는 것 말고는 달리 뾰족한 방법이 없을 것 같습니다. 열심히 뛰는 것, 그게 상책이지 않겠습니까?"

정말로 그렇다는 얘기인지, 아니면 김 원장으로부터 '상승기'를 맞아들이기 위한 방법론을 끄집어내기 위한 실마리삼아 한 얘기인지 분간키 어려운 말을 박 지점장이 했다.

"열심히 뛴다고요? 좋지요! 무엇을 하든 열심히 행동한다는 것은 정말 중요한 것입니다. 그런데 만일 잘못된 방향으로 열심히 뛰어간다면 어떻게 되겠습니까?"

"맥 빠지는 일이 되겠지요. 헛수고라든가 시행착오라는 말이 그런 경우를 두고 하는 말이 아니겠습니까?"

김 원장은 지금처럼 한 걸음 한 걸음 얘기의 핵심으로 다가가는 대화 방법을 즐겨 쓰는 편이었다.

"맞습니다, 지점장님. 그럼 조직 차원에서 그와 같은 헛수고를 안 하려면 어떻게 하면 될까요?"

"먼저 조직이 목표로 삼아야 할 방향을 설정하고, 구성원들의 능력을 정확히 파악한 연후에 전체 에너지의 안배를 잘해서 효과적으로 성공에 도달할 전략을 완성해야 하리라 생각합니다."

박 지점장이 나름대로 명쾌하게 정리하여 말했다.

"네, 핵심을 정확히 말씀해 주셨습니다. 지금과 같은 '상승기'에는 누가 뭐라고 해도 조직의 방향과 목표를 분명히 해서 모든 구성원들이 일치된 마음으로 움직여 나가는 것이 대단히 중요해지는 시기입니다. 그래서 리더에게는 구성원들과 조직이 가야 할 방향과 목표를 정확하고 분명하게 확정하고 제시하는 능력이 필요한데, 그 능력을 '비전 역량 리더십'이라고 부르는 것입니다."

"〈'조직 순환 사이클'별 리더십 역량 그래프〉에서 '비전 역량 리더십'이 조직의 '상승기'에 적용되는 리더십이라는 것은 봐서 알고 있습니다만, 그 구체적인 내용에 대해서는 아직 잘 모릅니다. 이제 저희 조직이 '상승기'를 맞게 됨에 따라 지금부터 어느 시점까지는 줄곧 '비전 역량 리더십'의 발휘가 필요하게 되지 않겠습니까? 차제에 '비전 역량 리더십'에 대해서 좀 더 구체적인 설명을 해 주신다면……."

박 지점장은 말하면서 자기 앞에 펼쳐놓은 업무수첩에 '비전 역량 리더십'이라고 적어 넣었다.

"네, 알겠습니다. ……지점장님께서도 아시는 바와 같이 하나의 조직이 뭔가 새로운 목표를 가지고 일을 시작할 때에는 넘치는 의욕으로 힘차게 출발해야 하는 것입니다. 그래야 사업을 성공적으로 이루어 낼 수 있는 추진력이 생깁니다. 마치 비행기가 활주로를 박차고 이륙할 때 가장 큰 에너지가 필요한 것과 마찬가지라 하겠습니다. 그래서 비행기 조종사의 능력, 즉 실력이 그 어느 때보다 필요한 순간 중의 하나가 이륙할 때라고 합니다. 따라서 어떤 조직에서든지 그 시작 시점은 '비전 역량 리더십'이 매우 필요한 시기라고 할 수 있습니다. 그 시기는 자연적으로 조직이 새로운 각오와 일에 대한 열망과 의욕을 넘치도록 지니기 시작하는 시기이기 때문입니다. 이때 리더는 조직원들이 새로운 도전에 얼마나 큰 기대와 열의를 지니고 있는지, 성공에 대한 강한 신념이 있는지, 조직의 비전과 구성원 개개인의 비전이 일치하는지, 혁신이나 변화에 대해 능동적으로 대처하려는 의식이 높은지 등의 몇 가지를 주의 깊게 관찰하며 '비전 역량 리더십'을 발휘해야 합니다."

박 지점장은 김 원장이 애기하는 내용 중의 핵심어를 빠르게 적어 나갔다.

"이제 '비전 역량 리더십'의 개략적 내용은 이해할 수가 있습니다. 끈끈한 인간관계를 바탕으로 조직이 나아갈 방향과 목적지를 분명히 하여 활기차게 도약하게 하는 기술, 그것이 '비전 역량 리더십'의 핵심이라고 이해해도 되겠습니까?"

"네, 그렇습니다. 특히 '비전 역량 리더십'이 적기에 발휘되어야 하는 이유는, 구성원들의 경력이 아직 부족한 상태일 경우가 많다는 점과 업무에 대한 열정은 넘치지만 업무를 처리하는 능력은 아직 모자랄 수 있는 상황이 되기 쉽기 때문입니다. 리더는 그런 점들을 고려

하여 그에 적합한 리더십을 확실하게 발휘해야 한다는 것을 명심하십시오."

박 지점장은 최근에 새로 들어온 구성원들의 의욕에 찬 모습과 아직 신출내기로서의 어설픈 모습을 함께 떠올리며 김 원장의 말을 마음에 새겼다.

"잘 알겠습니다. 그렇다면 이제 제대로 된 '비전 역량 리더십'을 발휘하기 위해 저희 조직의 방향과 목표를 어떻게 정하고 실천에 옮겨야 할지를 생각해 봐야겠군요?"

"네, 그렇지 않아도 방향과 목표의 문제는 결국 '미션과 비전'의 수립에 관한 것이 됩니다. 다음 주에 있을 지점장님들 회의 시에 다 같이 모인 자리에서 미션과 비전을 수립하는 방법들을 논의해 보도록 하지요. 회의 준비는 이미 갖춰져 있으니까요."

비전이 해답이다

아주 추운 날 오후, 지점장 회의로서 '미션과 비전' 수립을 위한 모임이 시작되었다. 참석한 지점장들의 얼굴은 미리 알려진 회의 내용에 대한 기대로 가득 차 있었다. 한 사람 한 사람이 회의에 임하는 자세부터가 매우 신중하면서도 열의를 가지고 있다는 것을 알 수 있었다.

김 원장이 회의의 모두 발언을 했다.

"지점장님들은 주로 영업 조직을 이끄는 분들로, 군대로 말한다면 야전 사령관과 같은 분들입니다. 만약 전쟁을 치르고 있는 야전 사령관이 있다면, 그가 어떤 상황에서 어떤 결정을 하느냐에 따라 수많은 병사들의 생사가 결정될 것입니다. 여러분의 위치도 그와 별반 다르지 않다고 생각합니다. 다만 여러분은 총과 칼을 가지고 전쟁을 하지 않을 뿐입니다. 이렇듯 우리는 매일 매 순간마다 전쟁과도 같은 치열한 삶을 살아가고 있는 것은 분명합니다. 그렇기에 조직의 성공을 이끌어 내는 리더의 적절한 리더십 발휘가 얼마나 중요한가 하는 점에 대해서는 아무리 강조해도 지나치지 않을 것입니다. 따라서 저는 이 시기의 리더십에 대한 말씀을 드리기에 앞서서 '조직의 순환 사이클' 차원에서 우리 조직의 현 위치를 파악하고 우리의 현재를 진단하는 것이 순서라고 생각합니다. 지금부터 여러분들은 조별로 여러분 각자가 맡고 있는 지점이나 우리 회사 전체의 현주소가 어디인지를 진단해 보는 시간을 갖도록 하겠습니다. 가지고 계신 생각을 기탄없이 밝히시되, 결론은 '조직의 순환 사이클'에서 말하는 네 가지 단계 중 하나로 정리해 주시기 바랍니다. 자, 지금부터 토론을 시작해 주십시오."

조별 토론이 끝난 후 그 내용을 취합한 결과, 참석 인원의 80% 이상이 압도적으로 우리의 조직은 '상승기'의 위치에 도달해 있다는 진단을 내리고 있음을 알 수 있었다. 물론 지점별로 약간씩의 편차는 있어서 아직도 '침체기'를 벗어나지 못하고 있다고 스스로를 진단한 지점도 20% 정도 되었으나, 그에 속하는 지점장들은 대다수의 지점장들을 위해 회의 진행에 협조해 주었다.

"보시는 것처럼 여러분들의 대다수는 자신의 지점이 '상승기'에 돌입했다고 판단하고 계십니다. 이와 같은 '상승기'의 조직에서 가장 필요한 리더십 역량은 '비전 역량 리더십'이라고 말씀드릴 수 있겠습니다. '비전 역량 리더십'은 지식을 기반으로 하고 있습니다. 우리가 흔히 '실력이 있어야 한다.'고 말할 때, 이 실력은 '지식'에서 나오는 것입니다. 또한 '지식'은 결국 지혜와 관련이 있습니다."

김 원장은 비전 역량의 근간을 이루는 것이 지식이며 지혜라는 자신의 생각을 담담히 전개해 나갔다.

"원장님, 그러면 학력이 짧거나 두뇌가 나쁘면 회사도 못 운영하신다는 말씀이신가요?"

어느 지점장 한 분이 분위기를 가볍게 눙치기 위해서 그랬는지 그런 말을 불쑥 던졌고, 그 바람에 모두들 와르르 웃음을 터뜨렸다.

"뭐, 따지고 보면 그런 말이 되는 건가요?"

김 원장도 그들을 따라 함께 웃으며 그렇게 말한 뒤에 계속 말했다.

"그러나 제가 말하는 지식이나 지혜가 전적으로 학력이나 두뇌의 좋고 나쁨과 연결되는 것만은 아니라고 생각합니다. 여하튼 여러분들은 모두 이 업계에서 유능하신 분들입니다. 현장의 다양한 체험을 통한 직접 경험과 그 밖의 간접 경험 등을 바탕으로 실력을 겸비한 우수한 인재들이십니다. 회사의 경영진을 포함하여 여기에 계신 여러분들께서 커다란 비전을 보실 수 있다면 우리는 성공적으로 성장하며 발전할 것이며, 만에 하나 다 함께 힘을 합하여 비전을 보지 못한다면 우리는 결국 아주 작은 성공에 머물게 되거나 실패를 각오해야 할지도 모릅니다."

김 원장은 리더의 지식과 지혜의 힘으로써 비전을 볼 수 있는 능력을 첫째로 내세운 것이다.

"원장님, '비전'을 본다는 것은 구체적으로 무엇을 뜻합니까?"

"좋은 질문입니다. 이제부터 그 점에 대해 말씀드리려고 합니다. '비전'을 본다는 것은 한마디로 조직이나 회사가 도달하려고 하는 최종 목적지를 다 같이 생생하게 본다는 의미입니다. '우리 회사는 이런 모습이 되어야 한다.'고 모든 구성원이 일치된 비전을 본다면 이는 매우 고무적인 일이며, 그럴 때에 회사는 절반의 성공을 이미 이룬 것이나 다름없게 됩니다. 따라서 비전은 목표나 막연한 꿈 정도가 아니라 하나의 공동체가 추구하고자 하는 최종의 구체적인 모습입니다. 더 쉽게 설명한다면 '꿈을 행동으로, 현실로 옮겨 놓은 것'이라고나 할까요?

그러므로 비전을 가진 조직은 힘차게 전진하는 엔진을 갖게 되는 것이며, 어떤 어려움에도 쉽게 포기하지 않을 것이며, 수많은 도전을 받는 경우에도 굴하지 않고 불굴의 정신으로 창조적인 사업을 영위해 나갈 수 있게 되는 것입니다. 비전이 없는 조직은 한마디로 오합지졸이지요. 제 각각 향방 없이 뛰는 운동선수와 같이 무질서가 있을 뿐이며, 결과조차 얻을 수 없는 아주 수준 이하의 조직이 되는 것입니다."

"원장님, 그러면 어떻게 동일한 비전 아래 뭉쳐지는 조직을 만들 수 있을까요?"

그렇게 질문과 대답이 이어지는 가운데 회의는 자연스럽게 진행되었다.

"먼저 가치 있는 비전을 볼 수 있는 인재를 고르는 것이 무엇보다도 중요하지요. 아무리 좋은 비전을 수립한다 하여도 구성원들이 동의하고 동참하지 않는다면, 비전 작업은 무의미 한 행동으로 시간 낭비에 지나지 않게 됩니다.

그 다음에는 비전에 대한 의식이 다소 부족하더라도 끈질기게 반복하여 대화하고 교육하며 설득하는 일이 중요합니다. 이는 기업 내부의 조직원들 간에 비전을 적극적으로 공유하기 위함입니다. 직원들의 공감을 끌어내지 못해서 함께 비전을 바라보지 못한다면 이는 조직 차원에서 매우 불행한 일이 됩니다.

그 다음 단계에서 주목해야 될 점은 행동하는 비전의 실천 작업입니다. 세상일 가운데에 중요한 것치고 어느 것 하나 그렇게 쉬운 일이 있겠습니까? 더구나 혼자도 아닌 조직이 하나의 비전을 보며 같이 움직인다는 것이 어디 그리 쉬운 일이겠습니까? 그렇지만 행동을 수반하지 않는 비전은 이미 비전이 아니기 때문에 비전에 따라 행동하는 조직을 일구어 나간다는 것은 여간 힘든 작업이 아닙니다. 비전을 바라보는 조직은 어머니가 산고의 고통을 잊고 또다시 아기를 잉태하는 것처럼 모든 고통과 어려움을 능히 극복할 수 있다는 자신감을 갖게 됩니다. 그것은 결국 현실의 어려움보다는 장차 찾아올 보람과 기쁨을 내다볼 수 있기 때문에 가능한 것입니다."

김 원장의 얘기가 거기에 이르렀을 때 듣고 있던 지점장 한 사람이 손을 들고 발언했다.

"원장님, 그런데 질문이 하나 있습니다. 조직의 비전이 먼저입니까, 아니면 개인의 비전이 먼저입니까?"

아마도 조직의 비전과 그 조직에 속해 있는 개인의 비전이 일치하지 않을 경우에 우선순위를 어느 쪽에 두어야 하는지를 묻고 있는 것 같았다.

“아주 좋은 질문을 해 주셨습니다. 딱히 무엇이 먼저라고 말하기는 어렵지만 저는 조직의 비전이 먼저라고 생각합니다. 조직의 비전과 다른 비전을 가진 조직원이라면 조직의 성공에 기여하기 어려울뿐더러, 자신의 성공도 이루기가 쉽지 않겠지요. 그래서 기업들은 비전을 같이 할 수 있는 인재를 선발하려는 것이 아니겠습니까?

조직원들이 비전을 공유하며 함께 같은 방향을 바라보지 못하는 조직에는 미래가 없습니다. 비전을 품는 것이야말로 조직의 성장을 위한 가장 기본적이면서도 아주 중요한 능력인 것입니다.”

비전을 공유하며 같은 방향을 바라보게 하라

비전 워크숍

깨달음이 있다면 즉시 행동으로 실천하는 것이 최고의 선(善)이다!

항상 긍정적이고 적극적인 박 지점장은 지점장 회의를 통해 비전의 필요성에 대한 강한 암시를 받고 지점에 돌아와 즉시 지점 워크숍을 준비하였다.

도시에서 그리 멀리 떨어져 있지 않으면서도 얼음장 밑으로 맑은 물이 흐르는 개울이 있고 짙푸른 잣나무 숲이 울창한 속에 자리 잡은 워크숍 장소는 그동안의 과로와 업무 스트레스를 풀기에 적합한 곳이었다. 길고 지루한 침체의 터널을 지나오느라 지점 구성원들이 여러 모로 지쳐 있는 것은 사실이었다. 하지만 그날만큼은 모처럼 찾아온 자연 속에서 편안함을 만끽하고자 즐기는 모습들이었고, 오가는 대화도 한결 여유롭고 편안해 보였다.

워크숍은 지점의 발전 방향을 모색하기 위한 SWOT(Strengths 강점, Weaknesses 약점, Opportunities 기회, Threats 위협) 분석 작업으로 본격화되었다. 지점의 강점을 기회로 삼기 위한 전략, 약점과 위협적인 사안에 대한 대비책, 강점이지만 위협이 될 수 있는 사안, 약점이지만 기회로 활용할 수 있는 사안 등 4가지 항목을 놓고 버즈 세션(Buzz Session) 형식으로 진행된 토론에서는 다양하고도 실질적인 의견들이 많이 나왔다. 열기 속에서 이어진 토론은 많은 아이디어와 전략을 도출하였고, 구성원들 간의 공감대가 형성된 아주 값진 시간이었다. 구성원들 하나하나의 표정에도 만족스러워하는 빛이 역력했다. 모처럼 자신감과 일체감을 회복해 가는 구성원들을 바라보는 박 지점장도 더불어 만족스러웠다.

구성원들이 이루고자 하는 모든 일을 가장 효과적으로 구현 가능케 하는 것이 조직의 '미션과 비전'임을 알고 있는 박 지점장은 벌써부터 야릇한 흥분 같은 것을 느끼며 워크숍의 마무리 단계를 머릿속에 떠올려 보았다.

'그래, 이젠 비전이다. 우리만의 구체적 비전을 구성원들과 공유하는 것이 오늘의 하이라이트가 아니겠는가!'

결국 워크숍의 마지막 순서는 지점의 '미션과 비전'을 함께 새기는 시간이 되었다. 결연한 의지를 갖고 앞에 나선 박 지점장은 지점의 미션과 비전을 발견하고 공유하기 위한 작업을 시작하였다.

"지금부터는 우리의 공동 미션이 무엇인지 결정하는 시간을 갖고자 합니다. 먼저 여러분 각자에게 우리 지점 구성원으로서의 미션을 무엇이라고 생각하는지 한번 물어보겠습니다. 여러분 스스로 자신의 미션이 무엇이라고 생각하는지 각자 한 가지씩 간단히 발표해 주십시오. 우선 우리 지점 스태프로서 이번 워크숍을 준비하고 지원하느라 고생이 많은 유 대리부터 말씀해 주실래요?"

박 지점장으로부터 지목을 받은 유 대리가 쾌활한 목소리로 서슴없이 대답했다.

"제가 생각하는 미션은요…… 제 사명은 언제 어디서나 누구의 눈치도 보지 않고 바른말을 하는 것이라고 생각합니다."

"지점장님, 유 대리는 정말 못 말려요. 언제나 중심을 잡을지 대책이 안 섭니다!"

누군가의 조크에 좌중은 한바탕 웃음바다를 이루었다.

"자, 자, 우스갯소리는 이제 그만들 하시고…… 다른 분들도 한 사람씩 이야기해 봅시다."

"저는 고객을 가족처럼 모시는 것이 저의 사명이라고 생각해요."

"저는 고객의 필요를 채워 주는 일을 사명으로 생각합니다."

"저는 고객의 노후를 철저하게 준비시켜 드리는 것을 미션으로 삼고 싶습니다."

"저는 우리 지점을 최우수 지점으로 만들고 싶어요."

한 사람씩 발표할 때마다 웃음과 박수가 터지며 유쾌한 분위기가 연출되고 있었다. 구성원들 각자가 생각하고 있는 사명이란 것이 개인의 재능과 능력 등에 따라 지점에 유익한 방향으로 다양하다는 것도 확인되었다.

"자, 그럼 여기서 우리 지점의 미션을 만들어 보는 시간을 가져보겠습니다. 이미 예고해 드렸기 때문에 팀 별로 많은 준비를 해 오셨으리라 믿습니다. 지금부터 충분한 토론을 나누고 의견을 종합적으로 취합하여 마지막 결론을 내도록 하겠습니다.

제가 먼저 묻겠습니다.

지(地) · 수(水) · 화(火) · 풍(風), 즉 흙 · 물 · 불 · 바람 중에서 우리 지점의 성격을 가장 잘 나타낼 수 있고 가장 가깝게 느껴지는 것이 무엇인가요?"

박 지점장이 운을 떼자 여기저기서 여러 의견들이 나와, 갑론을박을 거쳐 우리 지점에 가장 가까운 것은 '바람'이라는 결론에 도달하였다.

"그렇습니다. 바람은 매우 신출귀몰하여 어디선가 나타났다가 없어지고, 시원하기도 하지만 때로는 덥기도 하고, 없는 듯하지만 있고, 급하기도 하지만 한없이 부드럽기도 한 성질을 가지고 있지요. 그러고 보니 정말로 우리 지점의 성향은 바람을 닮은 것 같군요."

'우리는 언제 어디서나 고객에게 희망과 용기를 주고, 든든한 미래를 설계하는 바람이다.' 라고 지점의 사명에 대한 성격을 규정하고 나니, 구성원들의 반응도 아주 만족스러워 보였다. 이렇듯 계속되는 토론과 의견의 개진을 통해 미션 작업에서 가장 중요한 '동사'를 하나 선택하기로 했다. 미션에서는 '동사'를 잘 선택하는 것이 핵심이기 때문이다. 설왕설래가 많았지만 우여곡절 끝에 그 동사로는 '설계하다'를 만장일치로 선택했다. 그리하여 최종적으로 '우리 지점의 사명은 고객들의 행복한 노후를 맞춤 설계하는 것이다.'라는 '사명 선언문'을 완성할 수 있었다.

"자, 이번에는 비전 작업을 해 보도록 하지요. '우리 지점의 사명은 고객들의 행복한 노후를 맞춤 설계하는 것이다.'라는 미션을 가슴에 품고 지금부터는 비전을 바라봅시다. 먼저 비전이란 영어 단어의 동의어로는 '시력', '선견지명', '통찰력' 등이 있습니다. 또한, 비전이란 영어 단어에는 여러분들도 알다시피 무엇인가를 '본다.' 또는 '보인다.'는 의미가 들어 있지 않습니까? 따라서 비전 작업이란 '바라봄의 법칙'으로 바라본 현상을 현실로 옮겨 놓는 작업입니다. '비전은 아직 실현되지 않은 현실'이라는 말이 아주 적절한 표현이라고 생각됩니다. 그렇습니다. 비전이란 사명을 수행하되, 분명한 목표점을 바라보고 모두가 혼연일체가 되어 성취해야 할 우리의 목숨과도 같은 것입니다."

다시 열띤 토론을 마치고 얻은 '비전 선언문'으로는 '우리의 비전은 업계 최고의 생애 설계 사관학교가 되는 것이다.'라는 것이 결정되었다.

워크숍을 마치고 돌아오는 버스 안은 조용했다. 미션을 수행하겠다는 새로운 각오와 미래에 대한 꿈으로 비전을 바라보는 구성원들의 눈빛은 초롱초롱 빛났다. 박 지점장도 구성원들과 함께 설정한 '미션과 비전'을 가슴에 품고 다시 한 번 굳게 마음을 다지고 있었다.

달라지기 시작하다

워크숍을 통해 채택한 '사명 선언문'과 '비전 선언문'을 가슴에 품고 사무실로 복귀한 이후 지점의 분위기는 사뭇 달라지고 있었다.

눈치를 보며 행동을 미루던 습관, 남의 탓으로 돌리던 업무의 아마추어리즘, 후회를 일삼던 모습, 매사에 부정적인 태도, 회사의 정책에 비판적이던 태도, 타사와 비교하며 열등의식을 갖던 모습 등이 어느덧 자취를 감추고 있었다. 구성원들의 모습은 초롱초롱한 눈망울과 부드러운 미소, 남을 배려하는 넉넉한 마음으로 바뀌어 가고 있었다. 그 확실한 증거 중의 하나로 구성원들의 대다수가 자신은 물론 지점과 회사를 매우 자랑스럽게 생각하기 시작했다는 것을 들 수 있었다.

그러던 어느 날 회사 내 다른 지점의 지점장으로부터 박 지점장에게 전화가 왔다.

"박 지점장님, 그 지점 가족들은 정말 만족스러운 분위기 속에서 일하는가 봐요? 어제 그쪽 지점 직원 한 분과 술을 한잔 할 기회가 있었는데, 자기 지점에 대한 긍지와 자랑이 어찌나 대단하던지 그가 하는 말을 듣고 정말 깜짝 놀랐습니다. 지점장님께 무슨 비결이 있으신지 한 수 배우러 가겠습니다. 저도 꽤 오랜 세월 매니저 생활을 하고 있지만, 이 업계에서 그 정도로 자기 일터에 대한 긍지를 지닌 사람은 처음 봅니다. 처음에는 일부러 장난치려고 꾸며 대는 것쯤으로 생각했었는데, 계속 듣다 보니 그가 하는 말이 모두 사실이라는 것을 알고는 정말 대단하다고 생각하게 되었습니다. 혹 시간이 되시면 우리 지점에 오셔서 강의라도 한번 해 주시면 감사하겠습니다. 바쁘신 줄은 알지만 꼭 찾아뵙고 자문도 구하고 싶습니다."

이렇게 지점의 변화가 회사 내에 알려지면서 박 지점장은 지점장 회의에서 지점 운영 사례 발표를 하게 되었다.

"최근에 우리 지점에서 이루어졌던 몇 가지 사건을 중심으로 간단하게 말씀드리겠습니다. 우리 지점은 여러분도 잘 아시는 바와 같이 금융 위기를 지나면서 많은 어려움을 겪은 지점 중 하나입니다. 현장 활동은 위축될 대로 위축되었었고 그에 따른 실적의 하향세와 침체로 갈팡질팡하는 방황의 연속이었습니다. 이제나 저제나 새로운 전기가 있지 않을까 기대하며 있었지만 그 어디에서도 빛은 보이지 않았습니다. 회사 안팎은 물론 모든 경제 여건이 우리에게 그렇게 쉽지 않는 상황이었던 것은 여러분도 잘 아시리라 생각됩니다.

그럴 때 매일 불평과 불만을 일삼는다면 우리 지점이나 회사는 어떻게 될 것인가 하는 걱정이 많았습니다. 그러다가 지난겨울의 지점장 회의에서 '미션과 비전'이 필요한 시기가 바로 이때라는 강한 느낌을 받고 지점에 돌아가 즉시 워크숍을 열어 '미션과 비전'에 대해 마음을 모으는 작업을 진지하게 실시했습니다. 아마 이것이 기폭제가 되어 우리가 우리 회사의 주인이라는 주인 의식이 저희 지점에 팽배하게 된 것이라고 생각됩니다. 워크숍에서 얻은 결과는 크게 두 가지였습니다.

첫째는 현실을 철저히 분석하고 대안을 정리하는 SWOT 분석을 '버즈 세션' 형식으로 자유 토론한 결과 행동 전략에 따른 실천 계획을 모든 구성원들의 합의 하에 완성하였다는 것입니다. 여기서 중요한 것은 이 모든 의견 도출은 구성원들 스스로의 자발적이고 적극적인 참여로 이루어졌다는 점입니다.

두 번째는 지점의 '미션과 비전'을 확정했다는 것입니다. 지점의 사명과 비전이 무엇인가를 정하기 위해 구성원들끼리 토론했던 시간은 매우 유익하였습니다. 저는 그 시간을 통해 지점이나 회사를 바라보는 구성원들의 시각부터 변화되는 것을 볼 수 있었습니다. 지점이 마땅히 해야 할 일은 무엇인지 그 정체성을 분명히 한 것은 구성원들의 단결심과 회사에 대한 충성도를 높이기에 충분하였던 것 같습니다.

그 밖에 제가 여러 동료 지점장님들께 말씀드릴 수 있는 사항으로는 그 시점에서 유능한 구성원들을 추가 채용했다는 것입니다. 저는 '미션과 비전'을 지점 가족들과 함께 만들고, 또한 그것을 같은 마음으로 수행할 만한 능력 있는 구성원들을 뽑는 일에 최선을 다하는 것이 지점 성공의 중요 요인 중 하나라고 생각했던 것입니다. 어떤 때는 한 사람의 지점 가족을 채용하기 위해 그야말로 삼고초려도 마다하지 않았고, 적극적으로 주변의 소개를 받는 일에 최선을 다하였습니다. 이렇게 심혈을 기울여 뽑은 구성원들은 아무래도 지점의 근무 여건을 만족해하는 편이었으며 다른 구성원들과의 팀워크에 있어서도 좋은 역할을 할 수밖에 없었습니다. 저는 각 팀의 매니저들 및 선임 직원과 같이 면접을 진행하여 그들 모두가 찬성하는 형태로 새 가족을 선발했습니다. 좀 더디고 힘들었지만 비교적 실수가 적었고, 또 구성원들이 단합하게 되는 좋은 계기가 되었습니다. 왜냐하면 인터뷰에 참석한 팀 매니저들이나 선임 팀원은 자기가 찬성하여 선발된 팀원에게 열성을 다해 업무를 가르쳐 주었고 자연히 잘 이끌어 주게 되더군요. 이렇게 가족 관계처럼 끈끈하게 뭉쳐진 조직은 아주 건강하게 지점의 업무를 창의적으로 수행하게 되었던 것입니다. 리더인 저로서는 비전을 공유할 수 있고 또 그 비전을 실천할 수 있는 그야말로 능력을 갖춘 구성원들의 구축을 최대 관건으로 생각했었는데,

결국 짧은 시간 안에 성공의 기틀을 만들어 내는 놀라운 조직으로 발전할 수 있다는 실증적 사례를 영광스럽게도 저희 지점이 보여 드릴 수 있게 되었다고 하겠습니다.

기왕에 여러분들 앞에 섰으니, 마지막으로 한 가지만 당부 드리겠습니다. 처음을 활기차게 시작하십시오. 시작을 활기차게 시작하면 결과가 좋다는 것을 꼭 기억하십시오. 즉 하루를 시작하는 아침, 일주일을 시작하는 월요일, 한 달을 시작하는 월 초를 씩씩하고 활기차게 시작하십시오. 이렇게 처음을 활기차게 시작한 조직은 그렇지 못한 조직보다 10% 이상의 높은 결과를 가져온다고 합니다."

조용하면서도 확신에 차 있는 박 지점장의 사례 발표는 동료 지점장들에게 좋은 자극제가 되었다.

사명선언문과 비전선언문을 가슴에 품게 하라

어려움의 소용돌이

우리네 삶에 어찌 쉬운 일만 있겠는가? 훌륭한 인재들을 채용하여 탄탄한 팀워크를 다져 놓았지만 생각지 않게 조직에 균열이 가는 일이 생겼다. 일 년쯤 지난 어느 봄 날 오후, 박 지점장은 오랫동안 존경해 온 김 원장을 찾아와 넋두리를 늘어놓는다.

"원장님, 사람들이 왜 이렇게 신의가 없는지…… 참으려 해도 화가 납니다."

"지점에 무슨 어려운 일이 생겼나 보군요?"

"네, 일 년도 넘게 정성을 다하여 도와주고 자리를 잡을 수 있게 배려했는데 그 공도 없이 최근에 한 개 팀이 동업계의 타사로 이직을 해 버렸지 뭡니까? 어떻게 사람들이 이럴 수가 있나요? 이거 해도 해도 너무 한 것 아닙니까? 언젠가 2개 팀이 며칠 간격을 두고 빠져나가는 바람에 전의를 상실했던 기억이 아직도 생생하기에 더욱 기가 막힙니다. 와신상담하듯 오랜 시간을 견디며 가까스로 다시 2개 팀을 보완해 놓고 이제 무엇인가를 제대로 해볼 만한 때인데 그리 되고 말았습니다."

박 지점장의 넋두리는 좀체 멎을 것 같지 않았다.

"참 마음이 아프셨겠습니다. 겨우 손발을 맞추어 일할 만할 때 구성원이 일부가 타사로 옮겨가는 사건이 터진 것이로군요?"

"네, 그렇습니다. 그것도 실적이 제일 좋고 능력을 인정받던 팀이 그랬으니 제가 열통이 터지지 않겠습니까? 그동안 사내의 지점들 가운데 새로운 도전을 주도하던 리딩 지점 역할을 해왔던 우리 지점은 이번의 그 일로 아주 큰 타격을 입을 것이 뻔합니다. 떠나간 사람들의 심중에는 제가 별로 남아 있지를 못했던가봅니다. ……따지고 보면 제가 동료나 부하 직원들로부터 인정을 받지 못했다는 실망감이 더욱 제 마음을 아프게 하는지도 모릅니다. 설상가상으로 최근에는 우리 지점의 정착률이 낮다는 통계 결과 때문에 본사 감사실의 조사까지 받는 신세가 되니…… 어휴, 저절로 한심하다는 생각까지 듭니다."

"그러시겠습니다. 그런데 그 떠나신 분들에게 환송식은 잘해 드렸나요?"

김 원장은 정말로 안됐다는 듯이 걱정하는 표정을 지으며 물었다.

"원장님, 지금 환송식이라고 하셨습니까? 저희 지점을 버리고 가는 사람들한테 환송식이란 게 가당키나 합니까?"

박 지점장은 김 원장으로부터 못 들을 말을 들었다는 듯 머리를 흔들면서 말했다.

"지점장님, 리더는 항상 배신을 당할 준비가 되어 있어야 합니다. 또 그런 경우에 리더는 배신을 당했다고 하지만, 이직해 간 직원들은 그렇게 생각하지 않습니다. 그들은 다만 자신의 커리어를 위해 현명한 결정을 내린 것이라고 생각하면서 자리를 옮겼을 것입니다. 우리의 팔로워들은 당연히 한 인간으로서 존중 받아야 합니다. 즉 객체가 아닌 주체로서 대접 받아야 할 권리가 있다고 봅니다. 그들 나름대로의 직업과 직장을 선택할 수 있는 자유가 있어야 한다는 것을 왜 인정하지 않으려 하십니까?"

"저도 머리의 차원에서는 충분히 그렇게 생각합니다. 그렇지만 막상 그 꼴을 당했을 때에는 이 가슴 차원에서 용서가 되지 않더란 말씀이지요."

박 지점장은 이를 갈고 싶은 심정인 것 같았다.

"그런데 그분들이 지점장님 곁에서 떠나간 이유는 무엇이라고 하던가요?"

진정한 리더는 인간적으로 성숙한 사람이어야 한다는 말을 머릿속에 되새기며 박 지점장은 입을 열었다.

"여러 가지 이유를 대고 있지만, 지점장인 저에 대한 불만이 가장 큰 것 같고 자신들이 이룬 업적에 상응하는 대접을 충분히 받지 못한다는 불만이 있었던 것으로 보입니다."

"그렇군요. 팔로워들이 추구하는 가치나 이루고자 하는 목표는 리더의 그것과 얼마든지 다를 수 있습니다. 그렇기 때문에 팔로워들은 리더가 원하는 것과 다른 길을 선택할 수도 있는 것입니다. 우리의 팔로워들은 리더들을 위한 앵벌이가 결코 아니지 않습니까? 자신의 능력이 충분히 발휘될 수 없는 환경이거나 노력한 결과에 상응하는 대우를 받지 못한다면 더 이상 리더를 추종하지 않을 것이 당연합니다."

"원장님, 그렇지만 사회생활을 하는 사람이 어떻게 자기 입장만을 생각하고 살아갈 수 있나요? 조직 생활을 하다 보면 자신의 뜻을 굽혀야 할 때도 있고 또한 조금은 불리한 대우를 받을 때도 있는 것 아닙니까?"

"지점장님, '성과는 전략에 우선한다.'는 말을 들어 보셨습니까?"

김 원장은 차분한 어조로 물었다.

"성과는 전략에 우선한다? 그런 말도 있었나요?"

박 지점장은 그 말의 의미가 얼른 와 닿지를 않는지 고개를 약간 갸우뚱하면서 물었다.

"조직의 견고성을 유지하기 위해서는 미션과 비전 · 전략 등의 과정이 아무리 잘되어 있다 하더라도 결과에 대한 보상과 그로 인해 느끼게 되는 긍지가 조직원들에게는 중요하다는 말입니다. 즉 이룬 업적과 긍지에 대한 보상이 소홀했다면 그것부터가 잘못된 일이라는 것입니다."

김 원장의 얘기는 줄곧 박 지점장의 곁에서 떠난 사람들의 행위를 옹호하는 것 같았다. 그러나 김 원장이 주안점을 두고 하는 얘기는 떠난 그들을 옹호하고 안 하고가 아니라, 박 지점장이 리더로서 팔로워에 대해 갖는 근본적인 생각에 관한 것이었다. 박 지점장도 그 점을 모르는 바 아니었으나, 당장 자신의 배려와 기대를 배신당했다는 분함만이 두드러지게 표출되었던 것일 뿐이다.

"원장님의 말씀이 무슨 말씀인지는 저도 잘 알고 있습니다. 이번에 저희 지점을 떠난 분들은 지점의 핵심 인재들이어서…… 저로서는 그분들에게 항상…… 짐을 많이 지워 왔던 게 사실이지요. 그동안 그렇게 하지 않으려고 했음에도 불구하고 결국 저의 입장에서만 생각했던 것 같습니다. 그분들의 입장에서 생각하니 저의 부덕함과 잘못 또한 작지 않은 것 같습니다."

박 지점장은 비로소 마음을 달리 갖고자 애쓰면서 말했다.

"지점장님, 제 이야기를 너무 야속하게 듣지 않으셨으면 좋겠습니다."

김 원장으로서는 박 지점장을 너무 한 방향으로만 몰아세우지 않았나 싶어 미안한 마음이 들었기에 한 말이다.

"절대 그렇지 않습니다. 오히려 원장님으로부터 인간에 대한 깊은 통찰과 사물을 보는 혜안을 느끼고 배울 수 있었습니다. 이제 제 마음도 많이 정리가 되었습니다. 우리의 팔로워들에 대한 저의 생각부터 다시 정립하고, 새로운 마음으로 다시 도전하고 싶은 생각이 들었습니다. 조직이야 다시 정비해서 일구면 될 테니까요. 시간문제라는 게 이런 경우를 두고 하는 얘기 아니겠습니까?"

박 지점장은 시원시원한 태도로 자신의 기분이 바뀌었음을 나타내 보였다.

"제 얘기를 그렇게 잘 이해해 주시니 감사합니다. 박 지점장님께서는 반드시 큰 성공을 이루실 것입니다."

조직의 사춘기

핵심 역할을 하던 팀원들의 이탈로 조직에 불어 닥친 한바탕의 소용돌이가 진정되며 다시 전진을 위한 발돋움을 시작하는 어느 월요일 아침, 김 원장은 박 지점장의 요청에 따라 그의 지점에 나가 강의를 하게 되었다.

"조직이 흥망성쇠의 흐름을 타고 영욕의 길을 반복해 간다는 것은 여러분들도 잘 아시는 바와 같습니다. 우리 회사나 귀 지점은 이제 그 새로운 시작의 위험한 고비를 통과하고 있는 것이라고 봅니다. 조직이 새로운 가치관을 정립하고 새롭게 도약하는 때, '데시 포인트(Deci-point)'라는 지점을 통과하게 됩니다. 그 지점은 통상적으로 정상의 10분의 1 지점쯤에 해당하는 부분에 있다고 보고 있습니다."

김 원장이 그렇게 서두를 꺼내 강의를 이어갈 무렵, 지점의 스태프인 유 대리의 명랑한 음성이 질문 하나를 던지며 분위기를 환기시켰다.

"그렇다면 원장님, 이는 마치 사람의 성장기에 비춰 볼 때 사춘기쯤에 해당한다고 생각하면 될까요?"

질문을 들은 김 원장은 자신도 모르게 빙그레 웃었다.

"유 대리님, 아주 재미있는 비유로군요. 유 대리께서는 어떻게 사춘기라는 말을 생각하셨습니까? 유 대리는 아직 자녀도 어릴 텐데, 그 발상이 기발하군요?"

"원장님의 말씀을 듣다가 요즈음 우리 회사나 지점을 보니 제가 다소 방황하던 사춘기 시절과 비슷하다는 생각이 갑자기 들었지 뭐예요!"

유 대리는 명랑한 성격 그대로 웬만한 일로는 부끄럼을 타지 않는 것 같았다.

"그렇군요. 우리 유 대리께서 사춘기 시절에 겪은 깊은 방황이 오늘의 유 대리가 있는데 기여하게 되었군요. 앞으로 기대가 됩니다."

김 원장은 계속 웃으면서 조금씩 본래의 강의 분위기로 추스려 갔다.

"원장님께서 잘 봐 주셔서 감사합니다."

"네, 어쨌든…….

제게는 우리가 이 '데시 포인트', 즉 조직의 사춘기라는 지점을 잘 통과하게 되리라는 확신을 갖게 하는 몇 가지 증거가 있습니다. 우선 최근의 모든 경제 여건이 우리의 성공을 도와주는 듯합니다. 아시는 바대로 상승하는 '주가 지수'하며 '펀드'의 일반 대중화가 그 첫 번째 공신이고, 그 다음은 금융회사들의 은퇴자들에 관한 관심이 우리의 영업 방향과 흐름에 일조를 해주고 있습니다.

여기에 결정적으로, 이런 회사의 비전과 전략에 동참하고자 하는 능력 있는 매니저 분들이 최근 우리 회사에 적극적으로 합류하고 있는 일련의 상황들까지 가세하고 있습니다.

이런 점들에서 저는 우리 회사의 탁월한 '비전 리더십'을 발견합니다. 금융의 미래를 바라보는 남다른 통찰력이 돋보이는 대목이 아닐 수 없습니다. 그리고 그 비전을 같이 바라보는 유능한 인재들이 모여들면서 우리 조직의 모습이 매우 긍정적으로 바뀌어 가고 있는 것을 여러분들이 지금 보고 있는 것입니다.

이렇듯 비전으로 뭉친 조직은 한 방향으로의 정렬이 쉽게 이루어지게 되며, 서로 간의 선의의 경쟁은 물론 높은 도전의식으로 조직의 분위기와 사기가 고조되는 것이지요. 요즈음 우리 회사의 이런 분위기는 어느 한 사람이 만들어 내는 것이 아니라 공동의 비전을 바라보는 대다수 구성원들의 자발적인 움직임이 창출해 내는 것임을 알고 계실 것입니다. 여러분의 지점이 비전 워크숍을 통해 가졌던 '비전 트립(Vision Trip)'과 그 궤를 같이하는 것이라고 말할 수 있습니다. 자신이 가고자 하는 방향과 목적지를 정확히 바라보고 길을 떠나는 비저너리(Visionary)들의 여행이 시작되고 있는 것입니다. 이제 여러분들은 곧 성공 모멘텀을 통해 위대한 성공을 향한 여행을 시작하게 될 것입니다."

전 직원들과 돌아가면서 하이파이브를 하는 것으로 지점 강의를 마쳤다. 왁자지껄하게 회의장을 빠져 나오는 구성원들의 밝은 표정에서는 마냥 좋은 예감만을 감지할 수 있었다.

셀프 리더십

이렇듯 새로운 비전으로 뭉쳐진 박 지점장의 영업 조직은 양적·질적인 성장을 거듭하며 순항을 하고 있었다. 성공한 경험이 있는 매니저의 도입과 일할 수 있는 분위기 조성에 힘쓴 결과 조직은 반년이 채 되지 않아서 그 규모가 배로 늘어나는 기염을 토하게 되었다. 업계 내에서도 좋은 평가를 받으며 더욱 주목을 받기 시작한 것도 그 무렵이었다.

그러나 항상 잘 나갈 때일수록 조심해야 하는 법!

지점장들을 위해 특강을 하는 김 원장의 음성 톤이 높아가고 있다.

"우리는 지금 아주 좋은 여건 속에서 실력을 겸비한 인재들끼리 모여 성공을 위한 멋진 여행을 하고 있습니다. 그러나 우리가 이 성공 여행에서 잊어서는 안 되는 것이 있습니다.

첫째로, 너무 빠른 성공만을 고집하는 것은 어리석은 것입니다. 덜 익은 열매는 알곡을 담고 있지 못합니다. 때에 따른 바람과 햇볕, 비와 알맞은 수분, 때론 병충해와 천둥과 번개까지도 알곡을 채우기 위해 필요하다는 것을 잊어서는 안 됩니다. 그래서 경영학에서는 아주 빠른 성공을 자랑하는 것을 매우 어리석다고 보고 있는 것 아니겠습니까?

부연한다면, 우리에게는 빠른 성공보다는 알차고 탄탄한 성공을 위해 마땅한 대가를 지불할 계획을 가지고 먼 길을 가고자 하는 결심이 필요하다는 것입니다. 지금 대가를 지불하지 않는다면 그 결과는 참담할 수 있다는 역사의 교훈을 잊어서는 안 됩니다.

지금 대가를 지불한다는 것은 우리의 일에 원칙과 질서를 확립해야 한다는 것입니다. 업무의 프로세스를 시스템화하는 힘든 과정을 성실히 수행해야 한다는 것입니다.

두 번째는 우리 매니저들의 균형 감각입니다. 무슨 일이든지 한쪽으로만 치우치면 문제가 생기게 됩니다. 내가 잘할 수 있거나 잘되는 쪽으로만 고집을 부린다면 이는 매우 위험한 행위인 것입니다.

우리가 식사를 하면서 입맛에 맞는 한 가지 음식물만 먹는다면 영양실조에 걸리는 것처럼, 우리의 고객과 우리의 구성원들, 또 회사를 골고루 살펴야 한다는 말씀을 드립니다. 마케팅을 하면서 우리의 '특징과 장점'에 초점을 맞추는 것은 지극히 당연하지만, 진정으로 고객과 우리에게 '이점'이 무엇인지를 항상 자문해야 합니다. 피차의 '이점'을 냉정하게 따져 보고 한쪽에만 '이점'이 치우치지 않도록 하는 균형 감각이 중요한데, 이것을 '중용지도(中庸之道)'라고 할 수 있을 것입니다.

셋째로는 우리의 겸손한 자세입니다. 유능한 구성원만 있다면 다 성공할 수 있을 것이라는 생각은 어리석은 생각입니다. 오히려 거기에는 역기능이 많다는 것을 잘 알고 계실 것입니다. 특히 일이 잘 풀리다 보면 대부분의 사람들은 자만을 넘어 교만해지게 됩니다. 다가올 어려움을 알지 못하는 어리석음의 소치입니다. 서로 연합하고 윈-윈 하는 겸손한 자세를 잃지 않아야 합니다.

겸손한 자세는 '셀프 리더십'의 핵심 요소입니다. 자신에 대한 절제를 통한 '자기 리더십'입니다. 어찌 보면 가장 어려운 일 중의 하나입니다. 그렇지만 자신을 리드하지 못하면서 어떻게 다른 사람들과 윈-윈 하는 리더십을 발휘할 수 있겠습니까? 따라서 때로는 아무리 좋은 것이라도 절제할 줄 아는 높은 수준의 리더십이 요구됩니다."

비전을 핏빛같이

한 달을 마무리하는 지점의 전체 회의를 시작하기 전, 아직 외근에서 돌아오지 않은 구성원들을 기다리고 있는데 유 대리가 말문을 열었다.

"그런데 지점장님, 비전도 물론 좋지만, 지금 우리 지점의 현실을 보면 뭔가 질서가 없는 중구난방 식의 운영이 되고 있는 것이 아닌가 하는 걱정이 됩니다. 왜냐하면 제 생각에는 우리 지점 식구들의 노력이 비전보다는 돈벌이에만 집중되고 있다는 느낌을 떨쳐 버릴 수가 없기 때문이에요. 비전은 우리 모두가 추구할 가치를 담은 공동선이라고 생각하는데, 지금 우리의 행동 중에는 비전과 일치되지 않는 일면이 있다고 봅니다. 지금 현장의 영업 행태에서는 '우리의 비전은 업계 최고의 생애 설계 사관학교가 되는 것이다.'라는 비전은 잘 보이지 않고, 고객들을 위한 '생애 설계'를 빙자하여 상품 판매에 혈안이 된 모습만 부각되는 듯해서 걱정이 됩니다."

유 대리의 긴 얘기를 귀담아 들은 박 지점장은 흐뭇한 표정으로 대답하기 시작했다.

"유 대리께서 아주 아픈 곳을 찌르시는군요! 모두 일리가 있는 말씀입니다. 그렇지만 지금 당장 그에 대한 대안을 마련하기는 어려워 보입니다. 앞으로 좀 더 엄격한 교육과 매니저들의 꾸준한 노력이 필요할 겁니다."

"그것에만 기대어 해결되기를 바라기는 쉽지 않을 거예요. 매니저님들이 얘기한다고 해서 직원들이 어디 고분고분 말을 잘 듣나요? 미리 대처를 해야지…… 상황이 지금보다 더 악화된다면 우리 지점을 위해서도 매우 위험한 경우가 될 것 같습니다."

유 대리는 나름대로 지점에 대해 많은 걱정을 갖고 있다는 것을 알 수 있었다.

"그렇다면 유 대리께서 생각하시는 대안이라도 있으신가요?"

"딱히 대안이 있어서 말씀드린 것은 아닙니다. 여러 모로 우리의 비전과 전략을 다시 재정비해야 될 시기인 것 같다는 생각이 들기는 해요."

"좋은 지적에 감사드리고, 참고하겠습니다."

"그런데 이건 다른 질문인데요…… 최근에 왜 회사를 이직하는 직원들이 갑자기 늘어나는 것이지요?"

과연 지점 내에서 바른말 잘하기로 알려진 유 대리다운 발언이라고 생각하며 박 지점장은 대답했다.

"그것은 아마 가파르게 발전하는 신생 조직에서 초기에 고생하는 직원들의 피할 수 없는 피로감 같은 것 때문이 아닐까 싶습니다. 그렇기에 우리가 더욱 단단한 정신을 갖추어야 하지요."

"아, 그럴 수 있겠군요. 이해가 좀 됩니다."

유 대리는 박 지점장의 대답에 선선히 고개를 끄덕이며 그렇게 말했다.

"고지를 정복하기 위한 우리 모두의 싸움은 결사적인 것이고 물러설 수 없는 격전을 예고하는 것이라서 때로는 많은 희생자를 내기도 한답니다."

"그래서 비전을 바라보고…… 뚜렷한 '회사관'이나 '충성심' 같은 것을 가져야 되는 거군요?"

"역시, 유 대리께서는 하나를 말하면 열 가지를 알아듣는군요. 유 대리께서도 지금 이런 힘든 시기를 잘 견디며 힘을 보태 주고 계시니 든든하고 자랑스럽습니다."

박 지점장은 다시 한 번 흐뭇한 표정을 지으며 유 대리를 바라봤다.

"그런데 지점장님, 일이 힘든 것도 문제이기는 한데요…… 제 생각에는 힘든 것이 일 때문이 아니라 사람 관계 때문에 더 힘든 것 같아요. 회사를 떠난 몇 분들과 만나서 이야기를 나누어 보면 일보다는 사람들과의 어려움이 그들을 떠나게 한 원인의 대부분이었거든요!"

"유 대리께서는 아주 잘 보셨군요. 저도 유 대리의 의견에 동감합니다. 다만 누구랄 것도 없이 모두 목표를 향한 강한 집념을 불태우는 데 전력을 다하다 보니, 옆에 있는 동료들의 고통을 감싸 줄 겨를이 없었던 것도 사실이라고 할 수 있습니다. 아무튼 이 시점에서는 그런 상황을 긍정적으로 바라보는 것이 좋을 듯합니다."

"그럴 수 있다고 공감은 하지만, 그렇게 훈련된 동료를 잃는다는 것은 회사로 봐서도 큰 손실을 입게 되는 것이니 걱정하지 않을 수가 없어요!"

"정말 우리 유 대리의 회사에 대한 애사심은 표창감이로군요. 그토록 회사를 아끼고 걱정하고 계신지 정말 몰랐네요. 유 대리의 말씀을 들으니 우리 회사의 장래가 환하게 밝아 보입니다."

박 지점장은 미소와 진심을 한데 합쳐 보이는 표정으로 그렇게 말하면서 주위를 한번 둘러보았다.

"이제 다들 돌아오신 것 같으니 회의를 시작하겠습니다."

박 지점장은 자리에 앉아 자신을 쳐다보는 지점의 구성원들 한 사람 한 사람에게로 시선을 옮겨 가면서 말하기 시작했다.

"여러분, 이번 한 달에도 수고 많이 하셨습니다. 여러분의 수고 덕분에 우리 지점이 여기까지 오게 되었음을 저는 분명히 압니다. 간혹 동료들이나 상사가 자신의 노력을 알아주지 않는 경우가 있더라도 여러분들은 실망하지 마시고 우리가 이루고자 하는 비전을 바라봐야 합니다. '우리의 비전은 업계 최고의 생애 설계 사관학교가 되는 것이다.'라는 비전을 다시 한 번 숙고해 봅시다. 우리의 비전을 실천해 가는 데 온 힘을 쏟기에는 다소 실망스런 일도 있고, 넘기 힘든 장애물도 더러 있다는 것을 저는 잘 알고 있습니다. 그러나 우리는 결국 이루고 말 것입니다. 이 비전이야말로 우리 스스로에게 큰 자부심과 긍지를 갖게 하는 보양제가 될 것입니다. 패배감이나 열등의식 같은 것은 몽땅 내던져 버리고, 이룰 수 있다는 자신감과 사명감으로 한데 뭉쳐서 굳세게 밀고 나아갑시다. 여기까지 심혈을 기울여 왔으니, 앞으로도 실망하지 말고 지속적인 전진을 합시다!

우리에게는 무엇보다 먼저 우리 조직이 나아가야 할 방향과 비전을 핏빛같이 분명하고 선명하게 만들어 가야 하는 책임이 있습니다. '비전이 없으면 망한다.'는 성경의 이야기를 들어 보셨을 것입니다. 그러나 비전이 있다고 해서 모두 다 성공하는 것은 아닙니다. 다만 성공의 기본 요건을 갖추었다는 뜻입니다. 그래서 우리는 비전을 때로는 애정 어린 시선으로, 때로는 의미심장한 시선으로, 때로는 환희에 넘치는 시선으로, 또는 가끔 자신감의 표현으로 바라볼 필요가 있습니다.

그런 다음 우리에게는 자신을 냉철히 바라볼 수 있는 현명한 눈이 필요합니다. 적을 알았다면 그다음엔 나를 알아야 하는 것입니다. 항상 자신을 갈고 닦고 성찰하는 일에 최선을 다해야 합니다.

한 가지만 더 말씀드린다면 일의 우선순위와 타이밍을 잘 관리하여야 하며, 이것을 위해 오늘 우리가 존재하는 것입니다. 이런 바탕 위에서 우리는 마침내 정상을 정복하는 주인공들이 될 것입니다."

인생이 연극이라면 리더는 연출자다

인생은 연극이다

지점장으로서의 관록이 외모를 통해서도 뚜렷이 드러나 보이는 박 지점장이 미리 약속했던 시간에 맞추어 김 원장을 찾아왔다.

"아시는 바와 같이 저희 지점은 이제 막 심기일전하여 원대한 비전을 바라보고 출발대를 떠난 형국에 있습니다. 저는 저대로, 구성원들은 또 그들대로 각자의 임무에 충실하면서 비전이라는 공통 목표를 향해 매진하려 하고 있습니다."

'오늘따라 박 지점장이 서두를 꽤 묵직하게 시작하는구나.'라고 생각하며 김 원장은 대답했다.

"그렇다고 알고 있습니다. 그런데 거기에 어떤 문제라도 생긴 겁니까?"

"지점장으로서 제가 지닌 경력이 짧은 것은 결코 아닌데…… 요즈음 조직을 이끌어 나가는 데 새로운 버거움을 느낍니다. 이것저것 답답한 사항도 있고요."

박 지점장의 장점 가운데 하나가 바로 그 '꾸준한 발전 욕구'였다. 김 원장이 보아 온 그는 어느 순간에도 제자리에 정지해 있으려 하지 않았다. 그래서 리더로서의 그가 느끼는 어려움이나 답답함은 대개 앞으로 나아가지 못하는 데에서 생긴다는 사실을 김 원장은 알고 있었다.

"구체적으로 어떤 것들이 지점장님을 답답하게 하던가요?"

"아직 결과를 보기에 이른 감이 있기는 한데…… 이제 비로소 지점 전체가 비전을 공유하고 뭔가를 이루어 보겠다고 애를 쓰는 것에 비해 눈에 보이게 좋아지는 것이 별로 없습니다. 다른 지점들은 요즘 무척 잘나가고 있는데 우리만 이러니…… 저뿐만 아니라 구성원들도 힘들어 합니다. 산다는 것이 이렇게 만족스럽지 못한 상황의 반복이 되리라고는 미처 몰랐던 게 제가 어수룩하다는 증거인가봅니다. 어떤 때에는 돌아가는 상황에 기가 딱 막히고 말 때도 있습니다."

박 지점장의 성급함과 리더로서의 성과를 내고 싶은 성취욕은 어느덧 자책의 그림자를 대동하고 있었다. 김 원장은 가벼운 웃음으로 그 상황을 대했다.

"박 지점장님도 어지간하십니다. 우물을 팠으면 물이 괼 때까지 기다리는 것도 필요한 일입니다. 그런데 아직 숭늉이 끓지 않는다고 답답해하신다면……. 아무튼 기가 막힐 때가 있다고 하시니 제가 모른 척할 수가 없겠군요. 우리는 보통 어이없는 일을 당하면 '기(氣)가 막힌다.'는 말을 합니다. 처음에 부푼 꿈을 품고서 잘해 보려고 하는데 되는 일도 없고 어떻게 해야 될지도 잘 모르는 상태가 된다면 아닌 게 아니라 기가 막힐 노릇이라고 할 수 있겠지요."

"정말입니다. 기가 막힌다는 게 요즘의 저의 상태를 잘 나타내는 말인 것 같습니다."

"그렇다면 막힌 기를 뚫어야 하지 않겠습니까?"

김 원장은 어려울 것도 없다는 듯 간단하게 말했다.

"말로는 쉽지요! 하지만 막힌 기를 뚫는다는 게 어디 그리 쉽나요?"

박 지점장은 어린아이와 같이 사뭇 보채는 심정이 됨을 스스로 느끼며 말했다.

"아까 말씀하셨던 것처럼 하나의 조직이 뭔가 새로운 일을 시작하게 되면 초기에는 잘해 보겠다는 열정이 넘치게 됩니다. 특히 마음이 맞는 사람들끼리 모인 조직이라면 그 기세는 더 대단하겠지요. 그런데 문제는 그 열정에 비해 조직의 역량이나 기술이 부족할 때 생깁니다. 생각해 보십시오. 그렇지 않겠습니까? 의욕은 넘치는데 그것을 펼칠 역량이 부족하다면 당연히 시행착오를 많이 겪게 될 것 아닙니까. 기대치에 못 미치는 속도감에도 실망하게 될 것이고……. 이때 조직은 쉽게 힘이 빠지게 되고 이런 일이 반복된다면 아주 위험한 지경에까지 갈 수도 있습니다."

"그러면 저희 지점뿐만 아니라 새로운 일을 시작한 초기의 조직들은 대부분 그런 현상을 겪는다고 볼 수 있겠군요?"

"네, 그렇습니다. 그래서 리더의 역할이 중요한 것입니다. 이럴 때일수록 특히 리더의 '연출'에 대한 실력이 필요합니다."

박 지점장은 김 원장의 입에서 새로운 개념의 용어가 나올 때 이를 놓치는 법이 결코 없었다.

"지금 말씀하신 '연출'이란 게 연극이나 영화를 만들 때 '연출'한다는 것과 같은 의미인가요?"

"네, 맞습니다. 알고 보면 그 개념은 우리의 생활 현장에서 매우 자주 접할 수 있답니다. 예를 든다면, 개인적 차원에서는 화장(化粧)이나 옷을 코디하기, 생일파티 및 자기 이력 관리 등이 그에 속하겠고, 조직에서는 기업 설명회 · 상품 품평회 · 비전 선포식 등에 모두 '연출' 기능이 동원된다고 할 수 있습니다. 이렇듯 '연출'이란 일의 시종(始終)을 설계하고, 그에 따른 여러 요소들을 종합하여 목표를 이루어 내는 일체의 행위들을 말합니다. 즉 '연출'에 따라 조직원들에게 시작은 어떠하며 결과는 어떠하다는 내용을 알릴 필요가 있고, 그 과정에서 어려움과 고통이라는 대가를 지불해야 된다는 사실도 알려줘야 되는 것입니다. 조직 관리에서 '연출'이 필요한 이유가 거기에 있습니다."

"그런데 간혹 그 말이 부정적인 의미로 쓰일 때도 있지 않습니까?"

"네, 어떤 때는 내용이 부실한 것을 잘되어 가는 것처럼 꾸미거나, 가끔 진정성이 없이 허세만 부리는 그릇된 '연출'의 사례를 볼 수도 있습니다. 그런 것 아닙니까? 어떤 일이든지 왜곡되게 사용되거나 다른 방향으로 활용되는 사례는 많습니다. 하지만 여기서 말씀드리고자 하는 '연출'은 그야말로 조직의 비전이나 목표를 향하여 구성원들 모두가 함께 동참하게 하는 것을 말하고자 하는 것입니다."

박 지점장의 업무수첩에는 이미 '연출'이라는 글자가 밑줄이 쳐진 채 크게 적혀 있었다.

"원장님, 저도 공감이 갑니다. 구성원들 모두가 비전으로 똘똘 뭉치고 이전의 성공 경험을 나누며 최선을 다한다면 반드시 또 하나의 성공을 거둘 수 있다는 것은 잘 알고 있지만, 반면에 너무 의도된 '연출'은 오히려 부작용을 불러 올 수도 있지 않을까요? 매사에 있어서 자연스러운 것이 인위적인 것을 능가할 테니 말입니다. 아무튼 성공에 도달하기 위해 조직이 감내해야 되는 어려움이나 고통을 사전에 충분히 알리고 함께 그 대가를 지불하려는 자세를 갖는 것은 매우 중요하다고 생각합니다. '연출'의 의미와 가치는 그런 측면에서 찾아져야 하리라고 생각됩니다."

이런 때에 김 원장은 박 지점장과 대화하는 재미를 더욱 느낀다. 그는 역시 현장에서 활동하는 리더답게 김 원장의 얘기를 잘 이해하며 적용의 길을 찾고 있었다.

"아주 잘 지적해 주셨습니다. 우리가 잊지 않아야 할 것은 아무리 가치가 있고 훌륭한 일이라도 현실 속에서는 많은 문제들과 부딪히며 만나게 된다는 사실입니다. 따라서 그런 문제들을 극복해 나가는 과정이 포함된 '연출'이 있어야 합니다. 리더의 '성공 경험'은 '연출'을 통해 구성원들에게 분배됩니다. 새로운 목표를 향해 첫걸음을 떼어놓는 조직에서 가장 필요한 것은 성공에 대한 확신입니다. 막연한 자신감이나 두려움을 가지고서는 성공하기가 어렵습니다. 구성원들이 성공에 대한 확신을 가지고 그 확신을 모두 함께 공유하도록 '연출'하는 리더의 노력은 그래서 필요합니다."

"원장님, 이제 확실히 알겠습니다. 멋진 '연출'로 구성원들을 이끌어 보도록 하겠습니다. 그런데 원장님, 그래도 일이 잘 안 풀리면 어떻게 해야 하나요?"

또 한 차례 조바심을 닮은 태도를 보이는 박 지점장을 보면서 김 원장은 다시 한 번 빙그레 미소 지었다.

"박 지점장님은 잘 해내실 것입니다. 행동으로 옮기시는 것이 중요합니다. 어련히 잘 알아서 실천하고 계시겠지만…… 지금은 앞장서서 '나를 따르라!' 하고 멘토답게 당당하게 모범을 보이는 것이 그 어느 때보다 중요합니다. 결국 성공의 확신을 가지고 비전을 확신하는 자가 그 성공을 이룰 수 있습니다. 비전을 수행하는 과정에서 약간의 실수가 있더라도 구성원들에게 힘을 줄 수 있는 것이 리더의 확신과 지도력입니다. 이 모든 과정을 이미 경험하셨고 또 큰 성공을 체험하셨던 지점장님으로서 구성원들이 신뢰할 수 있도록 성공 작품을 만들어 내는 것을 '연출'이라고 보시면 됩니다."

"연출, 연출……. 잘 알겠습니다. 우리 조직이 성공을 위한 각자의 역할을 제대로 수행할 수 있도록 멋진 '연출자'가 되어 보겠습니다!"

박 지점장은 수첩에 적은 '연출'이라는 글자를 여러 번 동그라미로 겹쳐 두르며 그렇게 말했다.

숲을 보고 나서 나무를 보라

김 원장은 박 지점장과 '연출'에 대한 얘기를 좀 더 나눌 필요성이 있다고 느꼈다.

연출이란 오케스트라의 지휘자가 지니는 기능과 흡사하다. 예를 들어 베토벤의 교향곡 '운명'을 한 오케스트라가 각기 다른 지휘자의 지휘에 따라 연주한다고 치자. 동일한 연주자들에 동일한 악기 편성임에도 불구하고 누가 지휘하느냐에 따라 실제 연주되는 곡은 분명한 차이를 드러내게 될 것이다. 이런 점에서 '연출'의 의미와 중요성은 간과할 수가 없는 것이다.

"박 지점장님, 저는 조직의 리더가 성공을 위해 '연출'을 한다는 것은 거의 예술의 경지나 다름없다고 생각합니다. 연출가가 예술 작품을 처음부터 마지막까지 책임지고 창조해 내는 사람이라면, 리더는 조직의 비전을 보고 그 비전을 이루기 위한 전략과 행동 지침 등을 창조하여 조직이 목표를 달성할 수 있게 이끌어가는 사람입니다. 그런 면에서 연출가와 리더는 비슷한 일을 하는 사람이라고 볼 수 있습니다."

김 원장은 그동안 보아 온 박 지점장의 조직이 지금은 '연출'에 의한 목표 달성에 돌입해야 할 시기라고 생각한 것이었다.

"원장님, 제가 '연출'을 위해 제일 먼저 착수해야 될 일이 무엇인가요?"

"우선 비전을 세웠으면 현장에서 적용하는 전략이 중요하지 않겠습니까? 그것과 관련하여 간단한 법칙을 하나 설명 드리겠습니다.

현장에 바로 적용하시면 도움이 되실 것입니다. '3-1-2 법칙'이라는 것입니다. 제일 앞의 '3'은 3년을 의미합니다. 조직이 비전을 처음 세울 때에는 의욕만 앞세우다 방향을 잘못 잡거나 너무 비현실적이기 쉽습니다. 그렇게 된다면 쉽게 지치거나 포기하게 되지요. 그래서 처음 비전을 세울 때에는 3년 정도의 시간 동안 이룰 수 있는 비전을 세워 보는 것이 좋다는 뜻입니다.

다음의 '1'은 그 3년 후의 비전을 이루기 위한 1년간의 행동 계획을 말합니다. 행동과 실천을 포함하지 않는 비전은 이미 비전이 아니지 않겠습니까? 1년 동안 조직과 개인이 비전 달성에 다가가기 위한 최선을 다하는 노력이 필요한 것입니다.

마지막의 '2'는 그 1년간의 행동 계획을 재점검하여 남은 2년 동안에 추구할 비전을 수정하거나 보완하는 기회를 갖자는 것입니다. 그 법칙대로 하자면, 지점장님은 이미 멋진 비전을 세우시고 1년 이상 실천해 오셨으니 적당한 시기에 지점의 비전에 대한 중간 평가 기회를 가져 보시는 것이 좋을 것입니다."

수학이나 과학에서의 '법칙'은 계산이나 실험을 통해 100% 증명된 사실들을 말한다. 그러나 리더십에서의 '법칙'은 내비게이터와 같이 방향을 제시하는 구실을 할 뿐이다. 그것을 잘 활용하여 성공에 도달하느냐 마느냐 하는 문제는 그 '법칙'을 운용하는 리더의 몫으로 남을 뿐이다.

"그렇군요. 일전에 저희 지점의 유 대리도 그와 비슷한 아이디어를 냈었거든요. 좀 더 구체적으로 그에 대한 실천 요령을 말씀해 주시면 감사하겠습니다."

박 지점장은 김 원장의 얘기를 듣는 동안 하나의 목표를 향해 나아가는 일은 뚜렷한 방향성을 가져야 하기에 그것에 다가가는 동안 부단히 뒤돌아보며 체크해 봐야 한다는 생각이 들었다. 마치 눈이 쌓인 벌판을 똑바로 걸어가고자 할 때 종종 뒤에 남은 발자국의 행렬이 똑바르게 찍혀 있는지 돌아보며 확인해야 하는 것처럼 말이다.

"우선 지금까지의 진행 결과를 애초에 세웠던 비전의 방향과 입장에서 검토하시고 다음 단계를 위한 구체적인 전략을 다시 수립하셔야 할 것입니다. 이때 리더는 조직 구성원들의 능력과 자질 등에 관한 일체의 사항들, 회사의 정책, 동종 업계의 흐름, 국가나 세계 경제의 흐름까지도 염두에 둔 전략을 'SWOT(Strengths 장점, Weaknesses 단점, Opportunities 기회, Threats 위협)' 분석 등과 같은 방법을 동원하여 꼼꼼히 세우는 것입니다."

"아, 그 'SWOT' 분석이라면 제게도 몇 번의 경험이 있습니다. 아마 잘할 수 있을 것 같습니다."

"예, 저도 지점장님께서 잘하실 수 있을 것이라 생각합니다. 그런 분석을 마친 다음엔 분석된 결과를 바탕으로 매월, 매주, 매일의 구체적인 행동 계획을 세워 실천에 옮기는 것입니다."

김 원장의 말대로 빈틈없이 목표 달성을 향해 준비하고 점검하고 다시 계획하여 실천해 나간다면 정말로 이루지 못할 일이 없을 것 같다는 생각이 들었다. 하지만 성공으로의 왕도는 그렇게 있다 하더라도, 모든 사람들이 그 길을 걸어가는 것은 아니라는 데에 문제가 있는 것이다. 박 지점장은 계획과 실천 사이에 생기는 갭에 대해서 묻고 싶었다.

"원장님, 그동안 일을 해오다 보니 매번 그 계획은 완벽하고 거창한데, 꼭 실천하는 도중에 쉬운 방법을 찾아 편법으로 일을 처리하려는 저 자신을 발견할 때가 많습니다. 그 점을 고치려면 어떻게 해야 할까요?"

김 원장은 마침 그 점에 대한 얘기를 하려던 참이었다는 듯, 잠시도 사이를 두지 않고 곧바로 대답하기 시작했다.

"대다수의 사람들이나 조직이 그렇긴 하지만 그런 현상을 방지하려면 두 가지 점을 항상 염두에 두어야 합니다.

그 첫째가 비전을 항상 분명하게 갈고 닦아야 합니다. 그래서 핏빛같이 선명한 모습으로 비전이 우리의 머릿속에 영상화되는 것이 매우 중요합니다. 예를 든다면, 비전에 대한 영상물을 만들어서 자주 시청하면서 비전을 분명히 하는 작업 같은 것을 계속해야 하는 것입니다.

둘째는 우리의 뇌 구조를 잘 이해하는 것이 중요합니다. 가령 3년 후에 달성될 비전을 가지고 있을 때 우리의 뇌는 3년 후의 일을 지금 기억하지 않기 때문에 오늘의 현실 속에서는 비전과 무관한 삶을 살게 된다는 것입니다. 따라서 이 뇌의 작동 원리를 이해하여 비전을 항상 현실화 및 현재화하려는 노력을 게을리 해서는 안 됩니다."

한마디로 비전을 품고 있다가 항상 꺼내 보며 그것을 또다시 각인하고 되새기며 그것이 달성될 때를 오늘의 현실인 것처럼 연상하며 부단히 그것에 다가가라는 얘기였다.

"그런 방법들이 있었군요. 원장님, 오늘 저는 '연출'과 관련하여 아주 중요한 것들을 배우고 깨닫게 되었습니다."

"아울러 리더는 그 모든 것을 '연출'하면서 그 전체를 항상 염두에 두고 진두지휘를 해야 되는 것입니다. 오케스트라의 지휘자를 생각해 보시면 그 역할이 쉽게 연상될 것입니다."

"예, 맞습니다. '연출' 역시 적당히 해서 되는 것이 아니군요?"

"당연합니다. 온 힘을 다해 했는데 방향이 잘못되었거나, 일의 우선순위가 잘못되었거나, 정확한 임무를 수행하지 못해서 일을 그르치게 된다면 얼마나 억울하고 분한 일이겠습니까? 하지만 그런 일이 생겼다면 리더로서의 전적인 책임을 면하기 어려울 것입니다."

그렇다. 조직에 대한 전적인 책임감을 느끼는 리더만이 확고한 연출 의지를 지닐 수 있다. 인간 사회의 다양성은 그에 대해 투철하지 않은 리더에게도 성공이라는 열매를 선사하기도 하지만, 그런 리더는 종내 자기 조직을 병들게 만들기 십상이다. 조직의 크기 단위와 종류가 어떻든 간에 그것은 마찬가지로 적용된다.

"잘 알겠습니다. 일이 잘못되었을 때의 책임은 제가 전적으로 질 것이라는 생각을 늘 지니고 생활해야 한다는 것을 다시 한 번 마음에 새기겠습니다."

활동량이 문제다

'연출'의 마침은 결국 활동량을 극대화하는 것이다. 행동하지 않는 비전은 한갓 꿈에 지나지 않는다. 비전을 보았다면, 이제 현장을 누비며 활동에 최선을 다해야 하는 것이다.

김 원장은 현장 매니저들을 대상으로 활동의 극대화를 위한 특강을 진행하고 있었다.

"오늘 저는 아주 특별한 두 사람을 들어 현장에서의 활동이 얼마나 중요한가를 이야기하려 합니다.

먼저 영국 왕립과학대학을 졸업한 엘리트이자 엔지니어 출신인 란체스터(Frederick William Lanchester)에 관한 이야기입니다. 란체스터의 제2 법칙은 '공격력=병사의 수의 제곱×무기의 성능'으로 표현됩니다. 이것을 세일즈에 응용한 법칙을 소개하자면 '성과=활동량의 제곱×기술(관리)'이라고 합니다.

저는 아주 오랫동안 세일즈맨들의 업무 성과를 분석해 보면서 한 가지 의문을 가진 적이 있었습니다. 일하는 시간을 약간만 늘려도 성과에는 큰 차이가 난다는 것에 대한 것이었습니다. 여러분들께 질문해 보겠습니다. 하루에 3시간 정도 활동하는–물론 기술의 변화는 없다고 가정하고서–세일즈맨이 두 배의 성과를 내려면 활동 시간을 얼마로 늘리면 될까요? 한번 생각해 보십시오. 얼른 생각하면 당연히 6시간을 활동해야 될 것 같은데 그렇지가 않다는 것입니다. 위 공식에 대입해 보면 활동 시간을 1시간 15분 늘려 약 4시간 15분 정도 일하면 성과를 두 배로 올릴 수 있다는 계산이 나옵니다. 잘 믿어지기 않겠지만 실제적으로도 증명되는 분명한 사실입니다.

(예시)9=(3 시간)2×1 vs 18=(4.25 시간)2×1

따라서 매니저 여러분들께서는 현장에서 세일즈맨들을 위하여 제시할 수 있는 여러 가지 성공의 길 가운데 한 가지에 대해서는 오늘 명쾌한 해답을 지니시게 되었을 것입니다. 물론 지속적인 기술의 개

발로 세일즈 능력을 향상시킨다면 그 성과는 기하급수적으로 늘어날 것임은 자명한 사실이겠지요.

다음은 세계적으로 유명했던 일본의 보험업계의 대부 하라 이치베이(元一平)에 대한 일화입니다. 그는 일본뿐만 아니라 세계에서 손꼽히는 보험 세일즈맨으로 아주 신화 같은 존재였습니다. 그런 분도 매너리즘에 빠졌던 때가 있었던 것입니다. 한동안 성과가 현저히 줄다 보니 수입도 급격히 줄어들게 되었습니다. 그러던 어느 날 그는 혼자 빈방에 들어가 그 이유를 곰곰이 생각해 보다가 그 원인이 아주 간단한 데 있다는 것을 깨닫게 되었답니다. 여러분, 그 원인이 무엇이었다고 생각하십니까? 네, 절대적 활동량이 적었다는 것입니다. 당연한 얘기이지만, 아무리 신출귀몰한 세일즈의 거장이라도 활동을 하지 않고서는 원하는 성과를 거둘 수 없는 것입니다.

매니저 여러분들께서는 그 무엇보다도 이 점에 대한 깊은 통찰이 있어야 합니다. 물론 열심히 많은 시간 동안 일을 하고도 성과를 내지 못하는 분들도 있습니다. 그러나 훌륭한 관리와 부단한 기술 개발을 게을리 하지 않는다면 활동량으로 승부하는 세일즈맨을 당할 자는 없다는 것입니다.

바이올리니스트 '야사 하이페츠'가 '내가 연습을 하루 거르면 자신이 그 사실을 알고, 이틀을 거르면 비평가가 알며, 사흘을 거르면 청중이 안다.'고 했던 말을 기억해 주시기 바랍니다.

마지막으로 기술에 대하여 한 말씀드린다면, 계획과 전략을 가지고 철저히 준비하라는 말씀을 빠뜨릴 수 없습니다. 어떤 경우에도 그것을 잊지 마십시오. 세일즈에는 왕도가 없다고들 하지만, 세일즈 프로세스를 잘 활용하여 습관화하는 노력이 왕도라고 저는 생각합니다. 왜냐하면 그것은 우리의 기라성 같은 선배들이 성공을 경험하면서 자연스럽게 만들어 놓은 것이기 때문입니다. 그 안에는 수많은 실패와 좌절과 눈물이 모두 녹아 있는 가운데 성공으로 향하는 진수만 가려 뽑아 만든 최대공약수가 들어 있습니다. 그것이야말로 성공을 위한 왕도라는 것을 꼭 명심해 주시기 바랍니다."

짧은 시간으로 압축된 김 원장의 강의는 매니저들에게 강한 인상을 남기기에 충분하였다.

리더는 구성원들의 성공을 돕는 멘토다

성공은 나눠야 커진다

이 세상의 누구든지 열심히 일하고 싶지 않은 사람은 없을 것이다. 박 지점장도 큰 비전을 이루기 위한 대장정을 시작했지만, 일을 하다 보면 생각지 않았던 순간에 어려움에 봉착하고 머뭇거려질 때가 많았다. 마음 같아서는 일사천리로 목표 지점까지 달려가고 싶지만 새로운 습관을 형성하여 성공을 이뤄 간다는 것은 결코 간단치가 않다는 것을 누구보다 잘 알고 있는 박 지점장이었다. 지점의 영업 실적은 어느 정도 목표 궤도에 진입한 듯했지만 확실한 전환점을 마련하기까지에는 여전히 많은 노력과 시간이 걸려야 하리라는 판단을 지닌 채, 박 지점장은 김 원장을 찾아갔다.

"원장님, 조직의 성장을 위한 노정이 생각하기보다 간단하지가 않군요. 리더가 비전을 세우고 그 비전에 따라 '연출'하되 전체를 들여다볼 수 있으면 어느 정도 성공은 보장된 것이나 다름없다고 봐도 되지 않겠습니까?"

박 지점장은 자신이 현재 지니고 발휘하는 역량을 요약해서 답안지를 작성한 뒤에 김 원장에게 평가해 달라며 내민 셈이었다. 그러나 김 원장이 보기에 그것만으로 만점을 주기에는 어딘가 부족한 면이 있었다.

"물론 그 정도를 잘 수행할 수만 있어도 대단한 능력을 보유한 리더라고 할 수 있습니다. 그러나 거기에 한 가지를 더 염두에 두면 아주 좋을 듯합니다. 바로 '성공을 공유'한다는 점입니다. 더구나 구성원들의 평균적인 경력이 그리 많지 않다면 리더로서 구성원들이 성공에 대한 경험을 공유할 수 있도록 배려하고 도와주는 것이 반드시 필요합니다."

"성공을 공유한다는 것은 같은 꿈을 지닌다는 것과 맥락을 같이 하는 것으로서 그 중요성을 충분히 이해할 수 있습니다. 단지 그 방법으로는 어떤 것이 있을지……?"

"구성원들에게 긍정적인 마음을 심어 주고 성공을 공유하려면 역시 '멘토링'만한 것이 없습니다. '멘토링'은 그리스 신화 호머의 '오디세이'에서 유래된 말로 지식과 경험이 풍부한 사람이 멘티를 1대1로 지도 · 조언하면서 실력과 잠재력을 계발시키는 체계를 말합니다."

"그동안 '멘토링'이란 말을 많이 들어 왔지만 이렇게 실질적으로 현장에서 활용할 수 있다는 말씀은 처음 접해 봅니다. 말씀해 주신 대로 성공 경험을 가진 분들을 '멘토'로, 또한 아직 경험이 적은 분들을 '멘티'로 구분하여 맺어 줌으로써 구성원들이 성공을 공유할 수 있도록 하는 노력을 해 봐야겠군요."

"그런데 멘토링에서 중요한 것은 무엇보다도 자연스러운 멘토와 멘티의 만남입니다. 너무 의도적이거나 인위적으로 연결시키려고 하면 오히려 부작용을 낳을 수 있으므로 자연스럽게 멘토와 멘티로 맺어질 수 있도록 인내를 가지고 도와야 할 것입니다. 조직 내부에 성공을 경험하고 인생의 전반적인 것에까지 두루 영향을 줄 수 있는 롤모델이 될 만한 분들이 많다면 멘토로서 금상첨화가 아닐까 생각합니다. 그런 다음 '멘토링'을 실시하는 데 있어서 유념해야 될 핵심 사항 네 가지를 꼭 기억하시고 적용하시기를 권합니다.

첫 번째 단계는 '멘티'가 '비전'을 볼 수 있게 도와주는 것입니다. 이때 멘티는 '멘토'를 닮은 비전을 갖는 것이 좋을 것입니다.

두 번째 단계는 '행동'하게 도와주는 것입니다. 머릿속에 개념으로만 있는 실행 계획을 현실로 옮길 수 있게 도와주는 일입니다. 어떤 사람들은 머릿속에 있는 생각이 가슴으로 옮겨져 행동으로 바뀌는 데 평생이 걸렸다고도 합니다. 행동하기란 그토록 쉽지 않다는 점을 주목해야 한다는 얘기입니다. 이때 행동하게 하는 욕구는 대뇌의 뇌간에서 분비되는 '도파민' 분출의 정도에 기인합니다. 이 호르몬을 촉진시키는 방법은 무엇보다도 비전을 생생하게 형상화 시키는 것이 최고입니다. 이것이 행동을 지속적으로 할 수 있게 하는 핵심입니다.

세 번째 단계는 '습관'을 갖게 하는 것입니다. 성공으로 다가서는 행동이 하나의 습관으로 자리를 잡을 때까지 끊임없이 격려하고 도와주는 것입니다. 습관이란 목표 행동을 거의 무의식적으로 수행할 수 있도록 반복해야 비로소 몸에 익게 됩니다. 그 과정에는 중도에 포기할 만한 핑계거리가 많이 있다는 것을 잊지 말아야 합니다.

마지막으로는 매너리즘을 극복하도록 도와야 합니다. 아무리 좋은 것도 반복하는 것은 인내를 요구합니다. 보통 사람들은 그 과정에서 많은 심리적 갈등을 겪게 되지요. 이때 찾아오는 매너리즘에 대한 대비를 어떻게 하고, 어떻게 극복할 수 있는지를 잘 파악해서 안내해야 합니다."

"원장님, 참 시의적절한 조언을 해 주셨습니다. 그런데 원장님이야말로 저의 '멘토'가 되어 주셨으면 좋겠습니다."

"그렇게 말씀해 주시니 저로서야 영광입니다만, 지점장님에게는 이미 훌륭한 '멘토'가 이미 있으신 것으로 알고 있습니다. 인생에서 성공하신 분들은 한결같이 자신의 '롤 모델'이 되는 '멘토'를 두고 꼭 필요한 때마다 중요한 가르침과 도움을 받았다는 사실을 기억해 둘 필요가 있습니다."

"그렇다면 '멘토' 없는 성공은 그만큼 이뤄지기 어렵다고 보면 되겠네요?"

"예, 그렇다고 할 수 있습니다."

스승을 찾아서

박 지점장의 머릿속은 지점의 새로운 구성원들을 성공으로 이끌기 위해 김 원장으로부터 영감을 받은 '멘토링'에 대한 생각으로 꽉 차 있었다. 가장 큰 문제는 지점 내에 멘토가 될 만한 선임 사원이 얼마 되지 않아서 멘토 한 명에게 서너 명씩의 멘티를 짝 지어야 하는 상황이라는 점이었다. 이런 '멘토링'은 집약적일 수 없기 때문에 자연히 그 효과도 떨어질 것이 뻔했다. 이 같은 고민은 비단 박 지점장뿐만 아니라 조직을 관리하는 대부분의 리더가 겪는 애로 사항 중의 하나이기도 하다. 아니나 다를까 몇 주가 지난 후 박 지점장은 그 문제로 다시 김 원장을 찾아와 마주 앉았다.

"멘토링 역시 저희 현장에 바로 적용하기가 쉽지 않습니다. 다각도로 모색해 보았지만 저로서는 저희 지점 여건에서 효과적인 방법을 찾기가……."

박 지점장은 고개부터 가로저으며 어려움을 호소했다.

"어떤 노력을 해 보셨는데요?"

"우선 지점에서 멘토 역할을 맡으실 만한 분들을 선발하여 가르쳐 주신 대로 '멘토링'에 대한 교육을 실시했습니다. 그 단계에서는 다들 만족해하고 협조해 주었습니다. 그렇지만 멘토 한 사람에게 두세 명의 멘티를 연결시켜야 했습니다. 그리고 그렇게나마 '멘토링'을 시작하신 분들은 대부분 만족해하고 있는데 그 나머지 분들에 대한 대책이 아직 없습니다. 그렇다고 다른 지점이나 타 회사의 분들과 멘토링을 진행하기는 물리적으로도 어렵고 또 위험도 큽니다."

지점의 인적 구성이 멘토링을 원활히 수행하기에는 부족하다는 얘기였다.

"그렇다고 가만히 있을 수는 없지요. 뭔가 방법을 찾아야 되지 않을까요?"

"글쎄 저로서는 그 방법이란 게…… 뭐 좀 좋은 방법이 없습니까?"

"아무래도 우선에는 지점의 조직을 활용할 수밖에요. 각 팀의 매니저를 1차적인 멘토로 지정하는 것은 누가 보더라도 자연스러운 일입니다. 입사한 지 아직 얼마 되지 않았거나, 능력 발휘가 늦은 분들에 대해서는 상당 기간 동안 그렇게 매니저로 하여금 멘토링을 진행하도록 해도 무방할 것입니다.

다만 선임 사원이나 탁월한 능력을 가진 분들은 별도로 잘 설득하여 그들로부터 멘토링 초기에 필요한 적극적인 협조와 지지를 얻어낼 수 있도록 해야 합니다. 지점장님께서는 조직 관리 차원에서의 위험성이 있다는 점을 지적하시긴 했지만, 제 생각으로는 지점 내에서 멘토를 조달할 수 없다면 회사 전체를 범위로 삼아 적합한 멘토들을 다시 한 번 찾아보고 협조를 구하는 것이 좋겠습니다."

"알겠습니다. 사내에서 멘토를 해 주실 만한 분을 찾아내 부탁해 보겠습니다."

"이미 성공하신 분들 가운데 박 지점장님이나 구성원들도 알고 있는 분을 알아보고 엄선하여 멘토링을 실시하면 소기의 성과를 거둘 수 있을 것입니다.

한 말씀 더 드린다면, 멘토링의 목표가 그저 성공을 위한 벤치마킹의 수준에 머물러서는 안 됩니다. 성공에 이르는 과정이 생략되어서는 안 된다는 말씀입니다. 일에 대한 가치관이나 기술 등이 조화롭게 전달되는 멘토링다운 멘토링이 되도록 하셔야 할 것입니다."

아마도 이 시점에서의 박 지점장에게는 매사가 어려운 일로 비칠 만한 때라고 김 원장은 생각했다. 현실에 비해 이상은 언제나 높기 마련이고, 그 이상을 충족시켜 나가기 위한 현실의 여건은 또한 늘 부족하다고 할 수 있기 때문이었다. 하지만 수많은 어려움 속에서도 한 걸음 한 걸음 앞으로 나아가다 보면 거기에는 반드시 진행의 결과가 있기 마련이고, 어느덧 출발점에서 꽤 멀리 떨어져 그만큼 목표점에 가까워졌음을 느끼게 될 때가 있을 것이라고 생각했다. 성공을 바라보며 고뇌하고 모색하는 리더로서의 박 지점장과 그의 지점이 나날이 보람으로 넘쳐나기를 김 원장은 마음속으로 기원했다.

제4장 클로징

조직이 새로운 시작을 하거나 또는 혁신하는 시기, 즉 '상승기'에 가장 절실하게 필요로 하는 리더십은 '비전 역량 리더십'이다. '비전 역량 리더십'은 비전을 세우고 구성원들과 함께 성공을 공유해 나가는 능력을 그 핵심으로 한다.

'비전 역량 리더십'의 첫 번째 핵심은 Visioning이다. 비전을 설정해 나가는 과정에서는 조직체의 설립 취지나 의도, 구성원들이 추구하고자 하는 가치, 이루고자 하는 목표, 시대를 보는 안목 등이 종합적으로 고려되어야 할 것이다. 이는 매우 전문적이고 객관적인 자료들을 필요로 하는 작업이기도 하다. 올바른 미션과 비전이 구성원 모두에게 잘 융화된 조직체라면 이미 절반의 성공을 이룬 것이나 다름없다.

새로운 변화를 기대하며 열정이 살아 있는 시점의 조직은 매우 역동적이고 큰 비전을 갖게 된다. 박 지점장도 바뀐 환경과 분위기를 고무적으로 바라보며 넘치는 의지와 자신감을 갖게 되었다. 물론 침체기의 어려운 터널을 지나오면서 조직 구성원들 간에 생긴 많은 상처와 슬픔 및 고통이 아직 다 해결된 것은 아니다. 그러나 분명한 것은 그런 것들보다는 성공할 수 있다는 확신이 더 우세하게 자리 잡았다는 점이다. 그렇지만 이런 변화된 움직임 속에서도 조직은 아직 정확한 좌표를 잡지 못하고 방황하는 상태를 얼마간 계속했다. 이때 박 지점장은 매니저 모임을 통해 각자의 임무를 부여하게 된다.

첫째, 지점 구성원들 각자의 롤 모델을 찾는 일이었다. 평소 존경하거나 롤 모델로 삼고 있는 분과 만나서 성공과 실패의 경험들을 경청하고, 현재의 자신의 위치에서 어떤 비전을 가져야 하는지 자문을 받아 보게 한 것이다. 이때 구성원들로 하여금 멘티인 자신의 비전을 구체화하는 일에 초점을 맞추도록 했다.

둘째, 각 팀별 구성원들의 비전이 무엇인지 정리해서 지점의 미션과 비전을 마련하는 준비를 진행했다. 그 결과 구성원들의 욕구가 얼마나 다양한가를 알 수 있었으며, 그 내용들을 정리하여 미션과 비전 설정을 위한 워크숍을 실시하는 토대가 마련되었다.

셋째, 지점 전체 구성원들의 워크숍은 발전적 토론을 거쳐 최종적으로 모두가 만족스러운 결과를 도출할 수 있었다. 이것은 멘토들을 통하여 사전에 자신의 크고 위대한 비전을 바라볼 수 있는 안목을 가지게 한 것이 크게 주효한 결과였다. 비전을 세우고 성공을 경험한 사람들이 비전의 힘이 얼마나 위대한지를 후배 구성원(멘티)들에게 누누이 역설했던 것이다. 지점의 비전을 설정하면서 놀라웠던 것은 개인들의 비전의 합이 훌륭한 지점의 비전이 될 수 있다는 사실이었다. 통상적으로 회사의 비전을 중심으로 지점의 비전을 정하고 다시 팀이나 개인의 비전을 정하는 순서가 일반적이지만, 이번에 박 지점장은 개인의 비전을 중심으로 지점의 비전을 이끌어내는 데 성공을 한 것이다.

'비전 역량 리더십'의 두 번째 핵심은 연출이다. 자고로 리더는 처음과 끝을 볼 수 있어야 된다. 리더로서 현재의 위치, 일의 우선순위

등을 종합적으로 리드해 나갈 수 있는 능력이 필요한 것이다. 여기에서 말하는 연출은 꾸며 내거나 위장하는 것을 말하는 게 아니라, 전체적인 성공의 공식을 일관하여 연출하는 것을 말한다.

지점의 비전이 설정된 이후, 박 지점장은 비전을 구체화하기 위한 작업에 착수하였다. 곧 연출이 그것이다.

'3-1-2법칙'을 실시했다.

즉 개인이나 지점의 3년 후 비전을 명확히 하는 마음 다지기(Mind Control)를 매일 아침 지점 미팅 때마다 실시했다. 처음에는 상상이 잘 되지 않았지만 3주 이상 계속된 훈련 후에는 구성원들의 대부분이 비전에 대해 명확하고 분명한 상상을 할 수 있는 경지에까지 이르게 되었다. 대부분의 구성원들은 매일의 삶에서 활기를 찾게 되었고 웬만한 어려움이나 고통도 쉽게 극복할 수 있는 문제 해결 능력을 가지게 되었다.

그다음은 1년간의 행동 계획을 세워서 실천했다. 행동하지 않는 비전은 이미 비전이 아니라는 슬로건을 내걸고 지점 구성원 모두가 다 같이 행동하며 서로를 격려하는 가운데 진행했다. 여럿이 함께 한다는 것은 혼자서 하는 것보다는 힘이 덜 들고 어려움도 잘 극복하게 된다는 간단한 진리를 확인하는 계기도 되었다.

마지막 단계로, 첫 1년을 지내면서 전체 그림을 다시 그려 봄으로써 남은 2년 동안의 행동 계획을 수정 보완하여 완성도를 높였다. 물론 다소 혼란스러울 때도 있었지만 비전을 실천해 가며 다소 비현실적이거나 실현 불가능하다고 여겼던 부분이 가능해지는 경험을 하게 되니 구성원들의 참여도는 날로 높아질 수밖에 없었다.

박 지점장의 끈질기고 용의주도한 Visioning과 연출, 거기에 성공한 선배와 신인 후배들의 지속적인 1:1 멘토링 덕분에 시작한 지 1년이 지나는 시점에서는 절반이 넘는 영업 사원들이 억대 연봉을 달성하는 탁월한 실적을 달성하게 되었다. 이와 같은 결과는 자타가 부러워하고 사내에서 기념이 될 만한 아주 위대한 업적으로 기록되었다.

'비전 역량 리더십'의 세 번째 핵심으로서 이때 중요한 것은 성공을 공유하는 것인데, 성공을 공유하는 체계 중 대표적인 것이 '멘토링'이다. '멘토링'은 비전을 보게 하는 일, 행동하게 하는 일, 습관을 길러 주는 일, 매너리즘을 극복하게 하는 일 등을 통해 성공으로 가는 길잡이가 되어 주는 것이다.

아무리 가치 있고 훌륭한 Visioning과 용의주도한 연출을 추진해 간다 하더라도 조직과 개인의 비전을 달성하기란 여전히 쉽지 않다. 행동심리학자인 나폴레온 힐(Napoleon Hill)은 14년 동안 1만 6천여 명을 조사하였는데 그중 비전을 세우고 실천하여 성공시킨 사람은 불과 3% 내외였다고 발표한 바 있다. 이것은 더 많은 사람들이 비전을 세우고 비전의 달성을 위해 도전하지만 대부분의 사람들이 성공에 이르지는 못한다는 증거이기도 하다.

성공에 대한 집념이 남다른 박 지점장은 비전을 성공적으로 수행하기 위한 여러 가지 방법을 동원하였다.

첫 번째, 지점의 비전어리를 선발하여 지점의 공식적인 롤 모델로 위촉하였다. 경력이 5년 이상이 되고 이미 성공 경험을 가진 사람 중에서 구성원들의 존경과 칭찬을 받는 3명을 지점의 비전어리로 위촉하고, 지점의 비전과 지점 구성원 개인들의 비전이 실현될 수 있도록 도와주는 역할을 담당하도록 하였다. 박 지점장은 비전어리들과 정기적으로 미팅을 가지며 자체 교육 프로그램으로 실력을 쌓아 가는 일도 게을리 하지 않았다. 이런 박 지점장의 관심과 배려로 지점의 비전어리 제도는 본인들도 자랑스러워했고 또한 지점의 롤 모델로서 다른 구성원들에게 큰 용기를 주게 되었다.

두 번째, 각 팀의 매니저들은 주로 신입 사원들의 멘토가 되었고, 또한 선임 사원들은 중견 사원들과 묶여서 지점 구성원 전체를 멘토와 멘티로 구성하였다. 서로 뜻이 맞지 않아서 불협화음을 내는 조가 있는가 하면 이직이나 건강의 문제로 중도에 해체되는 등 많은 어려움도 있었다. 이때마다 멘토와 멘티를 교체하였고, 지점 내에서 교체가 불가능할 때에는 외부 인사를 멘토로 영입했다. 이와 같은 박 지점장의 강한 추진력과 지점 비전어리들의 협력은 지점 멘토링의 초석이 되었다.

세 번째, 한 달 중 하루를 정하여 지점 구성원 전체인 멘토와 멘티들이 모여 성공과 실패 사례담을 발표하고 귀감이 될 만한 멘토링 조에 대해 특별 시상을 하는 등으로 사기를 높이는 행사를 진행했다. 비록 공식적인 행사는 아니었지만 점차적으로 멘토와 멘티들 스스로가 자부심과 자긍심을 갖게 되는 등 매우 실질적이고 고무적인 모임으로 자리를 잡게 되었다. 또한 그 자리에서 다음 임무를 부여 받고 다 함께 힘차게 비전에 도전하자는 결의를 다지는 시간은 멘토와 멘티들 모두에게 큰 동기부여가 되었다.

'비전 역량 리더십'의 타이밍은 비행기로 말하자면 이륙하는 시기

에 해당된다고 할 수 있다. 당연히 이륙하는 비행기는 모든 에너지를 사용함으로써 대지를 박차고 하늘로 솟아오르게 된다. 이와 같은 때에 발휘되는 '비전 역량 리더십'에는 자연히 조직의 사활이 걸려 있게 된다. 그뿐만 아니라 '비전 역량 리더십'은 조직의 큰 틀과 방향을 잡아 가는 데에도 필수 불가결의 능력이며 리더에게 있어서는 첫 단추와도 같이 아주 중요한 리더십의 핵심 능력인 것이다.

제 5 장

성과 역량 리더십 강화

타이밍이 생명이다

"톰은 인간 행동에 관한 위대한 법칙을 발견하게 되었는데,
즉 그것은 어린애나 어른이나 그에게 일을 시키려면 그 일은 누구나 쉽게
할 수 있는 일이 아니라고 믿게끔 만들면 된다는 것이었다."

마크 트웨인의 '톰 소여의 모험' 중에서

조직이 성숙기에 접어들었을 때, 리더의 성공

좋은 분위기를 통해 구성원들의 시너지를 극대화하라

정상에 오른 그 다음을 바라보게 하라

아주 높은 봉우리는 신이 허락하지 않으면 오를 수 없다

적극적인 코칭으로 성공 문화를 정착시켜라

'조직 순환 사이클' 별 리더십 역량 그래표

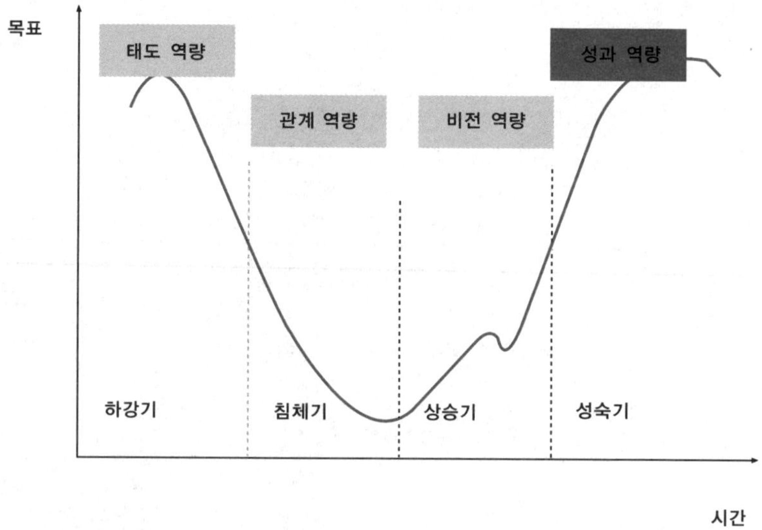

〈'조직 순환 사이클'별 리더십 역량 그래프〉에서 '성과 역량 리더십'은 '조직 순환 사이클' 중 가장 고점에 위치한 '성숙기'에서 발휘되어야 하는 리더십이다.

조직이 '상승기'를 지날 때 구성원들은 비전을 보게 되며, 성공을 향한 힘찬 전진을 시작한다. 새로운 게임 룰이 생성되고 새로운 패러다임이 등장하는 것도 이 시기이다. 이 '상승기'를 지난 조직은 '성숙기'를 만나게 된다.

이 '성숙기'는 구성원들에게 광범위한 성공이 감지되고, 조직에는 성공을 극대화하기 위한 성공 문화 시스템이 자리를 잡는 시기이다. 조직에 대한 구성원들의 충성도도 높아 가는 시기이다.

박 지점장은 이런 기회를 잘 활용하여 높은 성공을 경험하게 되는데, 이 장에서는 그 방법과 과정을 소개하고 있다.

먼저 박 지점장은 성공 문화를 형성하기 위한 시스템을 찾기 위해 부단히 노력한다. 독자들은 특히 바람직한 분위기 조성을 통하여, 구성원들의 능력 시너지 효과를 극대화하는 과정을 눈여겨 볼 필요가 있을 것이다.

다음은 코칭으로 성공 문화의 시스템을 만들어 가는 과정이다. 일회성이 아닌 연속성과 계속성을 가진 성공을 열망하는 리더의 모습이 여기에 있다.

조직이 성숙기에 접어들었을 때, 리더의 성공

창조의 고통

'상승기'를 지나 '성숙기'에 들어선 조직의 구성원들은 자신들이 속한 조직이 무서우리만큼 빠른 속도로 성장해 가는 것을 감지할 수 있게 된다. 마치 여름 햇살 아래에서 식물들이 부쩍부쩍 자라나는 것처럼 하루하루의 변화를 그대로 실감하게 되는 것이다. 그런데 이와 같이 성장해 가는 조직일지라도, 좋은 문화를 가진 조직과 그렇지 못한 조직 사이에는 큰 차이가 나타난다. 그렇기 때문에 자신의 조직을 성공적인 문화를 가진 조직으로 성장시켜 이웃이나 사회에 선한 영향력을 끼친다면, 이는 리더로서 큰 보람이자 자랑이 아닐 수 없을 것이다.

이때 리더는 조직의 가치관, 미션과 비전, 성공 습관, 행동 등에 이르기까지 모든 것을 총망라하는 조직의 문화를 창조해야 하는 고통과 만나게 된다.

"원장님, 안녕하십니까? 오랜만에 찾아뵙습니다. 차 한 잔 주십시오."

박 지점장이 김 원장의 사무실에 들어서며 속사포 같은 인사말을 늘어놓았다. 그와 함께 활기찬 공기가 한 가득 밀려오는 것 같았다.

"어서 오십시오. 박 지점장님께서 정말로 오랜만에 시간을 내 와주셨네요. 많이 바쁘실 텐데……."

김 원장은 언제나처럼 반가이 그를 맞았다.

"아닌 게 아니라 요즈음 많이 바쁜 게 사실입니다. 바쁜 것이 좋기는 하지만 너무 시간에 쫓기며 살다 보니 여유가 없는 것 같아 일장일단이 있군요."

박 지점장이 바쁘다는 것은 경기가 좋다는 것이며, 여유가 없는 것 같다는 것은 짐짓 지어 보이는 몸짓에 불과하다는 속생각을 하며 미소를 짓던 김 원장이 말문을 열었다.

"그래 어디 박 지점장님께서 펼치고 계신 그 눈부신 활약상 이야기나 좀 들어 봅시다."

"원장님, '더도 말고 덜도 말고 한가위만 같아라.'라는 말이 있잖습니까? 제게는 요즈음이 그런 때인 것 같습니다. 영업 조직은 채용 면접을 하기가 힘들 정도로 많은 분들께서 지원을 해 오고, 실적은 실적대로 가파르게 성장하니 요즈음엔 정말 행복감마저 느끼고 있습니다. 여기서 뭘 더 바란다면 정말 욕심이겠지요?"

박 지점장의 얼굴에서 싱글벙글하는 표정이 떠나지를 않았다.

"아주 좋으시겠습니다. 이렇게 행복한 순간을 느끼고 즐길 수 있다는 것도 쉽지 않습니다. 역시 지점장님 정도나 되시니 그런가봅니다."

"칭찬해 주시니 고맙습니다. 그렇지만 꼭 행복한 순간만 있는 것은 아닙니다. 이렇게 조직 규모가 커지다 보니 앞으로 조직의 문화를 어떻게 세우고 가꾸어 가야 할지 걱정이 큽니다."

"그렇겠군요. 그냥 흘러가는 대로 맡겨 둘 일도 아니고……. 지점장님께서 원하는 지점의 문화는 어떤 것이라고 말씀하시겠습니까?"

"우선 우리 회사나 지점이 지향하는 가치나 미션과 비전 및 전략 등을 기본으로 해서 몇 가지 생각해 둔 것이 있습니다. 우리는 영업을 하는 조직인 만큼 첫째, 영업 조직을 최우선으로 우대하는 문화를 갖추어야 할 것이고, 둘째로는 고객을 감동시키는 서비스 정신을 조직의 고정 문화로 지녀야 한다고 생각합니다. 그런 바탕 위에서 세 번째로 윈-윈의 철학을 현실 속에서 구현해 나가는 수준 높은 조직 문화를 정착시켜 나갔으면 합니다. 물론 이와 같은 문화를 정착시키려면 그에 따르는 각각의 행동 지침을 철저히 수행해 나가는 과정이 선행되어야 할 것입니다."

박 지점장이 나열하는 조직 문화의 방향은 흠 잡을 데 없이 훌륭했다.

"참으로 훌륭한 생각이십니다. 그 생각대로만 운영해 나가신다면 박 지점장님이 이끄시는 지점은 명실 공히 으뜸 지점으로서 타 지점에 귀감이 되고도 남을 것입니다. ……그런데 그런 방향으로 조직 문화를 일구어 나가시는 데 무슨 문제라도 있다는 건가요?"

김 원장은 방금 전에 박 지점장이 내비친 '걱정'에 대해 물었다.

"아무런 문제점이 없다면 얼마나 좋겠습니까? 가만히 보면 대개의 구성원들은 조직의 좋은 문화 정착에는 별로 관심이 없고, 당장의 자기들에게 돌아올 몫에만 관심이 있는 듯합니다. 올바른 조직 문화가 형성된다면 결과적으로 각자의 몫이라는 현실적인 부분에서도 꽤 큰 신장을 이룰 수 있다고 생각하는데, 그들로서는 거기까지는 미처 볼 수가 없나 봅니다. 조직이나 구성원들 전체, 또는 고객들을 먼저 생각하기보다는 자기중심적으로 행동하는 것을 쉽게 보게 되니 말입니다."

박 지점장은 조직의 리더로서 앞장서 나아가는 데서 오는 일종의 고독감을 느끼고 있는 것 같았다.

"지금 말씀하신 내용은 많은 조직들에서 보편적으로 보게 되는 현상들이라고 할 수 있습니다. 이때 리더들은 구성원들이 생각대로 움직여 주지 않는 것에 대해 아주 불만스럽게 여기기도 하고, 걱정도 많이 하게 되지요."

김 원장은 박 지점장이 품고 있을 법한 불만과 걱정을 그렇게 우회적으로 표현하였다.

"예, 바로 제가 그렇다는 것 아닙니까."

"이때 꼭 잊지 않으셔야 할 것은 '기다림'입니다. 아무리 좋은 문화를 가지려 하여도, 그 문화를 하루아침에 꽃피울 수는 없는 것입니다. 적어도 문화라는 이름이 적용될 만한 가치는 시간적으로 상당한 누적 과정을 거쳐야 자리 잡기 마련입니다."

생각해 보면 매사가 리듬을 지니고 있다. 강약과 장단의 리듬. 살아간다는 것, 일을 한다는 것 모두가 어떤 리듬 속에서 이루어진다. 박 지점장처럼 하나의 업무 조직을 이끌어 가는 일에 있어서도 리듬은 존재하는 것이며, 그 리듬을 여하히 잘 타느냐 하는 것은 역시 리더로서의 자질과 실력 · 노력 등에 달려 있다. 김 원장이 말한 '기다림'이란 것도 결국은 리듬을 타라는 얘기에서 벗어나지 않는 것이었다.

"그렇다고 해서 잘못된 방향으로 가는 것을 내버려 두고 마냥 기다리고 있는 것도 좋은 태도는 아니지 않겠습니까?"

"물론, 손을 놓으신 채 기다리라는 말씀은 아닙니다. 농부는 씨를 뿌리고 나면, 때를 맞춰 물을 주고, 바람 · 햇볕 · 영양분 등을 공급할 뿐만 아니라 쉴 사이 없이 돋아나는 잡초를 뽑아 줍니다. 우리 조직을 이끌어 나가는 것도 이와 별반 다르지 않습니다."

"예, 무슨 말씀인지 알겠습니다. 하지만 제 성격 탓인지도 모르겠지만, 현장에서 일하다 보면 참고 기다리는 것이 몹시 힘들 때가 가끔 있습니다."

"공감합니다. 그렇더라도 참아 주고, 기다려 주며, 도와주는 노력을 포기해서는 안 되는 것이지요. 지점장님도 아시겠지만, 문화의 어원은 '재배' · '경작'이라는 단어에서 온 것이라는 것만 봐도 알 수 있을 것입니다."

"어원적으로 생각해 보니 과연 그렇군요. 그럼 현재와 같은 여건 속에서 올바른 조직 문화를 만들어 나가려면 어떻게 해야 하나요?"

조직에서의 문화란 그 조직이 더욱 활발히 존재하며 그 존재의 목적 달성을 훨씬 용이하게 해주는 하나의 틀로서 기능하게 된다. 그런 이유로 조직은 스스로의 문화를 만들어 가야 한다. 김 원장은 문화를 '만들어' 간다는 점을 박 지점장에게 강조하고 싶었다.

"저로서는 문화를 논하기 전에 새로움에 대한 창조 정신이 중요하다는 것을 말씀드리고 싶습니다. 다른 조직의 문화를 흉내 내는 것만으로는 결코 자기 문화를 창조할 수 없답니다. 그동안 많은 리더가 남의 것을 흉내 내어 어느 정도의 성공을 거두기도 했지만…… 결국 자신들만의 고유한 문화를 창조하여 거듭나지 못한다면, 리더로서 위대한 성공을 거둘 수 없다고 생각합니다."

"저도 동감입니다. 저도 그와 비슷한 경험을 한 적이 있습니다. 남의 옷이 내 몸에 맞을 리 없겠지요!"

"그렇습니다. 문화는 구성원들이 추구하고자 하는 가치관, 미션과 비전, 목표와 전략 등이 한 덩어리로 뭉쳐져 자연스러운 조직의 문화로 승화될 때 비로소 가치를 갖게 되는 것입니다. 지점장님께서는 이런 과정을 잘 리드하시리라 믿습니다. 아마도 박 지점장님의 조직에는 조만간 멋진 문화가 자리 잡을 수 있을 것입니다. 다만 시간적 여유를 가지시고 조급히 서두르지 않으시길 바랍니다."

"무엇을 하든지 결과를 빨리 보고 싶은 마음이 늘 저를 조급하게 만들곤 하지요. 아무튼 60여 명의 대가족으로 자라난 저희 지점이니만큼 명색에 걸맞은 문화라는 게 없을 수 없고…… 차제에 앞으로의 더 큰 성공을 지속적으로 달성해 가기 위한 지점의 문화를 정착시키고 싶은 것이 저의 현재 최대 관심사입니다. 그러나 지금까지는 딱히 조직의 문화라는 것에 대해 특별한 의식을 못 가졌던 것이 사실이고, 그것을 정립해 나가려면 어떻게 해야 하는지도 모르고 있습니다. 원장님께서 그 점에 대해 한 말씀 해주시면 감사하겠습니다."

박 지점장이 여느 지점장과 다른 점은 리더로서 끊임없이 성장하고 싶어 하는 의지를 갖고 있다는 점과 그 의지를 실현하기 위해 매우 절실한 마음으로 노력한다는 것이라고 생각하며 김 원장은 입을 열었다.

"우선적으로는 아까 지점장님께서 잠시 말씀하신 대로 조직이 추구하고자 하는 가치관이 어떻게 설정되어 있느냐 하는 것이 중요합니다. 그리고 지점장님을 포함한 리더들이 그 가치관에 대해 일치된 생각을 가져야 합니다. 그 이후에 그것을 바탕으로 구성원들이 함께 동참해 나가는 식으로 발전시키는 것이 바람직할 것입니다.

그 다음에 필요한 것은 성공적인 태도를 기반으로 한 실천력입니다. 즉 '행동력'입니다. 행동하지 않으면 아무 일도 일어나지 않습니다. 조직이 추구하는 가치관을 기반으로 이루어진 많은 성공 경험들을 서로 공유하며 비전을 추구해 가는 과정에서, 우리는 수준 높은 문화적 현실을 만나게 될 것입니다. 이런 일련의 과정에는 우리가 흔히 말하는 창조의 고통이 수반되는 것이랍니다."

"그렇군요. ……그런데 조직에는 꼭 좋은 문화만 생성되는 것은 아닌 것 같습니다. 때로는 원치 않는 방향으로의 그릇된 문화가 형성되는 경우도 있어서……?"

"예, 맞습니다. 우리는 행동하는 과정에서 부정적이거나 왜곡된 불량 문화도 만나게 됩니다. 그때에는 그런 불량 문화를 퇴치하는 데에 너무 많은 시간을 허비하지 마시고, 좀 더 긍정적인 문화의 창달에 힘쓰는 것이 올바른 태도입니다."

"원장님, 그러면 보통 그런 창조의 과정을 거치며 조직의 문화가 형성되기까지는 어느 정도의 시간이 걸리나요?"

"글쎄요, 그건 학자마다 의견을 달리 하고 있어서……. 과거의 '조직 행동론'에서는 조직의 행동이 변화하기까지는 3년에서 5년의 시간이 걸린다고 주장했었습니다. 그러나 오늘날은 조직의 규모, 수준, 주변 환경 등에 따라 변화의 크기와 시간이 천차만별이라고 봅니다. 특히 리더의 리더십 역량에 따라 엄청난 차이가 난다고 하겠습니다."

"대략 조직 문화의 창조에 대한 개념 정리가 이제 좀 된 것 같습니다. 리더로서 막중한 책임감이 느껴지는 대목이 아닐 수 없군요. 이제 미력한 힘이나마 성공적인 조직 문화 형성을 위해 집중하는 가운데 창조의 산통(産痛)을 시작해야겠습니다."

창조란 엄밀한 의미로는 '무에서 유를' 만드는 행위이다. 그러나 조직의 문화라는 측면에서는 '없는 것에서 있는 것으로'의 개념으로보다는 '작게 있던 것에서 크게 있는 것으로'의 확대 개념으로 보아야 할 경우가 더욱 빈번하다. 또한 상황에 따라서는 작게 있던 것에서조차 일부를 덜어내고 거기에 새로운 것을 더해 크게 있도록 해야 하는 경우도 많다.

결국 조직 문화의 바람직한 창조 방향은 작은 것에서 큰 것으로, 낮은 것에서 높은 것으로, 좁은 것에서 넓은 것으로 확대 · 확장되는 것이라 하겠다.

시스템은 지렛대와 같은 것

급속한 발전을 이루어 가는 와중에서도 한 가닥 우려의 목소리가 있었다. 그것은 이런 성공을 오래도록 지속하려면 조직이 시스템적으로 움직여야 하는데, 현재에는 그렇지 못하다는 자성의 목소리였던 것이다. 대한민국에서 태평양을 건너 미국에 가려고 할 때 여러 가지 방법이 있을 수 있다. 비행기를 타고 가거나 배를 타고 가거나 또는 수영을 하여 갈 수도 있다고 하자. 이런 방법 중 어떤 방법이 가장 안전하고 효과적인 방법이겠는가? 말할 것도 없이 비행기를 이용하는 방법이다. 비행기라는 도구를 이용하는 것이 미국이라는 먼 나라를 방문하기에 가장 적합한 방법이라는 것에 대해서는 누구나 동의하는 바일 것이다. 그와 마찬가지로 어떤 조직이든 더 높은 수준의 성공을 희망한다면 그 조직에 맞는 시스템을 선택하는 일이 중요하다. 그러나 조직의 최적 시스템에 대해서는 모든 구성원의 의견이 일치하지 않을 때도 많다. 그런 때가 리더의 역량이 필요한 시기이다. 조직의 문화를 창조하기 위해서도 이 시스템의 정착이 선결되어야 함은 재론의 여지가 없을 것이다.

이 같은 사실을 매우 잘 알고 있는 박 지점장은 기회만 있으면 지점 구성원들에게 성공 시스템의 중요성을 역설하고 또 여러 차례 교육을 통해 바람직한 시스템이 잘 정착될 수 있도록 많은 시간과 정성을 들였다. 그러나 조직의 반발은 예상 외로 거셌다.

지점 회의가 있던 날 구성원들은 강한 불만을 토로하였다.

"지점장님, 다들 '시스템, 시스템' 하는데 도대체 시스템이 구체적으로 무엇을 말하는지 말씀을 좀 해 주세요."

영업 사원 중의 한 사람이 시스템의 개념 설정 문제를 거론하고 나섰다. 그는 자기 속내에 '시스템'이라는 말 자체에 알레르기 반응을 지니고 있음을 굳이 감추려고 하지도 않았다.

"여러분들께서는 생각 외로 시스템 정착을 위한 지점의 노력에 대해 많은 불만을 느끼시는 것 같군요! 그렇다면 이 자리에서 시스템에 대한 오해는 좀 풀고 가야 할 것입니다. 우리가 말하는 시스템은 한마디로 성공을 위한 프로세스의 전 과정을 통칭하는 말입니다. 즉 현장에서의 영업 활동을 가장 효과적으로 성공시킬 수 있는 현장 프로세스와 영업 관리를 가장 효율적으로 수행할 수 있도록 하는 매니지먼트 등을 총괄하는 조직의 업무 프로세스 일체를 통칭하는 것이라고 생각하시면 됩니다. 이는 향후 우리의 가치관이나 철학, 또한 행동 양식 등이 뭉뚱그려져 하나의 조직 문화로 발전해 가는 전 단계라고 보아도 좋습니다."

"지점장님, 말씀의 취지는 알겠지만 지금 우리 조직의 분위기가 좋아지며 잘 되어가고 있는데, 굳이 글쓰기를 싫어하고 프로세스에 매어 있기 싫어하는 우리 영업 조직에 일방적으로 시스템을 강요하는 것은 무리가 좀 있다고 생각합니다."

구성원들의 한결 같은 반대 의견을 듣고 있는 박 지점장의 심경은 착잡했다. 미래를 위해서 결코 포기해서는 안 될 문제라는 것을 너무도 잘 알고 있는 박 지점장으로서는 이제 그에 대한 확실한 결심을 하지 않으면 안 되는 시기에 이른 것이다. 그러나 예상 밖의 반발에 부딪혀 머뭇거리던 박 지점장은 시스템의 도입 문제를 지점의 자율적 운용의 묘에 맡기겠다는 어정쩡한 결론에 도달하고 말았을 뿐이다. 그에 따라 시스템의 도입과 정착에 대한 논쟁은 잦아들었다. 그러나 그러한 결정은 리더로서 매우 어이없고도 무책임한 결정이 아닐 수 없었다. 왜냐하면 효과적이고 효율적인 리더십의 발휘는 튼튼한 매니지먼트를 기반으로 하기 때문이다. 또한 그 상태로는 '조직 순환 사이클' 면에서 볼 때 언젠가 다시 찾아오게 될 조직의 '하강기'나 '침체기'에 변변히 대응하기가 어렵기 때문이다.

그러나 박 지점장의 이런 걱정은 안중에도 없다는 듯이 지점의 영업 분위기는 갈수록 더욱 좋아지고, 업적도 일취월장하여 나날이 최고 업적을 갱신하며 하늘 높은 줄 모르고 전진하고 있었다. 그러던 어느 날, 박 지점장은 지점 구성원들에게 다시 한 번 더 영업 시스템의 정착을 위한 노력에 나서 줄 것을 호소하였다.

"여러분, 이대로 가다가 우리 조직이 '하강기'를 맞이한다면 생각 외로 쉽게 와해되거나 구심점을 찾지 못할 수도 있습니다. 이미 지난번에 우리는 그런 상황을 경험하지 않았습니까? 지금이라도 늦지 않았습니다. 다소 저항감이 느껴지기도 하겠지만 우리가 순조로운 운행을 하고 있을 때 성공 문화를 하나의 고정된 시스템으로 담아내는 노력을 기울여 봅시다."

"지점장님, 그 말씀은 이해하지만…… 일단 공연히 우리의 업무 환경을 복잡하게 만드는 것 같아 걱정이 됩니다. 지금 잘 해 나가고 있는데, 괜히 긁어 부스럼 만드는 것은 아닐까요?"

구성원 한 사람이 다른 사람들의 의견을 대변하듯 말했다. 다른 구성원들은 그가 말할 때 모두 고개를 끄덕이며 그의 발언에 동조하는 모습을 보였다.

"물론 여러분께서 지금 훌륭한 성과를 올리며 만족스럽게 생활하고 계시다는 것을 잘 압니다. 그것은 온전히 여러분 스스로가 노력한 결과라고 생각합니다. 우리는 지금의 상황을 내심 즐기고 있으며, 한편으로는 자랑스럽게 생각하기도 합니다. 그러나 현명한 사람이라면 오르막에 처해 있을 때 또한 내리막이 있을 것이라는 사실을 염두에 두어야 하지 않겠습니까?"

박 지점장은 자신이 리더로서 내리막길에 처했을 때 얼마나 갈팡질팡했고 참담했었는지를 마음속으로 되새기며 말했다. 그런 그의 말투에는 구성원들을 설득하고자 하는 간곡함이 잔뜩 배어 있었다.

"그야 그렇지만, 벌써부터 그런 걱정을 사서 할 필요는 없다고 보는데요?"

"여러분! 제가 말씀드리는 것은 걱정이 아니라, 위기관리의 차원이라는 것을 생각해야 합니다. 영업의 프로세스를 시스템적으로 정착시키고, 지금의 성공 경험을 문화로 만들어 놓지 않으면 또 다른 위기를 맞았을 때 우리는 엄청난 대가를 치르게 된다는 것입니다."

"이미 영업 시스템에 대한 것은 결론이 난 셈이고, 조직의 문화는 우리가 자연스럽게 생활하며 하나하나 만들어 가면 되는 것으로 알고 있습니다. 그런데 구태여 지금 이 시점에서 성공 시스템이라는 명목으로 뭔가를 새롭게 만들려고 하다 보면 오히려 제대로 작동하고 있는 성장 동력이 분산될 수도 있지 않겠습니까?"

지점 내에서는 자타가 공인하는 실력자로 알려진 선임 사원 한 사람이 나름대로 정연한 논리를 들어 말했다.

"예, 그 말씀에도 일리가 있습니다. 그러나 우리가 좀 더 높은 성공을 향해 가려면, 영업 프로세스 시스템의 정착과 성공 문화의 정착이 시급하면 시급했지 결코 미룰 일이 아니라는 것이 제 생각입니다. 조직은 필연적으로 문화를 가지게 되는데, 훌륭한 문화는 정제된 시스템이 구축된 토대 위에서 원활히 발전하게 됩니다. 이런 것을 소홀히 하다가는 어려움에 처할 때 큰 위험을 감수하게 됩니다."

박 지점장은 리더로서 자신이 확신하고 있는 신념을 전달하기 위해 모든 열정을 다하고 있었다.

"물론, 저희들도 지점장님의 말씀에 동의하고 있습니다. 그렇지만, 지금은 그때가 아니라는 말씀을 드리고 있는 것입니다."

앞서 발언했던 선임 사원도 좀체 물러설 기미를 보이지 않고 그렇게 말했다.

"영업 프로세스 시스템이란 여러분도 잘 아시는 바와 같이 우리들을 귀찮게 하는 것이 아니라, 결국엔 우리들의 성공을 돕는 제도인데……."

지점 구성원들은 현재의 제반 업적이나 실적이 상승세여서, 시스템 정착의 필요성을 크게 못 느끼는 것이다. 박 지점장은 이 상황에서 지점 구성원들이 싫어하는 문제를 자꾸 끄집어 내 물고 늘어지는 것 같은 인상을 주게 되어 망설여졌다.

'사람들은 왜 눈앞의 이익만을 보고 조금 먼 미래를 보지 못할까? 더 높은 성공을 보장하는 좋은 시스템이 있고, 이 시스템이야말로 이미 검증된 성공의 도구로서 수많은 사람들이 활용하여 큰 성공을 맛보았는데, 왜 사람들은 자신의 방식만을 고집하며 당장 편한 방법으로만 행동하려 하는 것인가? 이 시기를 놓쳐서, 우리 조직이 잠시 초라한 성공에 머물다가 빠른 침체 속으로 다시 빠져들게 된다면, 이는 매우 불행한 일이 아닌가?'

박 지점장의 마음은 당연하다고 생각되는 일을 추진하지 못하는 데서 생기는 복잡한 감회로 얽혀들고 있었다.

좋은 분위기를 통해 구성원들의 시너지를 극대화하라

성장한다는 것

물 만난 고기가 생동하듯 회사도 성장의 모멘텀을 찾아 실적의 가파른 상승을 계속하고 있던 늦가을이었다. 회사에서는 일단의 성공에 가속도를 붙여 각 지점별로 더 높은 성공을 거두도록 지원하고 지점장들의 사기를 고취시킨다는 목적 아래 지점장들을 대상으로 특별 리더십 교육 시간을 마련했다. 최근의 상승 무드에 한껏 고무된 김원장도 목청을 돋우어 강의에 임하고 있었다.

"여러분, 나무의 건강 상태는 그 열매를 보고 알 수 있습니다. 그와 매한가지로 우리는 일의 결과로 평가를 받게 됩니다. 따라서 우리가 어떤 일을 수행했다면 반드시 어떤 성과로든 그 성적표를 받게 됩니다. 성과가 좋든지 아니면 나쁘든지 말입니다. 리더들이 리더십을 발휘하여 가장 보람을 느끼는 일이, 기대 이상의 성과를 낼 때가 아닌가 합니다. 리더십이 작용하지 않은 평범한 성과는 누구의 관심도 끌지 못합니다. 지금 저는 보통의 리더들이 평범하게 이루는 그저 그렇고 그런 성과를 이야기하려는 것이 아니라, 위대한 리더들이 리더십을 통해 이룩한 대단한 성과를 이야기하고자 합니다. 여러분들도 이제는 일반적인 경제 동향에 편승하여 이루는 성과에 만족할 것이 아니라, 여러분의 리더십으로 계획하고 만들어 낸 보다 성숙한 성과에서 보람을 찾아야 할 때라고 말하고 싶습니다.

리더십을 통한 성과는 비슷한 시간과 노력으로 일했다고 해도 그 성과에 있어서 몇 배 아니 수십 배가 넘는 차이를 낼 수 있다는 데에 우리는 주목해야 합니다. 그런 예는 우리 주변에서도 수없이 많이 찾아볼 수 있습니다. 따라서 그 부분이 리더들로서는 가장 잘 비교되고, 그러므로 스트레스를 받는 부분이 아닌가 합니다. 그렇지만 이는 엄연한 현실입니다. 즉 리더십이 있느냐 또는 없느냐에 따라 성과의 차이는 말할 것도 없고, 심지어는 조직이 망하느냐 흥하느냐의 기로에 서기도 합니다. 따라서 성공하는 리더는 조직의 상황에 걸맞은 리더십의 발휘로 조직의 능력을 최대화하여 그 결과로써 인정받기를 원해야 할 것입니다.

그럼 지금부터 리더십의 역량 중 '성과 역량 리더십'의 타이밍에 대해서 말씀드리겠습니다. 우선 '성과 역량 리더십'은 언제 발휘해야 하는가를 먼저 생각해 봅시다. 비교적 이 시기를 판단하는 것은 쉽습니다. 왜냐하면, 구성원들의 사기가 펄떡펄떡 살아 있고 대다수 구성원들이 성공을 감지하는 시기이기 때문입니다. 이때는 많은 구성원들이 비전을 구체화하는 단계이기도 합니다. 그러므로 각 개인이 지닌 비전이 조직이 추구하는 가치 · 전략들과 윈-윈해야 하는 때입니다. 그렇기 때문에 이 시기에 개인이나 조직의 비전을 한 번 더 명확하게 해야 할 필요가 있습니다. 모든 구성원들이 능동적으로 비전에 동참하는지 여부가 그 어느 때보다 중요하기 때문입니다.

그 다음에는, 하나의 조직이 비전을 다시 한 번 명확하게 확인하여 정상 도전의 준비를 마쳤다면, 이제 한 방향으로 정렬하여 모든 에너지를 결집시켜야 할 준비가 갖춰진 것입니다. 에너지의 결집이란 무엇일까요? 이는 우리 구성원들의 일에 대한 분위기, 조직에 대한 자부심과 충성심, 목표에 대한 열정과 의욕…… 이런 것들을 한 군데, 목표를 향해 모으는 것이라고 보시면 될 것입니다. 대표 지점장님께서는 지금 본인이 이끌고 계신 지점이나 회사의 에너지 결집 상태를 어느 수준이라고 보고 계십니까?"

김 원장은 강의 도중 박 지점장을 지목하여 그렇게 물었다.

"최고의 수준에 와 있다고 생각합니다. 아마도 우리 지점장님들 모두 저와 같은 생각이실 겁니다."

박 지점장은 조금도 머뭇거리지 않고 대답했다.

"그렇습니까? 그렇다면 우리는 지금 리더십 단계 중 '성과 역량'을 발휘하기 위한 준비가 잘된 상태에 있다고 할 수 있습니다. '조직 순환 사이클'에서 '성숙기'라고 부를 수 있는 이 시기는 회사의 성공 높이가 가늠되는 중요한 시기입니다. 이 시기를 이루고 있는 제반 여건들을 잘 활용하여 회사의 성과를 극대화해야 하는 리더십 타이밍이 요구되는 바로 그때가 도래한 것입니다.

이와 같은 성숙기를 보다 공고히 지속시켜 나가고, 더 나아가서는 보다 큰 성공을 이루기 위해 필요한 리더십의 요소로서 저는 여러분에게 두 가지의 팁을 드리고자 합니다.

그 첫 번째는, 분위기를 고조시키는 리더십이 필요한 때라는 것입니다. 예를 들어 우리가 고지 점령을 위해 전투에 나선 군인이라면 군기나 사기가 가장 필요한 시기라는 것입니다. 이렇듯 우리 조직도 지금 분위기를 한껏 고조시켜야 하는 타이밍을 맞고 있는 것입니다. 고지를 점령하는 목표를 달성한다는 것은 말처럼 쉬운 일이 아닙니다. 가끔 리더들이 이런 기회를 얻고서도 확신을 갖지 못하거나 머뭇거리다가 타이밍을 놓쳐 고지 점령에 실패하는 사례를 저는 보아 왔습니다. 그런 리더가 이끄는 조직에는 미래가 없습니다. 진정한 리더라면 구성원들의 상승 무드 분위기를 잘 리드하여 높은 수준의 성과를 낼 수 있는 그 기회를 절대로 놓치지 않습니다.

두 번째는 성공을 밑받침해 줄 수 있는 시스템을 정착시켜야 한다는 것입니다. 시스템이 없는 성공은 그 높이가 높지 않습니다. 시스템의 부재는 다시 한 번 더 높은 성공을 위해 내재된 기회를 살리는 것이 아니라 그 기회를 사장시킴으로써 일회성 성공에 그치고 말 가능성을 키울 뿐입니다. 즉 시스템이 마련되지 않은 상태에서는 성공을 다시 이루기 어렵고 애써 만들어 온 기회마저 살려 나가기가 어렵다는 것입니다.

바라건대 우리 회사를 위대한 회사의 반열에 올라서게 하려면 훌륭한 시스템을 준비하고 이를 성공적인 문화로 정착 · 승화시켜야 합니다. 이 시기에 일시적인 성공 분위기에 도취된 나머지 시스템의 정립을 소홀히 한다면, 결코 바람직한 성공을 경험하지 못하거나 높은 성과를 내는 데 실패하게 됩니다."

김 원장의 명쾌한 강의는 좌중을 압도하고 있었고, 다들 그 내용에 공감하는 분위기였다.

'분위기와 시스템 정착이라……!'

교육을 마치고 지점으로 향하는 지점장들은 저마다 마음속으로 오늘 강의의 두 가지 주제어를 되뇌었다. 그러나 지점 내에서 이미 그 문제로 홍역을 치르고 있는 박 지점장의 마음은 홀가분하지 않았다.

분위기는 살려야

영업의 귀재랄 수 있는 박 지점장은 업계를 바라보는 통찰력이 남다르게 빠르고 정확했다. 박 지점장은 기회가 있을 때마다 새로운 금융 시장의 재편을 예고하였고, 그 중심에 우리 회사가 주역이 된다는 비전을 제시하며 지점의 구성원들을 독려해 왔다. 회사는 시장의 변화에 능동적으로 대응하고자 새로운 상품을 개발하여 때맞추어 출시함으로써 한껏 기대에 부풀어 있었다. 이렇듯 시장의 흐름에 발 빠르게 대응한 회사의 제반 전략이 맞아 떨어지며, 조직의 분위기는 한층 고조되고 있었던 것이다. 마치 대지를 박차고 오른 비행기가 가파른 상승 궤도를 따라 하늘로 솟구치는 것과 같은 형국이라고나 할까!

그랬다. '영업은 분위기'라는 말이 수긍될 만큼 순탄한 영업세의 신장은 분위기 상승을 이끌었고, 분위기 상승은 또 다른 영업의 신장세를 몰고 왔다. 그야말로 선순환의 연속이었다. 영업 조직의 사기는 하늘을 찌를 듯 높고 강했다. 구성원들의 조직에 대한 충성도도 높았고 고지를 탈환하고 말겠다는 목표 의식도 매우 뚜렷했다.

새로운 땅, 미지의 땅, 기회의 땅으로 자리 매김을 시작한 회사! 이런 바탕 위에 구성원들의 비전과 도전 정신이 기대 심리나 보상 심리로 발전되면서 괄목할 만한 업적을 내게 된 것이다. 동종 업계에서 선망의 대상이 된 것은 당연한 일이었다. 하늘도 그들을 돕는 듯, 제반 경제의 흐름도 회사의 전략과 궤를 같이하고 있었다. 역시 '하늘은 스스로 돕는 자를 돕는다.'는 속담을 실감케 하는 대목이기도 했다.

그렇게 회사는 업계가 부러워할 업적을 내며 승승장구해 가고 있었고, 이것을 말릴 수 있는 사람은 아무도 없었다. 조직원들의 얼굴은 매우 밝았으며, 서로를 칭찬하며 자랑스러워했고, 그런 분위기는 계속 전파되어 또 다른 사람들도 회사에 대한 자긍심을 갖게 하는 정말 행복한 상태의 조직 운영이 전개되고 있었다. 구성원들의 잇따른 성공이 감지되고 있었고, 늘어나는 소득은 직원들의 사기를 더욱 높이고 있었다.

그 즈음의 어느 날 박 지점장이 불쑥 김 원장을 찾아왔다.

"원장님, 호사다마라는 말을 아시죠? 요즈음 우리 회사가 잘 나가니까 다른 회사에서의 태클이 잦아지기 시작하고 있습니다."

"태클이라고요? 어떤 종류의 태클을 걸어오던가요?"

김 원장은 여유로운 시선을 던지며 물었다.

"아 글쎄, 우리 회사가 곧 우리나라에서 철수하게 될 것이라는 루머가 돌고 있지 뭡니까? 우리 직원이 고객들한테서 그런 소문을 들었답니다. 그것도 한두 군데에서가 아니라 꽤 여러 사람한테서……."

"그것 참 고약한 소문이로군요. 그런 말이 어떻게 나오게 되었는지 자세히 조사해서 그 내용의 자초지종을 알아봐 주실 수 있으시겠습니까?"

김 원장으로서도 그런 소문이 나돈다면 회사 차원에서 대응책을 마련해야 할지도 모르겠다는 생각이 들었다.

"네, 원장님, 다음 주 중에 만나기로 한 고객이 계시니, 그때 그 루머의 경위를 알아보겠습니다."

"요즈음 우리 일이 워낙 잘 되어 나가니까, 경쟁사 쪽에서 공연히 딴죽을 걸어오는 것으로 보입니다. 그렇지만 우리가 예민하게 반응해야 할 특별한 내용은 없을 것 같습니다. 박 지점장님의 생각은 어떻습니까?"

김 원장은 다시 여유를 찾으며 박 지점장에게 물었다.

"저도 이번 건 자체만으로는 그다지 심각하게 받아들일 내용이 아니라고 판단합니다. 하지만 외부의 악의적인 공격이 시작되었다는 신호로 본다면, 마냥 낙관하고 있을 수만도 없다고 봅니다."

"맞습니다. 지금의 분위기로는 그런 종류의 악성 루머가 계속 양산될 수도 있습니다. 박 지점장님 생각에는 어떤 대책을 강구하는 것이 좋다고 보십니까?"

김 원장의 대화 방법은 대체적으로 상대방 스스로 문제 해결의 포인트를 찾게 하려는 특징이 있었는데, 이 경우의 질문이 그에 속했다.

"일단 외부에서 발생한 루머이기 때문에…… 빠른 시간 내에 언론을 통한 '회사 PR'에 착수하는 것이 좋을 듯합니다. 진화는 초기에 하는 것이 가장 효과적이지 않겠습니까? 불씨가 될 만한 것은 남겨 두지 말고 초기에 꺼 버려야……."

박 지점장다운 대답이었다. 김 원장은 고개를 끄덕이며 그 말에 동감임을 표했다.

"예, 좋은 생각입니다. 저도 그 선상에서 방법을 찾아보도록 하겠습니다."

"원장님, 또 한 가지가 있는데요. 내부적으로는…… 그것을 뭐라고 규정해야 할지는 잘 모르겠지만…… 특별한 리더십의 훈련이 필요한 것 같습니다."

"특별한 리더십 훈련이 필요하다면…… 왜 그런 생각을 하시게 되었지요?"

"원장님도 아시다시피, 우리 구성원들은 대부분 짧은 경력의 소유자들입니다. 이것은 외부로부터의 자극에 매우 취약하다는 것이고, 또한 내부적으로도 안정이 되어 있지 않다는 것을 뜻합니다. 실제로 그들과 한솥밥을 먹으며 지내는 동안 그런 경향을 여실히 확인할 수 있기도 했습니다. 그렇기에 지금쯤 그들을 한데 결속시켜 목표를 향해 이끌고 갈 강력한 리더십이 있어야 하지 않나 하는 생각이 든 것입니다."

회사가 인정한 대표 지점장답게 박 지점장은 지금이 자신이 이끄는 조직의 실체와 그에 필요한 구조적 보완이 있어야 하는 시기라는 것을 정확히 짚어 내고 있다는 것을 김 원장은 알 수 있었다.

"무슨 말씀인지 이해가 됩니다. 성공 문화가 튼튼하게 자리매김할 수 있도록 체계적인 분위기 조성이 필요하다고 보시는 거군요."

"예, 그렇습니다. 단순히 일이 잘 풀린다는 것만으로 조직을 잘 리드하는 것으로 판단하는 것은 위험하다고 봅니다. 지금보다 좀 어려운 여건이 닥치더라도 지속적으로 성공 분위기를 이어 갈 수 있는 근본적인 힘을 갖추어야 한다는 것이지요. 그러기 위해서는 다소 여유를 가질 수 있는 지금이 적기라고 생각합니다."

자신이 최근에 자주 생각하는 리더십 역량의 타이밍에 대한 얘기가 박 지점장의 입에서 자연스럽게 흘러나오자 김 원장은 매우 기쁜 낯빛을 보이며 말했다.

"아주 중요한 점을 지적해 주셨습니다. 그렇지 않아도 제가 요즘 그 점에 관해 안내서로 정리하고 있으니, 그에 따라 곧 적절한 방안을 세우실 수 있을 것입니다."

그렇게 말하는 김 원장의 얼굴에서는 오래도록 미소가 가시지 않을 것만 같았다.

정상에 오른 그 다음을 바라보게 하라

성공 모멘텀

일이 순조롭게 잘 풀려 나갈 때에는 항상 감사하는 마음을 가질 일이고, 어려움에 봉착하였을 때에는 그보다 더 어려웠던 때를 기억하며 이겨 나가야 하는 법이다.

순풍에 돛 단 듯이 일이 잘되어 가는가 싶더니 일부 영업 조직의 이탈과 조직 간의 마찰음이 여기저기에서 심심치 않게 발생하고 있었고, 영업 실적도 몇 달째 연속 하락하고 있었다. 이상 징후가 발견되면 그 즉시 반응하는 것 또한 조직의 생리라 할 수 있다. 회사에서는 영업 조직의 본사 지원 스태프들을 대상으로 하는 워크숍을 서울 근교에서 열었다. 단풍이 주변 산을 곱게 물들인 가을의 어느 날이었다.

주제는 '성공 모멘텀을 유지하기 위한 워크숍'이었다. 영업 지원

부서의 적극적인 지원이 어느 때보다 절실한 때인지라 현장의 영업 사원들이 이번 워크숍에 거는 기대가 큰 것은 사실이었다. 다들 작금의 성공 모멘텀을 계속 이어 가야 한다는 결연한 의지를 가지고 워크숍에 참가했다. 산하 부서별 SWOT 분석을 통한 치열한 토론 후 팀장들의 발표가 차례로 이어졌다. 그러고 나서 김 원장이 영업 프로세스의 시스템을 정착시켜야 한다는 것을 다시 한 번 강조하는 것으로 워크숍은 마무리됐다.

"현재 우리 회사의 영업 조직 현황은 매우 긍정적이며, 이렇다 할 문제점이 발견되지 않습니다. 최근의 실적 하락은 계절적인 영향일 뿐이므로 우리가 과민하게 반응하며 영업 조직을 자극할 필요는 없다고 봅니다. 물론 동업계의 타사나 인접 업계로부터 스카우트에 따른 인적 손실 피해는 앞으로도 지속적으로 발생하게 될 전망이므로, 이 점에 대한 강력한 대책이 필요하다고 생각합니다. 왜냐하면 이제 막 불이 붙어 타오르고 있는 조직에 이탈자가 빈번하게 생기면 타오르던 불이 잦아들게 되지 않겠습니까? 그러나 우리가 정작 걱정하여야 하는 것은 이런 상승 분위기를 당분간 지속한다 하더라도, 성공적인 영업 프로세스를 시스템적으로 보완해 놓지 않는다면 우리 조직의 성공 모멘텀도 그리 오래 가지 못한다는 사실입니다. 지금 우리가 걱정하고 준비하여야 하는 것은 우리 회사가 더 높이 더 멀리 가기 위한 시스템의 정착에 대한 공감대를 형성하고 그 준비에 만전을 기하는 일이라고 생각합니다."

워크숍 이후, 영업 실적은 연말의 특수를 누리며 다시 상승세로 돌아섰다. 현실은 이렇듯 요지경 속 같아서 사람들의 판단력을 흐려 놓는 경우가 종종 있다. 이런 때 대부분의 리더들은 상황에 따른 바른 리더십을 발휘하기가 어렵다. 하물며 다가올 미래의 문제를 해결하기 위해 사전에 준비하는 것은 더더욱 어려운 일이다.

그 이듬해 봄!

연초에 잘되던 영업이 다시 어려움을 겪고 있었다. 문제점들이 많이 발견된 것이다. 적정한 상품의 부재, 기회를 놓친 정책, 인재의 부적절한 배치 등을 점검하여 향후 전략을 세우려는 회합이 잦아졌다.

얼마 후, 회사는 그 문제들을 해결하기 위해 외부 전문 기관에 경영 컨설팅을 의뢰하였고, 모든 팀장들을 참석시킨 가운데 컨설팅의 결과 발표 기회를 가졌다.

"아무리 좋은 업적을 내고 완벽한 시스템을 가졌다고 해도 조직의 운영에는 항상 문제가 많은 법이지요. 우리가 진단하고 판단하기에는 지금의 후퇴가 조직의 흐름상 구조적인 문제로 인해 발생했다는 근거는 발견할 수 없었습니다. 그렇다면 이 현상은 잠시 동안의 일과성에 그칠 가능성이 크며, 설령 다소 침체 분위기가 이어진다 해도 오래 가지는 않을, 극히 경미한 후퇴로 판단됩니다. 따라서 너무 놀라지 마시고 침착하게 대응해 나가신다면, 곧 다시 성공 모멘텀을 발견하게 될 것입니다."

컨설팅 회사가 내린 긍정적인 평가는 모든 직원들을 안심시켰다. 또한 그 평가에서 예견한 대로 영업의 실적이 얼마 가지 않아 다시 상승하게 되었다. 그렇지만 일시적인 실적 하락에 따른 충격의 여파로 팀장들 간의 의견 불일치와 책임 전가의 모습이 돌출되었고, 그것은 조직의 팀워크에 심각한 후유증을 가져왔다. 이런 와중에 모든 팀 매니저들은 영업 분위기에 편승하여 일희일비할 것이 아니라 좀 더 과학적이고 체계적인 영업 관리를 해보자는 자성의 목소리를 내기 시작했다. 하지만 여전히 잘 나가는 영업 실적에 파묻혀 성공 시스템을 갖추기 위한 노력은 계속 뒷전으로 밀려나 있었다.

다음 목표를 보려면

대부분의 지점들마다 나름대로 몇 가지씩의 어려움을 안고는 있었지만, 외면적으로는 기대 이상의 좋은 인재들 채용과 영업 전문가들의 합류로 승승장구하며 성공 모멘텀을 이어 가고 있었다. 이런 상황 속에서 또 다른 문제점이 생겨나기도 했다. 즉 성급하게 샴페인을 터뜨리는 행위들이었다. 잦은 해외 관광과 내부의 축제들, 과도한 비용 지출 등 성급하게 성공을 즐기려는 분위기로 흐르는 현상들이었다.

물론 영업의 신장은 계속되고 있었다. 신바람을 일으키는 영업 조직의 분위기에다 금융 트렌드의 상승 분위기까지 맞물려 그 어느 때보다 좋은 영업 환경을 맞고 있는 것은 분명하였다. 개인의 인생이나 조직의 흥망성쇠라는 흐름 속에서도 때로는 이런 호기를 만나기도 하는 법이다. 일단 구성원들은 일을 즐겁게 하고 있었으며, 그들에게서는 자부심과 긍지가 넘쳐나는 것을 알 수 있었다.

그러나 문제는 이런 와중에서도 더 높은 성공을 비전으로 바라보는 사람은 찾기가 어렵다는 것이었다. 보너스 지급과 각종 인센티브로 영업 조직에는 활기가 넘쳤다. 외제 승용차에 명품 골프 용품을 구비하는 등 꽤 향상된 삶의 외양이 그 증거의 하나일 것이다. 이는 많은 사람들이 꿈꾸고 갈망하는 멋진 삶이 아니었던가? 그러나 그것이 언제 끝날지, 그것이 끝날 때가 되면 무엇을 어떻게 해야 할지 주목하지 않는 한 그것은 한낱 신기루에 지나지 않을 수도 있는 것이다.

어느 날 박 지점장이 흥분된 얼굴을 하고 김 원장을 찾아 왔다. 거칠게 내뿜는 박 지점장의 호흡은 다혈질인 그의 성격을 잘 말해 주고 있었다.

"원장님, 지금 우리가 어제의 곤경을 모두 잊고서 이렇게 막 나가도 되는 겁니까?"

다짜고짜 들이대는 박 지점장의 말에 김 원장은 두 눈을 둥그렇게 뜰 수밖에 없었다.

"지점장님, 막 나가다니요? 대체 그게 무슨 말씀이신가요? 박 지점장님의 지점은 여전히 놀라운 실적을 올리고 있던데, 무슨 문제가 따로 있습니까?"

"원장님, 실적이 중요한 게 아니라…… 저로서는 요즘 걱정이 더 많아졌습니다. 요즈음…… 우리 구성원들이 분수를 모르고 마구 나대는 것 같아서요. 정도가 너무 심합니다. 회의할 때 한 번 와 보세요. 어느새 외제차를 끌고 다니지 않으면 명함도 못 내밀 정도가 되었습니다."

박 지점장은 몹시 못마땅하고 한심하다는 투로 말했다.

"지점장님, 그게 나쁜 것은 아니지 않습니까?"

"나쁘다는 것이 아니라 분수를 모르고 설쳐 대는 것 같다 이 말씀입니다."

“오라, 그러니까…… 지점장님께서는 우리가 너무 일찍 샴페인을 터트리고 있다고 보시는 거로군요?”

김 원장은 비로소 박 지점장의 의중을 간파하며 웃음기를 머금었다.

“그렇다니까요. 지금처럼 영업이 잘될 때도 있지만, 잘 안 될 때도 많은데, 이렇게 흥청망청 써 대는 일에 익숙해지다 보면…… 앞날이 걱정돼서요.”

“예, 옳은 지적이십니다. 그런데 지점장님, 정작 큰 문제는 그게 아니라 다른 곳에 있답니다.”

김 원장은 박 지점장의 관심을 단번에 잡아끌고 있었다.

“다른 곳에 문제가 있다니요……? 제 눈에는 그 외의 다른 문제가 보이질 않던데요.”

“박 지점장님, 하나 물어봅시다. 등산을 하시다 보면 보통 정상을 목표로 하게 되지 않습니까?”

“예, 대부분의 등산하는 사람들은 정상을 목표로 올라가지요.”

“그런데 정상에 오르지 못한다면 어떻게 될까요?”

“어떻게 된다기보다는…… 일단 정상 정복의 보람을 느낄 수 없겠지요.”

“물론, 말씀하신 대로 정상의 보람을 누리지 못할 것입니다. 그런데 더 중요한 문제는 정상을 오르지 못한다면 다음 목표를 바라보지 못하는 우를 범하게 된다는 것입니다. 그렇지 않습니까? 정상에 올라가야 그 앞에 전개되는 다음 봉우리를 바라볼 수 있게 됩니다. 즉 다음 목표를 볼 수 있게 된다는 것입니다. 따라서 조직의 비전을 끝까지 이루려는 의지를 잃은 조직은 다음 방향을 잡기가 어려워지게 됩니다. 심하면 조직이 혼란에 빠지게 되거나, 다음에 다시 목표를 정하더라도 달성할 수 있는 자신감을 갖기가 어려워지는 것입니다."

김 원장이 말하고자 하는 또 다른 문제점이란 것이 무엇인가를 알게 된 박 지점장은 자신도 모르게 고개를 끄덕이며 공감을 표시했다.

"원장님, 저는 미처 그런 생각까지는 못했는데…… 그런 심각한 문제가 있었군요!"

"그렇습니다. 그래서 진정한 리더들이라면 중간의 작은 성공에 도취되어 있어서는 안 되는 것입니다. 하나의 성공을 했다면 그것을 즐기는 일보다 다음의 목표를 바라보는 일이 리더에게는 더욱 중요하며 시급한 일입니다."

김 원장은 부드러운 손짓을 써 가며 말했다.

"원장님, 그렇다면 저희 조직은 이 시점에서 어떻게 해야 될까요?"

"이제부터라도 박 지점장님이 우려하시는 바를 해소하고 보다 적극적으로 미래를 열어 가기 위해 좀 더 신중한 자세로 우리의 성공 문화를 만들어 가야 합니다. 그래서 종국에는 시스템적으로 우리의 문화를 승화시켜야 합니다. 박 지점장님 자신도 그런 생각을 갖고 계시지 않습니까? 결국 정상을 정복할 수 있다는 신념을 가진 분들이 앞장서서 우리의 문화를 리드해야지 누가 그 일을 감당하겠습니까?"

"그런데 원장님도 아시겠지만 저는 아직 우리의 조직 문화를 리드할 만한 능력까지는 갖추고 있지를 못합니다. 다만 제 생각으로도 분명한 것은…… 지금의 우리에게는 그렇듯 큰 비전을 가진 준비된 리더가 필요하다는 사실입니다."

박 지점장으로서는 조직의 '성공 문화 창조'라는 화두 앞에서 리더로서 능력의 한계를 절실히 느끼고 있는 것 같았다. 사실 말이 그렇지 하나의 문화를 창조해 간다는 것이 용이한 일일 수는 없다. 그러나 조직의 문화라는 것을 그리 거창하게만 생각할 일도 아니란 것을 박 지점장은 미처 모르고 있는 것일 뿐이라고 김 원장은 생각했다. 지금까지 해오던 것에서 비생산적인 요소들을 제거하고, 보다 큰 성공을 이룰 수 있는 시스템을 정립하는 동시에 그 성공을 품을 수 있는 큰 그릇을 마련한다는 차원에서 접근하면 되는 일인 것을.

'갓끈을 고쳐 매다가 장이 파한다.'는 속담이 있다. 장날, 장에 가기 위해 의관을 정제한답시고 갓끈을 자꾸 고쳐 매는 사이에 이미 파장의 때가 도래하고 만다는 말로, 말로만 '해야지, 해야지.' 하다 보면 정작 그 실행의 시기를 놓치게 된다는 의미를 지닌 속담이다.

김 원장은 성숙기를 맞은 회사의 조직들이 이 시기에 성공 문화를 정착시키지 못하면 장차 큰 어려움에 직면하게 될 공산이 크다고 판단하기에 그것을 더 이상 미룰 일이 아니라고 생각하면서 말했다.

"박 지점장님, 지점장님은 조직의 성공 문화를 리드해 나갈 충분한 자질과 능력, 경험을 가지신 분입니다. 용기를 내어 착수하십시오. 누구를 위해서가 아니라 바로 지점장님 자신과 지점장님이 아낌없는 희생을 바쳐 오신 대상들, 즉 지점의 구성원들을 위해서 말입니다. 더 이상 시기를 늦추시면 타이밍을 잃을 수도 있습니다. 지금이 바로 리더십의 '성과 역량'을 발휘해야 하는 적기라는 말씀을 드리고 싶습니다."

아주 높은 봉우리는 신이 허락하지 않으면 오를 수 없다

공짜는 없다

우여곡절 끝에 회사는 정상을 바라보는 지점까지 오게 되었다. 변변한 시스템이나 문화적 배경이 없는 상태에서 그 자리에까지 오를 수 있었던 것은 지극히 이례적인 일로 행운이 함께했기 때문이라고밖에는 달리 설명할 수가 없었다.

어느 날 김 원장은 우연히 박 지점장의 지점을 방문하였다가 마침 박 지점장이 하는 특별 강의를 참관하게 되었다.

박 지점장은 몇 사람의 고객-중소기업을 시작한 지 얼마 안 되었다는 사장과 그 회사의 임원진-들을 모시고 자신의 사무실에서 우리 회사의 성공 사례에 대해 열강을 하고 있던 중이었다.

"……여기까지의 성공의 비결을 말씀드린다면,

첫 번째는, 비전의 제시입니다. 저는 변화하는 금융 패러다임에서 회사의 비전을 보았고, 그 비전에 대한 확신을 가지게 된 것입니다. 저는 그 비전을 구성원들의 도전 욕구를 강하게 자극하는 자극제로 삼았습니다. 그리하여 최종적으로 자기가 원하고 즐겁게 일할 수 있는 일이라면, 그 효과가 극대화될 수 있다는 것을 실증적으로 보여준 것입니다.

두 번째는, 양질의 인재들을 채용한 것입니다. 업계의 조직들이 대이동을 하는 미묘한 시기와 맞물리며 새로운 비전을 찾고 있던 양질의 매니저 및 직원들을 채용하게 된 것이지요. 훌륭한 인재들이 새로운 비전을 찾아 우리 회사에 합류하도록 유도한 것입니다.

세 번째는, 고객과 우리 구성원들이 만족할 만한 상품을 개발한 것입니다. 기존에는 고객들에게 잘 알려지지 않았던 새로운 상품을 시장에 내놓게 된 것이지요, 이는 시장에서 우리 회사가 그 분야의 리딩 회사로 자리매김을 하게 된 결정적 근거가 되었습니다. 어떠십니까? 충분한 성공 이유가 감지되십니까?"

듣고 있던 고객들은 비록 자기네의 업종과 다른 분야이기는 하였지만 매우 흥미 있어 하는 표정을 띠며 박 지점장의 강의를 듣고 있었다.

"물론 지금까지 말씀드렸던 것들이, 성공으로 가기 위한 요인들로서 중요했던 사항들임에는 틀림이 없습니다. 그러나 저는 지금부터 아직 말씀드리지 않은 아주 중요한 성공의 요인 한 가지를 더 말씀드리고자 합니다. 앞서 말씀드린 내용보다 더 우선하는 우리 회사의 성공 요인이란, 바로 이 시기에 회사를 이끌었던 우리 사장님의 리더십이라고 확신합니다. 그 리더십의 핵심은 구성원들의 사기 진작에 최우선을 둔 인간 경영이란 점에서 찾아볼 수 있습니다. 그중 직원들에게 가장 큰 공감을 주었던 것은 직원들의 가능성을 믿어 주고 가족 같은 분위기를 연출했던 것이라고 봅니다.

항상 열려 있는 각종 대화의 장들, 가족 초청 행사들, 창의적으로 일하는 직원들에 대한 보상, 부서별 다양한 의사소통 모임 등 다양한 프로그램이 사장님의 리더십에 따라 진행되곤 했지요. 그러나 그 중심에는 항상 직원들을 인정하고 아끼려는 인간 경영 마인드가 핵심적으로 자리 잡고 있었습니다. 이는 모든 직원들을 하나로 묶어 시너지 효과를 창출해 내는 원동력이 되기에 충분했습니다. 거기에다 영업 조직을 최우선으로 챙기며, 그들에게 공을 돌리는 일련의 모든 경영 기술은 영업 조직을 감동시키기에 충분하였답니다. 이렇게 직원들의 가능성을 믿어 주고 격려하는 회사의 분위기는 언제나 타 회사 사람들의 부러움을 사는 편이었습니다.

보다 중요한 것은 그로 말미암아 구성원들이 상호 신뢰하고 존중하는 하나의 문화가 자리매김을 하게 된 것이라고 말씀드릴 수 있습니다. 서로 다름을 인정하고, 서로 존중하고 격려하며, 옳은 일은 반드시 실천하고, 항상 즐겁게 일하고, 경청의 자세로 신뢰를 구축한다는 문화는 회사 직원 모두에게 자랑이고 긍지였던 것이지요. 이런 가치 철학과 비전을 향한 강한 열정 등이 현실과 맞아떨어지면서 회사의 분위기는 급상승하게 된 것이며, 이것이 또한 회사 내의 발전적 에너지로 재생산되는 과정이 반복되며 오늘에 이르게 되었다고 봅니다. 이런 대접을 받는 직원들이 행복하고 즐겁게 직장 생활을 하게 될 것은 불문가지이며, 회사를 자랑스럽게 여기게 되는 것도 당연한 현상이라 할 것입니다. 이렇듯 리더 한 명의 리더십이 조직의 운명을 결정할 수도 있다는 것을 저는 말씀드리고 싶습니다."

평소에는 회사에 대해 몇 가지 불만이 있어 툴툴거리기도 했던 박 지점장이었으나, 고객들 앞에서 자신의 회사와 경영자를 자랑하는 모습은 감동 그 자체였다.

숨이 차오르다

성공은 항상 대가를 요구하는 법이다. 대략 8부 능선쯤으로 가늠되는 곳에서 정상의 고지를 바라보던 그해 가을이었다. 고개를 넘는다는 행위 자체가 숨 가쁘고 힘든 일임에는 틀림없었던가보다. 눈앞으로 다가온 정상의 고지를 바라보면서도 더 이상의 전진 동력을 발휘하지 못하고 제자리걸음을 거듭하는 모습은 박 지점장 스스로 느끼기에도 안타까울 뿐이었다. 정상을 눈앞에 두었다는 것과 정상에 도달했다는 것은 엄연히 다르건만, 어느 시기부터인가 구성원들의 불타오르던 의지가 사그라지는가 싶더니, 도통 더 이상의 전진을 못하고 버거워하는 것이 역력했다. 이미 이루어 낸 결과보다 더 높고 위대한 정상의 가치를 구성원들은 잘 알고 있었지만, 더 이상 정상을 향해 움직이기가 힘들어진 것이다. 그런데 그처럼 어려운 상황에 직면하게 되면 대부분의 사람들은 자신에게서 문제점을 찾지 않고 항상 남을 탓하려는 습성을 보이게 마련인가보다. 회사의 여기저기에서 직원들의 수군거리는 소리가 들렸다.

"요즈음 회사 분위기가 왜 이래?"

"우리 회사가 언제부터 이렇게 터프해진 거야?"

"우리 수준은 여기까지인가 봐!"

"영업이 무엇인지도 모르고 무조건 시스템만을 고집하니 될 게 뭐야!"

그러던 어느 날 정상 도전을 위한 명분으로 지점장 회의가 소집되었고 그 자리에서 사장은 지점장들에게 새로운 방법 한 가지를 제안하였다.

"현장에서 애써 주시는 지점장님들의 수고에 항상 감사를 드립니다. 무엇보다 먼저 그동안 훌륭한 성공 문화를 형성해 주신 것에 감사를 드립니다. 이렇게 빠른 시간 내에 성공의 신화를 이룩한 회사는 우리 업계뿐만 아니라 타 업계를 망라해서도 그 사례를 쉽게 찾아보기가 어려울 것입니다. 그 모든 것이 이 자리에 모이신 지점장님들과 같은 유능한 리더들이 서로 힘을 합한 결과라고 저는 믿습니다. 따라서 이는 우리 모두의 자랑이고 기쁨입니다.

특히 여러분들께서 우리만의 독특한 영업 분위기를 조성해 오신 것은 결코 아무나 이룰 수 없는 쾌거의 하나라고 생각합니다. 서로 배려하고 협력하는 높은 리더십의 발휘가 아니고는 어떻게 그런 분위기를 상시적인 조직의 힘으로 이어 갈 수 있었겠습니까? 불가능을 가능으로 만들고야 말겠다는 투철한 사명감을 가지시고, 힘들 때일수록 더욱 긍정적인 마음으로 서로를 격려하고 용기를 실어 주셨던 점들에 대해 깊은 경의를 표하지 않을 수 없습니다.

이제 우리는 목표 달성을 눈앞에 두고 있습니다. 그러나 정상은 결코 만만하게 정복되지 않을 것입니다. '히말라야의 8천 미터 급 봉우리들 정상에는 신의 허락이 없는 한 오를 수 없다.'고 산악인들이 말하는 것을 들은 적이 있습니다. 극한 상황이 이어지는 가운데 예측을 불허하는 갖가지 어려움과 위험 요소들을 모두 극복하는 것에 더하여 행운까지 겹쳐져야 비로소 정상에 오를 수 있다는 것입니다. 진인사대천명, 즉 인간이 할 수 있는 모든 일을 해놓고서 하늘의 뜻을 기다린다는 옛말을 생각하게 하는 대목이기도 합니다. 그렇습니다. 우리의 영업 조직이 목표를 달성해 정상에 선다는 것은 아주 중요한 일이고, 또 우리가 간절히 바라는 일이지만 그만큼 어려움이 많이 뒤따르는 일입니다. 때에 따라서는 지금까지 이룬 작은 성공의 결과에 안주하며 거기에서 따먹을 수 있는 달콤한 열매에 만족하고 싶은 유혹마저 느끼기도 하는 것이 사실입니다. 그러나 그것은 진인사(盡人事)를 하는 것과는 거리가 먼 행동일 뿐입니다. 정상을 포기하는 패배주의에 불과합니다. 눈앞에 보이는 정상을 대하는 올바른 태도가 아닙니다. 우리가 여기에까지 온 것은 정상을 바라보았기 때문입니다. 정상으로의 길은 아무리 험하다 하더라도 반드시 한 걸음 한 걸음 우리의 발길로 밟으며 가야 합니다. 그 자체만으로도 우리는 인생의 성공을 논할 수 있고, 사업의 성공을 얘기할 수 있습니다. 최종적인 결과는 그야말로 하늘의 도움이 있어야 하는 것이라고 칠 때, 우리가 할 수 있는 모든 노력을 지금 다하는 것, 저는 그것을 우리의 성공이라고 말하고 싶습니다.

우리는 오늘 다 함께 정상에 서기 위한 방법을 논의하기 위해 이

자리에 모였습니다. 우리는 이제 그동안 바라보고 달려온 비전을 더욱 크게 확대해 보면서 마지막 에너지까지 모두 모아서 정상에 도전해야 하는 지점에 와 있습니다. 그러나 우리는 사실 매우 지쳐 있고, 고지를 정복한다는 것이 결코 쉬운 일이 아니라는 것을 알고 있습니다. 그래도 우리는 가야 합니다. 앞으로 나아가야 합니다. '고지가 저긴데 예서 말 수는 없다.'는 어느 시인의 피맺힌 절규를 가슴에 새기면서 우리는 정상에 다가가 우리의 의지와 노력으로 수놓아 만든 성공의 깃발을 꽂아야 합니다.

저는 이 자리에서 존경하는 지점장 여러분께 다시 한 번 전열을 정비하여 마지막 총공세에 나서 주실 것을 부탁드립니다. 그동안 저는 우리 스스로가 정착시켜 온 우리만의 시스템을 활용하는 일의 중요성을 여러 차례 강조한 바 있습니다. 그 같은 생각은 지금도 변함이 없습니다. 정상을 목전에 둔 지금 같은 시기에는 더욱 그 시스템의 중요성이 부각된다고 할 수 있습니다. 여러분도 잘 아시는 것처럼, 우리의 사업 목표를 이루기에 가장 빠르고 효과적인 방법은 시스템을 잘 활용하는 것입니다. 우리가 구축한 시스템은 지렛대와 같은 것입니다. 우리의 힘을 몇 갑절로 확대하여 성공적인 결과를 구현해 내는 동력으로 작용할 지렛대, 그게 바로 우리가 기억해야 할 우리의 시스템입니다.

세부적인 부분으로 들어가면 기타 여러 가지 바람직한 방법들을 더 생각해 볼 수 있겠지만, 얼른 생각하기에 코칭과 같은 기법을 활용하는 방법도 있을 것입니다. 오늘 여러분들께서 한 자리에 모이셨으니 우리의 공동 목표인 정상 정복을 위하여 여러분 모두의 훌륭한 아이디어와 지혜들을 한데 모아 실천해 나갈 방안을 모색해 주십시오. 우리는 같은 목표를 향해 한 배를 탄 가족입니다. 마지막 한 순간까지 한 분도 낙오함이 없이 다 함께 성공의 기쁨을 나눌 수 있기를 간절히 바랍니다.

자, 여러분! 저기 앞에 보이는 정상을 향하여 힘차게 달려 나갑시다!"

사장의 간곡한 부탁은 지점장들의 도전 의식에 다시 한 번 동기부여가 되었고, 이제 본격적으로 정상 도전의 대장정을 시작해야 된다는 분위기가 형성되기 시작했다.

적극적인 코칭으로 성공 문화를 정착시켜라

목표만 있으면 다 되나?

정상을 향한 도전에 총력을 기울여야 한다는 결론을 기정사실화한 후 공식적인 지점장 회의는 끝났다. 몇몇 지점장들은 바로 돌아가지 않고 김 원장과 마주 앉아 회의석상에서 미처 꺼내지 못한 현장의 이야기를 나누고 있었다. 정상 도전이란 것이 역시 녹록치 않은 일이라는 걸 새삼 깨닫는 시간이었다.

"원장님, 지금의 상황에서 조직원들에게 자꾸 더 높은 영업 목표를 부여하는 것은 조직의 사기를 꺾는 아주 무모한 행동이 될 수도 있다고 생각하는데 원장님의 생각은 어떠십니까? 하나의 목표를 달성하기 위해 온 힘을 다해 달려왔는데, 그 목표에 도달하자마자 또 다른 목표가 저 앞에 던져져 다시 달려가야 한다면…… 말이 쉬워서 그렇지 정말 죽을 노릇이거든요."

어느 지점장이 제기한 문제는 설정된 목표치가 계속 상승되어 온 것에 대한 피로감을 말하는 것이었다. 마치 다가가면 더 앞서 도망가는 루어(가짜 미끼)를 계속 쫓아가야 하는 그레이하운드 경주와도 같다는 얘기였다.

김 원장은 그 말에 대해 긍정도 부인도 하고 싶지 않았다. 이상과 현실 사이의 괴리라는 것은 인간이 살아가는 그 어느 곳에서나 있기 마련 아니겠느냐는 상투적인 말은 더더군다나 할 수 없었다.

"경영진은 경영진대로 가지고 있는 생각과 원칙이 있어서 그렇게 하는 것 아니겠습니까?"

김 원장이 그렇게 말하자 문제를 제기했던 지점장은 다소 감정적인 반응을 보이며 말했다. 그는 회사에서 제시하는 영업 전략에 나름대로 상당히 부대껴 온 것 같았다.

"원장님, 말씀 잘하셨어요. 그분들의 생각이라야 빤한 것 아니겠어요? 짧은 동안에 많은 업적을 올려서 자기들 공으로 삼으려는 것밖에 무엇이 더 있겠습니까? 솔직히…… 저로서는 더 이상 이 회사 경영진들의 정책을 신뢰하기 어렵습니다."

경영진에 대한 불만에다 급성장을 이뤄 오는 동안 쌓인 피로 증상이 겹쳐, 몇몇 지점장들은 이미 전의를 상실해 가는 모습을 여실히 보이고 있었다. 목표 달성도 중요하지만 조직의 와해를 사전에 막는 일은 더욱 중요하다고 생각한 김 원장은 지점장들이 뜻밖이라고 여길 만한 말로 얘기를 시작했다.

"지점장님들, 실은 저도 같은 생각입니다. 고봉의 정상 공격에 나선 등반대장은 자신과 대원들의 생명을 구하기 위해 정상의 몇 발짝 앞에서 하산하기로 결정해야 하는 때도 있습니다. 정상 정복에 눈이 멀어 하산의 시기를 놓친다면 영영 돌이킬 수 없는 위기 속에서 삶을 마감해야 하는 경우도 생길 수 있기 때문입니다. 말씀하신 것을 들어 보니, 지금 상황에서 더 이상의 전진을 거듭하는 것은 무리가 될 수 밖에 없을 것 같습니다. 그러나 이럴 때일수록 정신을 바짝 차려야 합니다. 여기서 정신을 못 차리고 우왕좌왕하다 보면, 우리는 준비된 하산을 하지 못하는 매우 불행한 사태를 만나게 될 것입니다."

"원장님, 그렇다면 저희는 이 대목에서 어떤 길을 택해 나아가야 합니까?"

듣고만 있던 지점장 한 사람이 말했다.

"길은 외길만 있는 게 아닙니다. 외길로만 가려 한다면 리더가 무슨 필요가 있으며, 리더십 또한 무슨 소용이 있겠습니까? 그러나 우리 앞에 길은 늘 여러 갈래로 나타나는 것이고, 그 가운데 성공으로 향하는 가장 합당한 길이 어떤 것인지를 판단하여 구성원들을 그 길로 이끌어야 하는 데에 리더와 리더십의 존재 이유가 있는 것입니다. 당연히 우리 모두는 여러 가지 가능한 방법을 두루 강구하며 혼신의 힘을 다해야 할 것입니다. 그러나 우리는 그동안 목표만을 금과옥조(金科玉條)로 여기며 구성원들이 능력을 키울 수 있도록 도와주지는 못한 것에 대한 깊은 반성을 해야 합니다. 즉 목표를 세우고 앞으로만 가면 반드시 좋은 결과가 나올 것이라는 이상주의적이고 구태의연한 방식 같은 것을 이제는 지양해야 합니다. 여러분이 그러한 경영진의 방침에 피로감을 느끼듯이, 여러분 자신도 구성원들에게 똑같은 태도로 임해 온 것은 아닐까 한번쯤 생각해 봐야 합니다. 목표를 세웠을 때 '구성원들로 하여금 어떻게 행동으로 옮기게 할 것인가?'를 생각하기보다는 '어떻게 하면 그들과 더불어 수준 높은 성과를 만들 것인가?'를 생각했어야 합니다. 이 말은 바로 성공 시스템에 대한 얘기입니다. 우리들은 그동안 올바른 성공 시스템을 준비하지 못했던 것입니다."

김 원장은 목표의 중요성을 간과하자는 것이 아니라 목표에 다가서는 방법과 과정에 있어서 보다 성숙한 문화적 시스템을 갖추어야 한다는 점을 역설하고 있었다. 그럴 때 목표 달성은 보다 확실해지는 것이기도 했다.

"원장님께서 생각하시는 성공 시스템이 아까 회의 서두에 사장님께서 말씀하셨던 시스템과 같은 것인가요? 사장님께서는 코칭 같은 방법도 그런 시스템의 요소가 될 수 있다고 하셨는데……?"

"네, 맞습니다. 그런 얘기입니다. 지난 몇 년간 우리는 여러 가지 어려움을 겪으면서 그때마다 여러 차례 변화의 기회를 맞기도 했습니다. 현실 상황은 늘 급박하게 돌아가기 때문에 여유를 가지고 그것을 대하기가 쉽지는 않습니다만, 우리는 그런 기회를 맞았을 때…… 그러니까 좀 더 일찍 능력 향상 시스템 등을 접목한 탄탄한 영업 문화를 정착시켰어야 했던 것입니다. 눈앞 현실의 목표에 우선하느라 양보해서는 결코 안 되었던 문제였습니다. 성장 일변도의 정책으로, 어떻게 해서든지 빠른 성장만을 이루면 아무 문제없다는 듯이 지내온 것, 그게 오늘의 문제를 낳은 것입니다. 그 점에 대해서는 수수방관하며, 아무런 대책을 강구하지 못한 것…… 그건 정말 큰 실책이라고 봅니다."

김 원장은 그 순간 보기 드물게 자책하는 눈빛을 띠어 보였다.

"원장님, 그렇게 생각하신다면 더 머뭇거리고 있을 것이 아니라 지금부터라도 서둘러 코칭 프로그램부터 연구하고 우리 조직에 맞도록 정비하여 도입하면 되지 않겠습니까? 이미 지속적인 성장 동력으로 삼을 만한 상승세의 관성은 우리 조직에 있는 것이고, 일시적인 피로감으로 정체됐던 분위기를 일신하여 새롭고도 확고한 성공 시스템 정착으로 나아간다면 바람직한 전기가 되리라 생각됩니다. 물론 멀리 있지 않은 정상 정복도 가능해질 테고요. 이런 걸 일석삼조라고 하지 않나요?"

그 자리에 같이 참석해 있던 박 지점장이 그때까지의 대화를 중간 정리라도 하려는 듯 말했다.

방법을 찾아서

"원장님, 우리 리더들이 보다 확고한 의지를 가지고 강력하게 추진했어야 할 일들을 미루다 보니 일이 이렇게 된 것이군요."

또 다른 지점장 한 사람이 말했다. 김 원장도 그들과 동료라는 의식 속에서, 또한 그들에게 리더십에 대한 방향 제시를 해주어야 하는 리더십 전문가로서 책임을 통감하지 않을 수 없었다. 그렇기에 인생은 끊임없이 새로운 걸 배우며 살아가는 무대라고 하는가보다.

"변명의 여지가 없습니다. 제가 좀 더 일찍 그 점에 착안하여 여러분들을 지원해 드렸어야 했는데……."

"그렇지만 원장님, 한두 가지 부족한 점이 있다고 해서 이제 와서 우리가 정상을 향한 도전조차 못한다면 말이 되겠습니까? 코칭 프로그램이 좋은 방법 중의 하나라고 판단하신다면 더 이상 미룰 일이 아닌 것 같습니다. 문제를 지나치게 심각하게 받아들이지 않는 것도 우리가 갖추어야 할 시스템적 요소 아닐까요? 하하하……."

잠시 동안 굳어 있었던 분위기가 그 웃음에 따라 모두 함께 터뜨린 웃음으로 풀어졌다.

김 원장이 다시 말하기 시작했다.

"그럼 먼저, 코칭에 대해 간략한 소개를 하겠습니다.

코칭(Coaching)의 어원은 잘 아시는 대로, 원래 중세로 거슬러 가서 헝가리의 도시 '코치(Kocs)'에서 만들어진 네 마리의 말이 끄는 '마차'에서 유래합니다. 그래서 '코치'라는 말 속에는 승객을 출발지에서 목적지까지 데려다 주는 개별 서비스의 의미가 들어 있습니다. 거기에서 한 걸음 더 나아가 '스스로 배우고자 하는 사람을 도와주는 사람'이라는 의미로까지 발전하게 된 것입니다. 우선 '코칭'에는 기본적으로 '인간은 누구나 무한한 잠재 능력을 지니고 있기 때문에 문제에 대한 해답을 스스로 찾을 수 있다.'는 전제가 바탕에 깔려 있음을 기억해 주십시오."

이미 몇 차례의 강의 시간을 통해 설명했던 부분이지만, 필요의 절실함 때문이었는지 말하는 이나 듣는 이들 모두 그 내용으로부터 시사 받는 새로운 감흥을 느끼게 되는 것 같았다.

"그렇다면 우리들은 그 코칭의 과정을 통해 우리의 구성원들의 잠재력을 끌어내는 데 주력해야겠군요?"

어느 지점장이 적절한 타임에 적절한 질문을 했다.

"네, 그렇습니다."

"그렇다면 일반적으로 인간의 잠재력을 끌어내는 방법으로는 어떤 것들이 있나요? 그 부분에 대해 연구 결과라든가…… 뭐 이런 게 있습니까?"

김 원장은 이번에도, 지점장들과의 대화는 늘 진행이 빠르다는 것을 느꼈다.

"존 위트모어(John Whitmore)라고…… PCI(Performance Consultants International)의 CEO가 말하는 기업 코칭에 대해 간략히 정리해 말씀드리지요.

그는 코칭과 관련하여 먼저 두 가지의 기술을 얘기했습니다.

첫째는, '경청 기술'입니다. 적극적인 경청, 이것은 말하는 것 이상으로 의도나 감정 등을 파악하면서 상대의 마음을 열어 가는 기술입니다.

둘째는, '질문 기술'입니다. 상황에 따른 질문을 통해 문제를 알아내고, 스스로 해결할 수 있는 능력을 길러 주는 기술입니다."

김 원장은 손가락을 꼽아 가며 말했다.

"원장님, 경청과 질문이라면 대화에 있어서 매우 중요한 요소가 아닌가 싶습니다. 쉬운 얘기 같지만 많은 사람들이 간과하기 쉬운 항목이기도 하고요. 아무튼 마음에 와 닿는 얘기임에는 틀림없는 것 같습니다. 그런데 그것을 영업 현장에 접목하여 효과를 보려면 시간이 꽤 많이 걸릴 것 같다는 생각이 듭니다. 그리고 무릇 모든 생각이 머릿속에만 머무는 한 그것은 우리의 현실에 결코 아무런 역할도 하지 않는 것이나 마찬가지라는 점에서 생각할 때, 다소 시간이 걸리더라도 그것을 지속적으로 실천해 나가야 한다는 생각도 듭니다."

한동안 오가는 얘기를 듣고만 있던 박 지점장이 자신의 생각을 밝혀 말했다.

"물론 현장에서 실효를 나타내기까지 그 기술을 몸에 익혀 실천하기에는 상당한 훈련과 그에 따르는 시간이 필요할 수도 있습니다. 그러나 이런 기술과 태도를 기반으로 다음과 같은 코칭 프로세스를 익힌다면 의외로 쉽게 문제를 풀어 갈 수도 있을 것입니다.

존 위트모어는 'GROW'라는 명칭을 붙인 코칭 프로세스를 이렇게 설명했습니다.

처음 단계 G는, 코칭의 목표, 즉 골(Goal)을 정하는 단계입니다. 코치와 피 코치가 서로 합의하는 가운데 해결하고자 하는 목표가 무엇인지를 정하는 단계라고 할 수 있습니다.

두 번째 단계 R은 현실, 즉 리얼리티(Reality)를 파악하는 단계입니다. 당사자들은 그 단계에서 현실과 목표와의 갭(Gap)을 구체화하게 되겠지요. 그 갭에 대한 명확한 파악이 전제되어야 그것을 줄여 나가는 노력이 가능할 테니까요.

세 번째 단계의 O는 방법과 대안, 즉 오피니언(Option)을 마련하는 단계입니다.

그리고 마지막 단계의 W는 실천하고자 하는 강력한 의지, 바로 윌(Will)을 실행하는 단계입니다."

김 원장이 전하는 존 위트모어의 코칭 프로세스는 코칭의 일반적인 방법론에 대한 것으로 매우 간결하게 요약된 내용이었지만, 듣는 이들로 하여금 거기에 포함된 세부 사항은 얼마든지 무궁무진할 것이라는 느낌을 갖게 했다. 박 지점장은 머릿속으로 재빨리 자신의 현장에서 코칭을 실행하는 모습들을 연상하며 대화를 이어 나갔다.

"코칭의 방법론을 일목요연하게 알 수 있어 대단히 유익한 말씀이라고 생각합니다. 현장에서 운용의 묘를 잘 살려 실행한다면 좋은 반응을 얻게 될 것 같습니다. 그런데 그 같은 코칭 기법을 실행하려면 일단 코치의 역할을 맡아야 할 사람들이 정해져야 할 것이고, 그들을 훈련해야 하는 절차도 필요할 것 같습니다. 현장 리더인 저희들 자신이 아직 그 점에 대해서는 체계적인 훈련을 받지 못했고, 그에 대한 노하우도 갖고 있지 못한 실정이라 당장의 현장 접목은 쉽지 않을 것 같습니다."

매사에 있어서 무엇인가를 처음 시행하려고 할 때에는 가시권 내에 들어오는 제반 요소들 가운데 장애 요인으로 작용할 것에 대한 우려를 먼저 하게 되는 것이 인지상정인가보다. 그러나 리더의 길이란 것이 무엇인가? 그런 장애 요인들을 하나하나 극복해 가면서 조직을 목표 방향으로 이끌고 가야 하는 것이 리더의 길이며 역할이 아니겠는가? 김 원장은 문득 '시작이 절반', '천 리 길도 한 걸음부터'라는 말을 떠올리며 부드러운 어조로 말했다.

"박 지점장님의 말씀…… 모두 일리가 있습니다. 그렇지만 코칭은 궁극적으로 우리 구성원들의 능력을 인정해 주어 주인 의식을 갖게 함으로써 그 어떤 방법보다 아주 탁월한 효과를 거둘 수 있다는 것에 눈을 주고 시작해 볼 필요가 있습니다. 시간이 좀 걸리면 어떻습니까? 아무 것도 착수하지 않은 채 이 상황을 그대로 끌고 가는 것보다 훨씬 더 빠른 성과를 거둘 수 있다면, 시간이 다소 걸린다 해서 결코 망설일 까닭이 없는 것입니다."

"잘 알겠습니다, 원장님. 이번 기회에 저희들 각 영업 현장에 제대로 된 코칭 기법을 도입하여 성공 문화의 기틀을 마련해야 할 듯합니다. 구성원들 가운데 성공 경험을 가진 분들을 주축으로 코치로서의 노하우를 갖추도록 훈련시켜 정상 도전의 의욕을 높이고, 구성원들의 문제 해결 능력을 일깨워 자신감이 넘치는 현장 분위기를 조성해 나가도록 하겠습니다. 저희 지점장들끼리 심도 있게 토의하여 각자의 지점 현실에 맞는 방법을 찾아 원장님께 보여 드리겠습니다. 아마도 좋은 생각들이 많이 도출될 것입니다. 원장님께서도 저희를 도와 많은 가르침으로 적극 앞장서 주시면 감사하겠습니다."

코칭이 답이다

정상 도전을 위한 최선의 방법으로 채택한 코칭을 전사적(全社的)으로 실시하고 있던 어느 날, 박 지점장이 밝지 않은 표정을 하고서 김 원장을 방문했다.

"일전에 코칭 교육을 받으시고는 그렇게 기뻐하며 돌아가시더니…… 오늘은 어째 표정이 안 좋으신 것 같습니다."

김 원장은 어느새 지점장들이나 피교육자들의 표정을 보고 그들의 기분을 알아맞히는 데 조금도 빗나감이 없는 일가견을 가지게 된 것 같았다.

"제가 스트레스를 좀 받고 있다 보니 표정에까지 그게 나타난 모양입니다."

박 지점장은 얼른 표정을 바꾸려는 노력을 하는 것 같았지만 그 효과는 별로 뚜렷하지 않았다. 그러던 그는 도리어 김 원장의 표정을 살피면서 말문을 열었다.

"원장님께서도 감지하셨겠지만 저는 지난번에 코칭 교육을 받고 나서 현시점에서는 코칭이야말로 우리를 정상까지 인도할 길잡이 역할을 할 것이 틀림없다고 확신했습니다. 그래서 그 사이에 얼마나 열심히 코칭에 주력해 왔는지 알 만한 사람은 다 압니다."

박 지점장이 이렇게 말할 때에는 자신의 노력에 대한 성과가 미흡하거나 그 노력 자체가 잘 먹혀들지 않는 것을 불만스럽게 생각하고 있다는 뜻이었다. 김 원장은 자신도 모르게 온기를 머금은 채 얼굴 가득 번지는 미소를 띠어 보이며 말했다.

"예, 박 지점장님께서 매우 열심히 다각도로 코칭에 주력하고 계신다는 소식을 잘 듣고 있답니다. 그런데 왜…… 무슨 문제라도 있습니까?"

"글쎄요, 제 자신의 부족함을 탓해야 하는 건지 아니면 제 노력을 잘못 받아들이는 세상을 탓해야 하는 건지 모르겠습니다. 제가 지나친 완벽주의자라서 그런 건지도 모르겠고요. 모처럼 제 눈앞을 환하게 해주는 코칭에 대해서 알게 되고 그것을 좀 제대로 시행하려다 보니…… 몇 가지 예상치 않았던 문제가 불거져 나와서 어떻게 대처해야 할지 혼란스럽습니다. 그래서 중간 점검도 해볼 겸 해서 원장님께 왔습니다."

이런 경우에 '적당히'라는 말처럼 사람을 괴롭히는 말도 없다. 우리는 보통 '적당한' 것을 좋아한다. 아무리 좋은 것도 '적당한' 수준을 넘어 다가오면 부담스러움을 느끼기 일쑤이며 원리 원칙도 '적당한' 수준에서 지켜지는 것을 좋다고 여긴다. 그래서 철두철미한 것은 제아무리 옳은 뜻을 지녔다 하더라도 배척당하기 쉬우며 '지나치다'고 여겨질 때가 많다. 아마도 박 지점장이 스스로의 완벽주의 때문에 현장에서 모종의 갈등을 겪고 있다면, 그런 이유 때문일 것이라는 짐작을 떠올리며 김 원장은 물었다.

"예상치 않았던 문제라면 어떤 것을 말씀하시는지요?"

"근본적으로 각자의 능력을 존중해야 하는 코칭의 기본 전제를 충실히 지키는 것에서부터 저는 적지 않은 저항감을 느끼게 됩니다. 현실의 벽에 몇 차례 머리를 부딪치고 난 다음에는 더욱 그 느낌이 커졌습니다. 개개의 구성원들에게 문제 해결 능력이 잠재되어 있다는 생각으로 그들을 마냥 존중해 주자니…… 때에 따라서는 제가 무슨 도를 닦고 있는 건 아닌가 하는 생각마저 들 정도입니다. 원장님께만 드리는 말씀이지만…… 구성원들 중에는 정말로 아무런 가능성도 발견할 수 없는 사람, 아니 할 말로 싹수가 전혀 없는 사람도 있는데…… 그런 걸 눌러 두고 모든 사람들을 오냐 오냐 하면서 대하려니 속에서 열불이 터질 것 같은 때가 한두 번이 아닙니다. 구성원들 각자의 문제 해결 능력을 일깨워 내는 일이 이처럼 어려울 줄은 미처 몰랐습니다. 코칭이 유효한 조직 운영 방법이기는 하지만 그 목적은 분명히 어떤 성과를 이루자는 데 있는 것 아니겠습니까? 그런데…… 전에도 말씀드렸지만 코칭을 통해 성과를 이끌어내기에는 너무 시간이 많이 걸립니다. 또한 코칭을 받아들여서 잠재된 능력을 끄집어내려고 노력해야 할 대상자의 의식 수준도 아직 미흡하기 짝이 없어서…… 기울인 노력에 비해 드러나는 성과가 아주 빈약합니다."

봇물 터진 듯이 쏟아지는 박 지점장의 하소연을 들어 보니, 그가 꽤나 답답해하고 있다는 것을 알 수 있었다.

"맞습니다. 코칭의 목적과 의도는 나무랄 데 없는 것이지만 그것을 시행해 나가는 주체로서 겪는 어려움이 적지 않을 것은 우리의 현실에 비추어 충분히 예상할 수 있었던 일입니다. 지적하신 내용…… 저도 대부분 인정합니다. 말씀하신 대로 성과를 보이기까지 시간이 좀 걸리는 것이 코칭의 문제라면 문제입니다.

그러나 지점장님께서 대하는 구성원의 일부가 전혀 가능성이 없다는 말씀에 대해서 저는 생각을 달리합니다. 지점장님께서는 우선…… 인간은 누구나 어떤 능력을 가지고 있다는 보편적 사실에 대한 이해를 더욱 깊이 가질 필요가 있다고 봅니다. 지점장님이 엄연한 리더의 위치에 서 계시기에 더욱 그래야 한다고 생각합니다. 다만 그 능력의 종류나 정도가 조금씩 다를 뿐이란 걸 아셔야 합니다. 그래야만 지점장님께서는 코칭에 합당한 열린 마음으로 그들에게 다가갈 수 있습니다. 그렇지 않고서는 코칭 자체가 어렵습니다. 잘 생각해 보십시오. 그들이 그렇게 아무런 능력도, 가능성도 가지지 않은 사람이라고 생각하셨다면 애초에 그들을 지점장님의 조직에 받아들이지 않았을 것 아닙니까?

오히려 문제는 지점장님 자신에게 있다고 생각하시는 게 어떻겠습니까? 조직원들 각자가 자신의 문제를 스스로 해결할 수 있는 능력을 길러 준다는 것은 리더로서 충분히 대가를 지불할 만한 가치가 있다고 생각하지 않으십니까?

다만…… 코칭의 효과를 기대하기에는 아직 준비가 안 된 상태에 머물고 있는 분들에 대해서는 무작정 기다리기보다는 몇 가지 방법을 제시하고, 그중 자신에게 적합한 방법을 선택하여 시도할 수 있도록 도와주는 것이 필요할 것입니다."

"그런데 지금까지는 희박한 가능성을 믿고 무작정 기다리면서 인내심을 발휘하려고 했으니 의당 한계를 느낄 수밖에 없었던 것 같습니다."

박 지점장이 선선히 자신에게도 문제점이 없지 않음을 인정하는 말이었다.

"하기야 현재의 우리 자신도 그동안 누군가 주위에 계신 많은 분들께서 많이 참고 기다려 주신 덕분에 지금의 모습으로 있는 것 아닐까요? 알게 모르게 진 빚을 조직원들에게 갚는다고 생각하시면 의욕을 내시는 데 훨씬 도움이 될 것입니다."

"말씀의 뜻에는 십분 공감합니다. 하지만 이 시기가 여유를 가지고 마냥 기다릴 계제는 아닌 것 같아서…… 아무래도 빠른 성과를 올려야 할 때에는 코칭을 시행할 적기가 아닌 것 아닙니까?"

코칭에 대한 의욕이 강했던 만큼 그 반작용으로 박 지점장의 좌절감은 꽤나 깊어 보였다.

"코칭을 시행하면서 그 밖의 다른 어려움은 또 없으셨나요?"

김 원장은 잠시 화제를 돌리기 위해 그렇게 물었다.

"사실은…… 끝까지 경청의 자세를 유지하는 것도 어렵기는 매일 반이었습니다. 입술을 깨물어 가며 상대방의 얘기를 끝까지 들어주려고 정말 노력했습니다. 솔직히…… 그 점에서는 저 자신도 훈련이 안 돼 있는 상태라고 할 수밖에 없겠습니다만, 제게는 정말 벅차고 힘든 일이었습니다. 논리적으로 앞뒤가 맞지 않는 얘기를 끝까지 듣고 있어야 하는 것은 그렇다고 하더라도, 도저히 이해할 수도 없고 동의할 수도 없는 이야기를 상대방의 입장에서 이해하며 들어주는 태도를 견지하자니…… 어휴, 숨이 막힐 것 같았던 때가 한두 번이 아니었습니다."

박 지점장의 말투에서는 어느덧 코칭 자체에 대한 회의감마저 짙게 풍겨 나오고 있었다.

"역시 지점장님은 대단하시군요. 아마도 우리 회사의 지점장님들 가운데 박 지점장님처럼 그렇게 열심히 코칭을 시도하신 분은 그리 많지 않을 것입니다. 그렇게 애를 쓰셨는데 끝까지 좋은 결과를 보셔야지, 이제 와서 마음을 달리 가지시면 되겠습니까? 하나만 여쭤 보겠습니다. 지점장님께서 그렇게까지 인내해 가며 상대방을 존중해 주고 또 상대방의 말을 경청하셨을 때, 혹시 지점장님 자신이나 상대방 쪽에서 뭔가 달라지는 것 같지는 않던가요?"

아닌 게 아니라 박 지점장은 코칭에 대한 교육을 받고 그 효과를 확신했으며, 그것을 시행하는 과정에 조금도 빈틈이 있거나 소홀함이 있어서는 아니 된다는 생각으로 철저히 자신을 억제하며 열심을 다해 왔었다. 그 과정에서 새로운 경험을 얻을 수 있었던 것도 어찌 보면 당연한 일이었다.

"예, 무엇보다도 상대방을 좀 더 잘 이해하게 되었다는 점을 꼽을 수 있습니다. 또한 구성원들이 생각하는 바가 저의 생각과는 여러 모로 다르다는 것도 새삼 깨닫게 되었습니다. 그래서 서로 다름을 긍정하는 바탕 위에서 생산적인 조화를 지향해야 한다는 깨달음도 얻었습니다. 그런데 그 과정에서 생각지도 않았던 문제가 생겼습니다. 제가 이렇다 하게 반론을 제기하지 않고 들어주었던 내용들에 대해 그들은 제가 동의한 것으로 착각을 한 결과…… 어처구니가 없는 현상들이 종종 일어나고 있습니다."

"무슨 말씀인지 이해가 됩니다. 과거 같으면 즉시 방향 수정을 지시하거나 반론을 제기하셨을 텐데 잠자코 경청하시니, 상대방은 지점장님께서 동의를 하는 것으로 착각할 수가 있겠지요."

"불가피하게 그런 문제점들이 생긴다면…… 코칭을 계속해 나갈수록 문제가 더욱 커지는 것 아닌가요?"

박 지점장은 질문 자체보다도 얼굴 표정에 더 큰 의문을 담고서 물었다.

"그렇지 않습니다. 우선 지금처럼 끝까지 경청하시고자 하는 코칭의 기본 정신을 훼손해서는 안 됩니다. 다만 경청한다고 해서 무조건 동의한다는 뜻이 아니라는 것을 상대방에게 주지시켜 줄 필요는 있습니다.

또한 리더는 코칭을 시행하는 중에도 가끔 자신의 확신과 일의 타이밍을 위해 '시키는 대로 해!(You' re doing it, my way!)'라고 명령할 수 있어야 합니다. 'GE'의 제프리 이멜트(Jeffrey R. Immelt) 회장은 1

년에 7~12번 정도 그렇게 명령할 때가 있다고 했습니다. 그는 그 사실을 밝히면서 자기가 1년에 18번 이상 그런 식으로 말하면 좋은 인재들이 회사를 떠나겠지만, 단 3번만 그렇게 말한다면 회사가 무너질 것이라고 했습니다."

김 원장의 얘기가 끝나자마자 박 지점장은 손가락을 튕겨 '딱' 하는 소리를 내면서 말했다.

"그 얘기…… 듣던 중에 아주 속 시원한…… 제 스타일하고 딱 맞아떨어지는 말입니다. 조직 운영을 해 나가려면 그 정도의 강력한 카리스마가 있어야 하는 게 옳다고 생각합니다. 그런 점에서 보더라도 코칭은 역시 우유부단함을 부추기고 결과도 즉각적으로 나타나는 게 아니어서 비효율적이란 생각마저 듭니다. 나중에는 어떨지 모르겠지만 당장은 생산적이지 못해서……."

박 지점장은 말끝을 흐리며 김 원장을 쳐다봤다.

"그렇지만 박 지점장님 같은 코칭 마니아께서 코칭을 포기하신다면 우리 조직은 희망을 찾기 어렵습니다. 지점장님, 지금까지 저는 시스템의 중요성을 강조하며 성공을 위해 우리 조직만의 성공 기술이나 문화마저도 그 시스템의 범주 안에 넣어야 한다는 주장을 해오지 않았습니까? 그런데 사실은 그 시스템이란 것에도 한계가 있습니다. 왜냐하면 그 시스템이란 것도 결국 우리의 구성원들이 창의적으로 가꿔 가지 않으면 살아 있는 시스템이 될 수 없기 때문입니다. 살아 있는 시스템이 아니라면 이미 시스템으로서의 가치가 없는 것이며 시스템으로서의 효과도 창출해 낼 수 없습니다.

지점장님께서도 아시는 바와 같이 지금까지 우리는 성공 기술이나 문화를 정착시키기 위한 수단으로 구성원 전체를 대상으로 하는 '집체 교육'을 활용해 왔습니다. 그러나 최고를 지향하는 것이 우리의 비전이라면…… '집체 교육'이라는 수단만으로는 그 비전을 이룰 수가 없다는 것을 알아야 합니다."

"결국 코칭이 답이라는 말씀이시군요?"

"그렇습니다. 기성화된 일반적 교육 체계로는 최고의 꿈을 가꾸어 나갈 수 없습니다. 따라서 지금 시간이 걸리고 당장 눈에 띄는 결과가 보이지 않는다는 이유로 우리가 어렵게 도입한 코칭이 뿌리를 내리지 못한다면, 우리는 그저 평범한 성공에 만족해야 하는 평범한 리더가 될 뿐입니다. 지금 우리 조직이 주력하여 코칭을 실시하고 있는데 반해 몇몇 지점의 리더들은 이미 실망하거나 그 효과를 불신하며 적극적인 노력을 하지 않고 있습니다. 저로서는 매우 안타깝게 생각되는 일입니다. 코칭의 정착 여부를 곧 성공의 가능성을 가늠해 보는 척도로 삼을 수 있음을 생각할 때, 그런 군소 조직에서 더 이상 높은 정상에 도전을 하기는 어렵다고 생각합니다."

김 원장은 박 지점장 자신이 코칭에 대해 신통치 않아 하는 견해를 갖고 있음을 알게 되었기에 더욱 힘주어서 그 말을 했다.

"원장님의 말씀, 잘 알아듣겠습니다. 그러나 코칭의 실효성을 높이기 위해서는 지금의 형태보다는 우리 회사 현실에 맞게 개발된 별도의 코칭 기법이 필요하다는 것을 꼭 말씀드리고 싶습니다."

"좋습니다. 저도 그 의견에 반대하고 싶지는 않습니다. 코칭이 어떤 틀에 의해 기계적으로 적용되는 것이 아닌 다음에야 '반드시 이렇게 해야만 된다.'라고 하는 정설은 없습니다. 만일 우리만의 코칭 방법이 필요하다면 우리가 서로 머리를 맞대고 연구하고 논의하여 우리 실정에 맞고 좀 더 효과적인 코칭 방법을 찾아가면 되지 않겠습니까?"

김 원장도 박 지점장이 제시한 생각이 옳다고 생각했기에 그렇게 말했다.

"결국 코칭을 계속 시행해 나가라는 말씀이시군요. 사실은 엄살을 좀 부리고 혹을 뗄까 해서 찾아뵌 것인데, 결국 혹을 하나 더 붙인 셈이로군요."

박 지점장은 그렇게 말하며 마지못해 웃음을 지어 보였다.

"그러나 우리 조직의 발전을 위해 리더로서 비전을 갖는다는 것은 위대한 일이고, 또한 마땅히 해야 할 사명이라고 봅니다. 70년대에 정부에서 내걸었던 슬로건 중에 '중단 없는 전진'이란 게 있었지요? 지금 우리는 그 말을 염두에 두고서 일할 때입니다."

"알겠습니다, 원장님. 돌아가서 저희 지점에 합당한 새로운 코칭의 방향에 대한 고민을 좀 해봐야겠습니다. 지금까지 해 왔던 방식으로는 아무래도 제가 지레 지쳐 나가떨어질 판이니까요."

김 원장은 박 지점장을 배웅하며 그의 역량이라면 충분히 현재의 문제점들을 극복해 나갈 것이라는 믿음에서 나오는 따뜻한 시선을 그의 뒷모습에 보낼 수 있었다.

비전을 이루어 가다

코칭에 대한 확신을 가지고 지점 구성원들과 혼신의 노력을 쏟은 박 지점장은 드디어 지점장이라면 누구나 열망하는 '지점 분할'의 위업을 달성하게 되었다. 회사의 사장은 이런 박 지점장을 찾아와 눈부신 사업성과를 올린 데 대해 치하하며 새로운 제안을 하였다.

"박 지점장님, 그동안 참으로 수고가 많으셨습니다."

"사장님께서 몸소 저희 지점까지 방문해 주시니 영광입니다."

박 지점장은 사장의 내미는 손을 마주 잡으며 허리를 깊숙이 숙여 인사했다.

"원 별 말씀을 다하십니다. 내 진작부터 박 지점장님이 이끌어 가시는 이 지점을 찾아와 사원 여러분들의 노고를 격려해야겠다는 생각을 가졌었는데, 어쩌다 보니 이제야 오게 되어 오히려 미안합니다. 사장인 저로서는 얼마 전까지만 해도 여러 가지 어려움이 중첩해 있던 여건 속에서 마침내 지점 분할이라는 성공을 이뤄 내신 박 지점장님이 여간 자랑스러운 게 아닙니다. 이번에 박 지점장님이 달성한 눈부신 성과는 우리 회사의 모든 지점과 거기에 속한 사원들에게는 물론 본사의 관리직 직원들에게도 매우 훌륭한 귀감이 될 것입니다. 가능하다면 앞으로 여러 기회를 통해서 박 지점장님의 탁월한 리더십과 지점 운영 노하우를 회사의 전체 가족들에게 소개할 수 있었으면 좋겠습니다. 사장으로서는 박 지점장님의 이번 승리를 우리 모두의 승리로 승화시켜 나가고 싶습니다."

사장은 거듭 박 지점장이 거둔 성과와 그에 대한 박 지점장과 지점 구성원들의 노고가 대단하다고 진심으로 치하했다.

"사장님의 과분한 칭찬 앞에 몸 둘 바를 모르겠습니다. 따지고 보면 그게 어디 저 혼자서 이룬 일인가요? 회사에서도 지원을 아끼지 않은 덕택이고, 저희 지점의 모든 식구들이 한 마음으로 목표를 향해 희생적인 노력을 기울인 결과입니다. 저는 다만 그 중간에서 심부름 역할을 했을 뿐입니다."

그렇게 말하는 박 지점장의 머릿속으로는 그동안의 수많았던 일들이 주마등처럼 일순간에 스쳐 지나가는 것 같았다.

"리더란 게 원래 심부름꾼 같은 것 아닌가요?"

사장은 호탕하게 웃으며 박 지점장과 배석한 지점의 팀장들을 둘러보았다.

"사실 그동안 말 못하는 가운데 어려운 고비도 많았습니다만 오늘과 같은 날이 오리라는 희망을 버리지 않고 저의 모든 것을 쏟아 부었다는 것만은 자신 있게 말씀드릴 수 있습니다. 막상 오랫동안 목표로 삼았던 고지에 올라서 보니 그저 감개무량할 따름입니다. 사장님의 칭찬과 격려의 말씀, 앞으로 더욱 열심히 하라는 뜻으로 새기고 계속 분발하겠습니다."

성공을 자축하는 분위기 속에서 모두들 함박웃음을 얼굴 가득 피워 올리고 있었다.

"박 지점장님, 사실은 이 자리에서 한 가지 부탁을 드릴 것이 있습니다."

사장은 여전히 벙글벙글 웃으면서 말했다.

"사장님께서 저한테 하실 부탁이라면……? 저야 성심껏 응해 드릴 수밖에 더 있겠습니까? 무엇에 관한 것인지 말씀해 주십시오."

박 지점장은 한껏 궁금하다는 표정을 지으며 사장을 바라보았다.

"어제 회사의 중역회의에서 중요한 결정을 한 가지 했는데…… 박 지점장님을 우리 회사의 영업 담당 임원으로 이사회에 추천하기로 했습니다. 지점의 현안들이 아직도 많이 있는 것으로 압니다만, 더 큰 미래를 위해 기꺼이 수락해 주시면 좋겠습니다."

사장의 말이 끝나기가 무섭게 그 자리에 있던 팀장들이 일제히 환호성을 지르며 박수를 쳤다. 박 지점장은 자신도 모르게 가슴이 뭉클해지며 눈시울이 뜨거워지는 것을 느꼈다.

"사장님, 부족한 저를…… 이렇게 과분할 정도로 인정해 주시니 뭐라고 감사의 인사를 드려야 할지 모르겠습니다. 제게 주신 말씀이 아직 실감나지 않을 만큼 놀랍기도 하고 한편 두려운 생각도 듭니다. 외람된 말씀이지만, 저에게 하루 이틀 생각할 여유를 주십시오."

"물론입니다. 일단 회사는 박 지점장님께서 그 뜻을 받아들여 주실 것으로 믿겠습니다."

사장이 박 지점장의 사업장에 머문 시간은 짧았지만 박 지점장에게는 실로 꿈만 같은 시간이었다.

그로서는 자신의 비전을 이렇게 명쾌하게 이루게 된 현실이 정말 놀랍지 않을 수 없었다. 5년 만에 이루겠다던 지점 분할 목표를 5년이 채 되지 않은 이 시점에 이루었을 뿐만 아니라, 회사의 영업 조직을 총괄하는 영업 담당 임원으로 승진하는 일이 지금 눈앞에 펼쳐지고 있는 것이다.

박 지점장은 자리에 혼자 앉아 눈을 감고 지난 5년간의 세월을 되돌아보았다. 그 얼마나 많은 어려움과 우여곡절이 있었던가! 혼돈과 고통, 실망과 좌절, 실패와 절망, 그리고 그 사이사이 갈피에서 살며시 얼굴을 내미는 성취의 기쁨과 보람 등……. 지점의 구성원들과 함께 울고 웃으며 지내온 그 시간들이 이제는 추억처럼 애틋하게 다가오는 것을 느끼며 박 지점장은 눈가에 흐르는 눈물을 손등으로 훔쳐냈다.

'이제 또 하나의 출발을 하는 것이다! 더 높은 정상을 향해 새로운 시작을 하는 것이다!'

박 지점장은 지금이 바로 다음 행보를 위한 준비에 착수해야 할 때라고 마음을 다잡고, 새로이 열리는 세계를 향하는 심정으로 지점의 문을 나섰다. 그의 발걸음은 날아갈 것만 같은 그의 마음을 담아 마냥 경쾌하였다.

모두의 성공

출근한 김 원장이 막 하루 일과를 시작하려고 할 무렵 전화가 걸려왔다.

"원장님, 안녕하십니까?"

수화기를 통해 박 지점장의 밝은 음성이 흘러나왔다.

"어이구 박 지점장님, 안녕하십니까? 그런데 주변이 시끌시끌한 것 같은데 이 아침 시간에 어디에 계신 겁니까?"

"예, 저희 지점 식구들과 그 가족들을 모시고 태국에 다녀오려고 공항에 나와 있습니다. 이번에 분할한 지점까지 해서 2개 지점 식구들이 모두 함께 갑니다. 지점 분할을 자축하는 의미에서…… 또 그동안 애써 준 지점 식구들의 노고에 보답하는 의미에서 이번 여행을 추진했습니다. 얼마나 보람차고 자랑스러운지 가슴이 벅차오릅니다. 이게 모두 다 원장님께서 그동안 잘 인도해 주신 덕분입니다."

아닌 게 아니라 김 원장도 박 지점장의 얘기를 들은 방금 전부터 가슴속에 가득 차오르는 보람으로 뿌듯함을 느끼고 있었다.

"원 별 말씀을 다하십니다. 지금까지의 모든 결과는 오로지 박 지점장님의 탁월한 리더십이 창출해 낸 것입니다. 다시 한 번 진심으로 축하를 드립니다!"

"아닙니다. 제게 무슨 탁월한 점이 있었겠습니까? 수많은 고비 때마다 원장님께서 정곡을 찌르는 가르침을 주셨고 저는 그 말씀에 따랐을 뿐입니다. 아무튼 다녀와서 찾아뵙고 인사드리겠습니다."

김 원장은 상대방에게 보이지는 않겠지만 자신도 모르게 따뜻한 미소를 띠며 자신의 마음이 그에게 전해지기를 바랐다. 모든 인간관계가 항상 이렇게 서로를 존중하며 아름답게 이어질 수 있다면 얼마나 좋을까 하는 생각도 들었다.

"좋습니다. 많은 인원이 함께 움직이려면 번거로움도 크실 텐데, 아무쪼록 편안하고 즐거운 여행이 되시기를 바랍니다. 그렇지 않아도 저도 박 지점장님께 드리고 싶은 말씀이 있습니다."

"무슨 말씀이신데요?"

"아, 다녀오시면 뵙고서 말씀드리지요. 전화상으로 얘기하기는 좀……."

"원장님, 혹시 제가 영업 담당 임원으로 추천된 건에 대해서 말씀하시려는 것 아닌가요?"

"예, 맞습니다. 벌써 알고 계셨군요."

"네, 엊그제 사장님께서 내방하셨을 때 말씀 들었습니다. 그런데 원장님께서는 그 점에 대해 어떻게 생각하고 계십니까?"

주변의 소란스러움 때문인지 박 지점장의 목소리 톤이 상당히 높아져 있었다.

"말할 것도 없이 저야 대찬성이지요. 박 지점장님이야말로 영업 담당 임원으로서 적임자라고 생각하고 있습니다."

김 원장은 언젠가 박 지점장이 '5년 내에 지점을 분할할 것이고 업계 최초의, 최연소 영업 담당 임원이 되고야 말겠다.'고 자신의 개인적 비전을 토로하던 모습을 떠올리며 다시 한 번 흐뭇한 미소를 지었다.

"원장님, 솔직히 그것이 저로서는 감당키 벅찬 자리라는 생각도 듭니다. 그러나 마음을 정했습니다. 부족한 점이 많기야 하지만 또 다른 성공을 위해 다시 한 번 도전을 할 때라는 생각이 들었기 때문입니다. 여하튼 두려운 마음으로 새롭게 배우고 익히며 저를 믿어 주시는 모든 분들의 기대에 어긋나지 않도록 배전의 노력을 다할 생각입니다. 원장님께서도 지속적으로 저를 돌봐 주시면 큰 힘이 될 것입니다."

영업 담당 임원으로서의 임무와 책임을 두렵게 생각하면서도 그것을 받아들이기로 한 박 지점장의 마음은 새로운 각오와 희망으로 넘쳐 나고 있음을 그 음성과 말투에서 확실히 느낄 수 있었다.

"누구든지 처음에는 다 그런 마음을 가질 것입니다. 그러나 박 지점장님은 충분히 그 직책을 감당하실 수 있는 자질과 준비가 되어 있는 분입니다. 저는 그렇게 믿고 있습니다."

"원장님께서 그렇게 인정해 주시니 제 마음이 한결 가볍습니다. 즐거운 마음으로 여행을 마치고 돌아와서 제일 먼저 찾아뵙겠습니다."

박 지점장의 목소리는 약간의 흥분을 바탕으로 하여 진심과 확신에 찬 의지를 담고서 김 원장의 귓전에 들려왔다. 그 목소리를 둘러싼 여러 사람들의 웃음소리며 왁자지껄한 얘기 소리는 여행을 떠나려는 사람들의 들뜬 분위기를 충분히 짐작케 했다.

박 지점장과의 통화를 끝낸 김 원장은 흐뭇한 미소를 머금은 채 자신의 노트 위에 '리더의 리더'라는 제목 아래 그 필요조건들을 다음과 같이 써 넣었다.

첫째는 '사람의 가능성에 얼마나 큰 관심을 가지고 있느냐.'이다. '사람이 곧 희망'이므로. 사람의 가능성을 외면하는 사람은 결코 위대한 리더가 될 수 없다.

둘째는 '일을 이루어 내는 능력이다.' 모두가 불가능하다고 하더라도 리더의 손에서는 가능해지는 것이 일이다. 모든 성공은 불가능을 가능케 하는 리더에 의해서 완성되는 것이다.

셋째는 '사람을 성공시켜 리더로 세워 가고 있느냐.'이다. 리더는 또 다른 리더를 만들어 낼 수밖에 없다. 리더가 리더로서 위대할 수 있는 것은 또 다른 리더들을 배출해 내는 태반과도 같은 역할을 하기 때문이다.

따라서 '리더의 리더'는 누구에게나 존경을 받아 마땅하다.

제5장 클로징

‘하강기’와 ‘침체기’를 거치는 동안 요구되어지는 변화를 적극적으로 수용한 조직은 병들었다가 건강을 회복하는 생체와도 같다. 장기의 기능이 되살아나고 근육에는 새 힘이 붙는다. 그런 가운데 발전적인 혁신이 거듭 이루어지고 자연스럽게 ‘상승기’를 맞아 오름세를 지속하다 보면 그 조직이 지닌 최고의 목표인 정상에 도달하게 된다. 이렇듯 ‘상승기’를 지나 정상을 향해 수렴해 가는 시기가 바로 ‘조직 순환 사이클’에서 말하는 ‘성숙기’이다. 그리고 이 시기에 필요한 리더십 역량을 ‘성과 역량 리더십’이라 부르며, 그 핵심 내용으로는 세 가지의 중요 요소가 있다.

첫째, ‘성공 문화’를 창조하는 일이다. ‘성숙기’는 구성원들이 마음껏 성공의 달콤함과 그 보람을 구가하는 시기이다. 그리고 그 조직만의 독특한 문화를 일구어 높은 경지의 성공을 완성하는 시기이다. 이 시기에 확립된 조직의 성공 문화는 두고두고 그 조직을 지탱해 나가는 밑받침이 된다. 보다 성숙한 새로운 성공 문화가 재창출될 때까지.

박 지점장은 계속되는 지점의 성장세를 유지하고 그 성공의 높이를 극대화하기 위해 지점 자체의 문화를 다져 나가는 데 총력을 기울였다.

그 첫 번째가 3W(3 Case per Week) 문화였다. 모든 영업 사원이 1주일에 3건 이상의 계약을 성사시키자는 것이다. 물론 여간 힘든 일이 아니었지만 성공을 위해 서로 격려하고 협조하는 가운데 점차 모든 영업 사원이 그 문화에 동참하게 되었다. 결국 3W를 200주 동안 연이어 달성한 영업 사원도 배출될 만큼 3W 문화는 그 지점의 확실한 성공 문화로 자리 잡았다.

두 번째는 아침 출근과 외부 활동 후 귀점 문화였다. 영업 사원들의 대다수는 출퇴근 시간이 다소 탄력적이라는 장점 때문에 이 분야의 직업을 선호한다. 그럼에도 불구하고 박 지점장은 모든 구성원들로 하여금 매일 아침 7시 30분 이전에 출근하도록 하였고 저녁에는 외부 활동을 마치고 반드시 지점에 복귀하여 하루의 활동을 점검하는 시간을 갖도록 생활화시킨 것이다. 처음에는 구성원들의 강한 반발도 있었지만 지금은 그 누구도 반대하는 사람이 없다. 그것이 결국 자신들의 높은 소득과 직결된다는 것을 실감하고 있기 때문이다.

세 번째는 상시적 주말 교육 문화였다. 일반 금융기관들은 주말에 휴점을 하지만 박 지점장은 지점의 영업 사원들을 출근케 하여 한 주간의 영업 활동을 피드백하고 각 판매 프로세스별로 부족한 부분에 대하여 교육을 실시하는 문화를 정착시켜 나갔다. 주말에 가족과 함께 보내는 시간 등을 줄이는 희생이 뒤따라야 했지만 지금은 구성원 모두가 주말 교육 시간을 기다리게 되었다.

물론 이런 성공 문화를 만들어 가는 과정에는 어려움이 많았다. 무엇보다도 영업 사원들의 끊임없는 반발이 가장 큰 어려움이었다. 자유로운 출퇴근 및 자유 시간을 열망하던 사람들이었기 때문에 더욱 그러하였다. 그러나 박 지점장은 한결같이 구성원들을 설득하는 데 게으르지 않았다. '나 자신이 시스템을 능동적으로 끌고 가지 않으면, 결국 시스템이 나를 끌고 갈 것'이라는 경험을 바탕으로 한 강한 신념으로 지점 자체의 성공 시스템을 주도적으로 만들어 간 것이다.

결국은 이런 성공 문화의 정착으로 다른 지점보다 두 배 이상의 실적을 올리는 개가를 이루게 되었다.

둘째, 성공 분위기를 고조시키는 일이다. 일찍이 랜체스터(Frederick William Lanchester)는 조직 관리 시에 중점을 두어야 하는 '분위기'와 '관리'의 중요도 비율을 7:3 으로 하는 것이 가장 효율적이라고 주장하였다. 좋은 사람, 뜻이 맞는 사람과 함께해 나가면 웬만한 어려움은 어려움으로 느껴지지도 않는다. 불가능해 보이는 일도 이루게 된다. 시너지 효과란 그런 분위기에서 얻어지는 플러스적 가치이다. 조직의 구성원들은 누구나, 언제든지 성공을 꿈꾸고 있다. 그러나 같은 방향과 비전을 바라보고 함께할 수 있는 구성원들이 의기투합하여 성공 분위기를 만들어 가는 것이 그 어느 때보다 중요한 때가 이 시기인 것이다. 이렇게 고조된 분위기가 조직으로 하여금 힘든 고지를 넘을 수 있게 하는 것이며 수많은 어려움을 극복하는 마법과도 같은 능력을 발휘하게 하는 것이다.

박 지점장은 영업의 성패는 결국 지점이나 팀, 개인 할 것 없이 분위기에 달려 있다는 확신을 가지고 분위기 고취에 혼신의 힘을 다했다. 그가 시행한 분위기 고취에 대한 몇 가지 사례가 있다.

첫째는, 지점 및 개인의 앵커링(Anchoring)을 지속적으로 실시한 것이다. 여기서 앵커링이란 NLP 기법에서 유래한 것으로, 자신이나 집단의 분위기 고취를 위한 독특한 말이나 행동 등을 통칭한다. 박 지점장은 누구든지 먼저 만나는 사람이 엄지손가락을 치켜들며 '당신 멋져!' 또는 '당신이 최고!'라는 앵커링 멘트를 하도록 분위기를 만들어 갔다. 물론 처음에는 겸연쩍어하거나 유치하다고 웃어넘기려는 구성원도 있었지만 어느 정도 시간이 지나면서부터는 그 말이 아주 진지한 지점의 앵커링 멘트로 자리 잡게 되었다. 그것이 서로에게 많은 용기와 격려가 된다는 사실을 점차 알게 되었기 때문이었다.

둘째는, 각종 시상의 실시였다. 그중에서도 가장 큰 인기를 끈 것은 단연 해외 관광 시상이었다. 개인 및 가족 초대, 팀별, 지점 전체 등의 다양한 규모로 실시한 해외 관광 시상은 지점 구성원들로 하여금 지칠 줄 모르고 영업에 전념하게 하는 기폭제가 되었다. 특히 사랑하는 가족을 동반케 한 해외여행은 지점 구성원들에게 잊지 못할 좋은 추억을 가꾸게 하였고, 그것은 곧 영업에 더욱 분발케 하는 계기가 되었다.

셋째는, 구성원들로 하여금 지속적으로 자기 성공의 암시를 하도록 이끈 것이었다. 겉으로 보기에 대개의 영업 조직은 열정과 에너지가 넘치는 조직이다. 하지만 박 지점장은 구성원 개개인의 분위기 고취 없이는 그러한 집단적 열정도 공허할 수밖에 없다는 판단을 했다. 그래서 지점 내의 조용한 방에 오디오 시스템을 갖추어 놓고 누구든지 틈이 나면 그 방에서 음악을 들으며 자신의 성공 이미지를 가꾸어 가도록 했다.

이와 같은 분위기 고취 전략으로 지점에는 항상 생기가 넘쳐나게 되었다. 다소 어려운 일이 겹치더라도 충분히 극복할 수 있는 준비를 갖춘 것이다. 대다수의 지점 구성원들이 이런 박 지점장의 시의 적절한 분위기 고취 리더십 덕택으로 어려움을 잘 극복하게 되었다고 입을 모으는 것만 보아도 그 효능은 여실히 증명되고도 남는다.

셋째, 코칭을 활용하는 것이다. 성공 시스템에서 빼놓을 수 없는 핵심 요소 가운데 하나가 코칭이다. 조직은 모름지기 성공을 공유할 수 있어야 한다. 성공에 대한 가치와 성공에 대한 노하우 등이 자연스럽게 공유되는 문화의 핵심에 코칭이 있다. 성공의 시스템이 문화로 정착되고 선·후배가 다 같이 성공의 열매를 공유한다면 구성원들은 당연히 높은 긍지와 자부심을 갖게 될 것이다.

박 지점장은 스스로 코치가 되어 7명의 매니저에 대해 매니지먼트 기술 및 리더십에 대한 코칭을 꾸준히 실시해 나갔다. 그 결과 탁월한 매니저들로 조직의 진용을 갖추게 되었다. 또한 그 매니저들은 자신들이 지점장으로부터 받은 코칭을 기반으로 하여 자신의 팀원들에게 또 다른 코칭을 실시함으로써 전체적인 코칭이 이루어지게 되었다.

박 지점장은 매너리즘을 극복하고 자신의 한계를 뛰어넘을 수 있는 좋은 방법이 코칭이라는 확신을 가지고 매사에 코칭을 접목하고자 하는 코칭의 마니아였다. 아무리 훌륭한 사람이라도 부족한 면이 있기 마련이므로, 항상 자신을 돌아보게 하고 자신의 문제점 등을 찾아 교정해 주는 코치가 있는 사람은 행복한 사람일 것이다. 지점 구성원 모두에게 이런 코치가 있어서 항상 바른 길을 인도하도록 도와주는 시스템을 갖춘 것은 성공을 위해 획기적인 사건이 아닐 수 없었다.

박 지점장은 누구든지 자신의 문제를 스스로 해결할 수 있다는 신념을 가지고 코칭을 실시했다. 각각의 구성원들에게 자신들의 문제를 스스로 해결할 수 있는 능력이 있음을 깨닫게 해주는 것, 그것을 코칭의 핵심으로 삼았던 것이다.

그러고서는 긴 시간을 많이 참으면서 기다렸다. 코칭의 기본 개념은 구성원 개개인의 능력을 인정해 주고 주인의식을 갖도록 하는 것이다. 금전으로 환산되는 이익이 치열하게 충돌하는 전쟁터와 같은 영업 현장에서는 결코 쉽지 않은 선택이었지만, 박 지점장은 그것이 결국 성공의 길을 가는 데 가장 큰 자산이 될 것이라는 믿음을 잃지 않았다. 코칭은 매주 1회의 미팅을 원칙으로 하였고 그때마다 코칭 일지를 기록하며 코칭의 목표를 잃지 않도록 배려함으로써 실효성 있는 코칭을 하기 위한 노력을 경주하였다.

아주 재미있는 코칭 사례가 있다.

신 매니저가 매일 늦은 시간까지 팀원들과 술을 마시고 늦게 귀가하는 문제를 해결하고자 신 매니저를 대상으로 코칭을 실시한 예이다. 한 달 동안 퇴근 후 술집을 들르지 않고 집으로 곧장 퇴근하는 것을 우선 코칭의 목표로 삼았다. 그 목표를 적은 종이를 본인의 책상 앞에 붙여 놓았을 뿐만 아니라 다른 동료들에게도 그에 협조해 줄 것을 공지하였다. 또한 그의 가족에게도 통보하여 가족과의 협조 체제도 마련하였다.

사실 신 매니저로서는 늦은 시간에 귀점하여 수고하는 팀원들을 출출한 채로 그냥 귀가시키기가 좀 뭣하기도 했을 터였다. 그리고 팀원들을 격려해 줄 실제적인 필요도 있었고, 또 술을 한잔 같이 하면서 하루 업무에 대한 팀원들의 이야기도 듣고 때로는 피드백도 해주기 위해 그런 자리를 가져 왔기 때문에 굳이 그 문제를 해결하려는 의지가 강하지 않았던 것 같았다. 그러다 급기야 신 매니저의 남편을 비롯한 가족들의 불만이 커지면서 하나의 문제로 부각되게 되었다. 물론 신 매니저도 어느 정도 자제해야 된다는 생각을 가지고 있었지만 그저 습관적으로 행동하고 있었던 것이다.

박 지점장은 이 문제를 해결할 수 있는 대안으로 간단한 간식을 준비해 귀점하는 구성원들의 시장기를 우선 해결하도록 했으며, 그 후 일의 정리를 마친 팀원들과 지점 내에서 하루 일과에 대한 피드백을 하도록 했다. 또한 헤어질 때는 팀 앵커링(Anchoring)으로 활기차게 마무리하는 방법을 제시했다. 처음에는 신 매니저 스스로 매우 어색해하며 적응하는 데 어려움을 보였다. 그러나 차츰 다양한 간식과 응접실 분위기로 변화를 준 미팅 룸을 활용하여 지점 내에서 팀원들과 자연스런 대화를 나눌 수가 있게 되고, 오히려 팀원들이 더 만족해하는 것을 보고 신 매니저는 비로소 강한 의지를 가지고 박 지점장이 제시한 방법을 실천해 나갔다.

술자리에서 오가는 두루뭉술한 대화보다는 좀 더 건설적이고 현실적인 대화가 자리를 잡게 됨에 따라 신 매니저의 팀원들에 대한 코칭도 더욱 높은 효과를 거두게 되었다. 그에 따라 팀원들의 급여가 놀라우리만큼 올라가는 결과를 얻게 되었다.

박 지점장은 술을 마시고 대화하는 것을 좋아하는 몇몇 구성원들을 위해 한 달에 한 번의 마감 미팅과 개개인의 대소사와 관련된 모임 시에 한하여서는 자연스럽게 술자리를 마련하여 운용의 묘를 살려 나가는 것도 잊지 않았다.

이와 같은 박 지점장의 코칭 기술에 힘입어 신 매니저는 회사 내에서 인정을 받는 리더로 자리를 잡게 되었고 가정의 평화도 다시 찾게 되었다.

박 지점장은 지점의 큰 성공의 배후에는 역시 코칭만한 것이 없다고 지금도 기회만 있으면 말하곤 한다.

'성숙기'에 이른 조직의 구성원들이라면 누구나 더 높은 성공을 희

망하며, 그 타이밍을 잘 활용할 줄 아는 혜안을 가진 리더를 열망한다. 그런 리더는 많은 구성원들이 벅찬 감동으로 자신의 일에 긍지와 자부심을 가지고 힘껏 도전할 수 있도록 돕는 사람이다. 결국 구성원들이 지닌 가능성에 대한 최대 공약수를 이끌어 내는 '성과 역량 리더십'이 이 시기에 필요한 이유가 거기에 있다.

제 6장

리더십이란 무엇인가?

결론은 타이밍이다!

"리더십은 소수나 어느 한 사람의 전유물이 아니다.
문제는 리더십이 부족한 것이 아니라 상황에 맞는 다른 종류의
리더십이 빨리 나타나지 않고 있다는 것이다."

해리슨 오웬(Harrison Owen, 'The Spirit of Leadership')

결과만을 중시하면 타이밍을 놓치게 된다

리더를 세우는 데도 타이밍이 필요하다

리더에게도 팔로워십이 필요하다

결국엔 부드러움이 이긴다

좋은 태도가 좋은 리더를 만든다

잭 웰치냐 빌 게이츠냐

타이밍은 리더십의 예술이다

결과만을 중시하면 타이밍을 놓치게 된다.

결과를 내지 못하는 리더십이란 그야말로 공허하다. 누구나 부러워할 만한 결과를 낸다는 것은 리더로서의 보람이자 특권인 것이다. 그래서 많은 리더들은 결과에 집착하게 된다. 또한 리더의 위치에 있는 많은 사람들이 결과물은 곧 리더십의 산물이라고까지 여기는 것도 사실이다. 사람들은 당신에게 물을 것이다. '당신은 리더로서 무엇을 이루었느냐?'라고 말이다.

그러나 잊지 말아야 할 몇 가지가 있다.

첫째, 좋은 나무에 좋은 열매가 맺힌다는 법칙이다. 열매를 맺을 수 없는 나무에서 열매를 구하는 것은 어리석은 행위이다. 리더는 항상 자기 자신에게 나는 과연 열매를 맺을 수 있는 좋은 나무와 같은지를 자문해야 한다. 무리한 결과를 위해 실적을 부풀리는 현상들을 우리는 너무 많이 보아 왔다. 이렇게 기본을 무시한 채 결과만을 유

일한 리더십의 전유물로 여기는 것은 리더십에 대한 큰 오해이다. 좋은 나무가 되기 위한 조건, 즉 훌륭한 리더십이 우선되어야 한다는 것을 결코 잊어서는 안 될 것이다.

둘째, 리더는 매니저와는 다르다는 것을 알아야 한다. 우리는 종종 훌륭한 리더가 되기를 꿈꾸며 항해를 시작했다가 얼마 가지 않아 평범한 매니저라는 항구에 닻을 내려 버리는 사람들을 보게 된다. 그저 구성원들을 조직하고, 일의 순서를 정하여 분담시키고, 질서를 유지시키는 수준에서 머물기를 원한다면 굳이 리더가 되지 않아도 된다. 그런 점에서 매니저와 리더는 근본적으로 다르다. 마치 사자나 호랑이가 사냥을 게을리 하며 풀이나 뜯어 먹음으로써 연명하고 있다면 더 이상 맹수라고 불리기 어려울 것이다.

셋째, 조직 순환 사이클에 따라 성숙기를 기다릴 줄 알아야 한다. 우물가에서 숭늉을 달라고 한다면 누가 보더라도 성급하다고 할 것이다. 물론 리더들에게 항상 충분한 시간이 주어지는 것은 아니다. 또한 리더의 속성상 높은 성취동기를 가지고 있기 때문에 팔로워보다는 조급해질 수 있을 것이다. 그러다 보니 빨리 많은 열매를 얻고 싶은 충동을 억제하기 어려운 것도 사실이다. 그러나 결코 잊어서는 안 되는 것은 때를 기다릴 줄 알아야 한다는 것이다. 그것은 농부가 씨를 뿌리고 나서 열매 맺는 때를 기다리는 것과 같은 이치이다.

대부분의 리더들은 자기 자신이나 주위의 기대에 부응해야 한다는 사명감으로 뭉쳐져 있다. 그렇지만 단순히 결과로만 말해야 한다는 부담으로부터 해방되어야 한다. 헤밍웨이는 그의 소설 〈노인과 바다〉에서 '희망을 품지 않는 것은 죄이다. (It is silly not to hope. it is a sin.)'라고 하였다. 리더들은 명심해야 한다. 끊임없는 파도가 바닷가에 밀려오듯이, 리더는 열매를 수확해야 할 타이밍이 자신에게 계속 다가오고 있다는 희망과 믿음을 버리지 않고 끈질기게 기다릴 줄 알아야 한다.

리더를 세우는 데도 타이밍이 필요하다

조직의 영속성이나 연계성 등 조직의 성장을 위해 리더를 세워 가는 것이 중요하다는 것은 아무리 강조하여도 지나치지 않을 것이다. 그러나 대부분의 경우 차세대 리더로 누구를 언제 어떻게 세워 가야 하느냐 하는 것은 보통 어려운 문제가 아니다. 특히 차세대 리더를 세우는 과정에서 발생하는 많은 다툼과 잡음을 접하게 되면 우리는 더욱 많은 고민을 하게 된다. 과연 리더를 세운다는 것이 이토록 힘들고 고단한 일인가를…….

먼저, 차세대 리더를 세우는 데 적합하지 않은 리더의 유형 몇 가지를 생각해 보기로 하겠다.

첫째, 리더 자신의 성공 체험에 대한 신념이 자기 고집으로 고정된 경우 차세대 리더를 세워 가기가 어렵다. 리더의 성공에 대한 체험과 신념은 그 자체로서 대단하고 훌륭한 것이다. 그렇지만 자신의 성공 경험이 마치 성공의 전부인 양 여기기 때문에 다른 사람들을 신뢰하지 못하는 자기 우월주의자 형태의 교만한 리더라면 문제가 심각하다고 할 것이다. 이런 리더에게는 차세대의 리더를 세워 훈련 기회를 준다는 것을 기대하기 힘들다. 하물며 차세대 리더로 하여금 자신보다 더 훌륭한 리더가 되도록 도와주기는 더욱 어려울 것이다.

둘째, 차세대 리더를 세워 가는 과정에서 자기 식의 방법만을 고집하는 태도를 지닌 리더이다. 환경이나 시대가 바뀌었는데도 여전히 자기가 성공에 도달하는 데 사용했던 방법만을 고집한다면 또 다른 리더를 배출하겠다는 목적 달성을 하기 어렵다. 이와 같은 리더는 자신의 의지와는 달리 고군분투할 수밖에 없다. 그런 리더는 팔로워에게 자신의 방법과 태도만을 강요하며 자신과 같은 수준으로 따라 하지 못하는 것을 이해하지 못할뿐더러 심지어는 무능하다고 치부해 버리는 경향마저 드러낸다.

셋째, 아이러니컬하게도 실질적으로는 차세대의 리더를 키울 의지가 없는 것과 같은 행동, 즉 팔로워에게 일련의 권한을 적기에 위임하지 않는다거나 조직원 중에서 누군가 주목을 받기 시작하면 오히려 견제를 하는 등의 행위를 하는 유형의 리더이다. 카리스마가 강한 리더일수록 그런 경향이 더욱 농후하다는 연구 결과도 있다.

이와 같은 상황에서라면 차세대 리더를 세우는 타이밍을 이야기한다는 것이 얼마나 힘든 것인지 짐작이 될 것이다. 한 사람의 리더가 자신의 팔로워 가운데에서 후속 리더를 선택해 양성한다는 것은 그만큼 성숙한 마인드를 필요로 한다. 그리하여 산술적인 확대를 꾀하는 단세포적인 리더의 형태를 벗어나서 기하급수적인 확대를 도모하는 위대한 리더가 되려면 다른 사람을 리더로 양성할 줄 아는 아량과 능력을 갖추고 이를 실천해야 한다.

그런 자세를 갖추었을 때 비로소 차세대의 리더가 누구인지 또 언제 어떻게 리더로 세워가는 것이 가장 바람직한지를 자연스럽게 알게 되는 것이다.

리더에게도 팔로워십이 필요하다

'팔로워십'을 한마디로 정의한다면 '리더를 리더 되게 돕는 정신'이다. 이것은 힘의 불균형을 인정해야 하는 것이다. 먼저 상대를 있는 그대로 인정하는 것이 중요하다. 또한 상대를 나보다 낫다고 여기는 정신이다.

가장 중요한 팔로워십은 자기 자신에 대한 팔로워십, 또는 셀프 리더십(Self Leadership)이라고 말할 수 있을 것이다. 리더십에서 가장 크고 중요한 비중을 차지하는 것 중의 하나가 자기 절제라고도 말할 수 있는 셀프 리더십이라는 것은 결코 부인할 수 없는 사실이다. 리더는 항상 깊은 자기 성찰로 겸손함을 유지해야 한다. 또한 조직과 관련 분야에 영향력을 미칠 만한 실력을 겸비해야 하는 것은 두말할 필요가 없다.

다음으로 얘기할 수 있는 것이 상사에 대한 팔로워십이다. 리더는 상사를 향한 리더십의 한 축인 팔로워십을 발휘해야 한다는 것을 잊어서는 안 된다. 이 부분이 훈련되지 않아 많은 어려움을 겪는 리더의 경우를 우리는 종종 보게 된다. 가능한 모든 역량을 동원하여 상사를 상사되도록, 자신의 리더를 리더 되도록 돕는 것은 리더로서의 또 다른 역량이다. 또한 상사의 스타일을 파악하여 조화롭게 대응하는 것 역시 리더의 지혜로서 반드시 필요하다.

마지막으로 자기 구성원들에 대한 진정한 팔로워십을 빼 놓을 수 없다. 리더가 구성원들을 휘하의 부하 직원 정도로만 치부한다면 이는 분명히 잘못된 것이다. 옛 어른들은 어린아이 손님이 제일 어렵다고 하였다. 아마 어린아이의 솔직하고 꾸밈 없는 눈으로 평가 받는 것에 대한 두려움을 표현한 말이 아닐까 싶다. 그런 점에서 리더 또한 팔로워들에게 항상 평가 받고 있다는 것을 한시도 잊어서는 안 된다. 그리고 리더는 자신의 팔로워가 팔로워답도록 꾸준히 도와주어야 한다. 이것은 결국 리더 자신이 실력을 갖추고 있어야 가능한 일이다. 그에 더하여 리더는 또한 팔로워 앞에서 항상 투명하고 정직해야 한다.

다시 강조한다면 팔로워십을 위해서는 상대를 있는 그대로 인정하는 것이 중요하다. 각 자의 개성과 인격을 존중한다는 원칙을 지켜야 하는 것이다. 이는 사람의 문제점과 가능성을 별개로 보는 능력이 필요한 대목이다. 항상 상대의 가능성을 믿어 주되 내가 원하는 인재상만을 고집하지 않는 태도이다. 또한 이런 의식을 바탕으로 쌍방향 의사소통의 기술이 필요하다. 그렇기 때문에 항상 상대의 눈높이에서 공감을 동반한 경청이 핵심적으로 필요하다. 잘 듣기만 하여도 리더의 팔로워십은 거의 다 이루었다고 보아도 무리가 없을 것이다.

결국엔 부드러움이 이긴다

골퍼들이 골프를 잘하기 위해서는 어깨와 팔 근육에서 힘을 빼야 한다는 말이 있다. 정확한 힘을 정확한 방향으로 유연하게 쓰려면 신체의 관련 부위에서 힘을 빼는 것이 선결되어야 한다는 뜻일 것이다.

살아가면서 타자를 대할 때 자신의 의견을 힘주어 내세우기보다는 그것을 겸허히 내려놓고 마음을 비우는 것이 얼마나 중요한 것인가 하는 것도 그 사실에 빗대 말할 수 있겠다. 자신의 의견을 내려놓지 않고서는 상대방의 의견을 담을 수 없기 때문이다. 아울러 올바른 리더라면 상대방의 문제점을 발견하려고 하기보다는 먼저 자기 자신에게 문제가 없는지 항상 자신을 돌아보는 태도가 필요하다. 그것은 혹여 자신이 미처 알지 못하거나 깨닫지 못한 문제점이 자신에게 있을 수 있다는 열린 생각을 지녀야 가능한 일이다. 또한 상대가 아직 자신의 생각을 이해하지 못한다면 마침내 이해해 줄 때를 기다려 주는 것 또한 대화를 하고자 하는 리더의 바람직한 자세라 하겠다.

모두가 잘 알다시피 연약해 보이는 물방울이 결국엔 바위도 뚫는다. 일방적으로 강압적이거나 무례할 정도로 자기주장을 타인에게 주입하려는 자세로는 어느 수준 이상의 리더가 되기 어렵다. 구성원들과 자주 부딪치며 불협화음을 내는 리더의 성급함은 결코 긍정적인 결과를 만들어 내지 못한다. 리더 혼자만의 정답을 가지고 구성원들의 추종을 요구하는 것은 진정한 리더십이라고 볼 수 없다. 리더의 가장 중요한 역할은 진정한 우정을 창조해 가는 것일 것이다.

그런 역할은 부드러움에서 나온다. 부딪치지 않고 감싸는 것이 부드러움이다. 경직되지 않고 유연한 것이 부드러움이다. 아무 때나 작용하는 힘이 아니라 필요한 때에 적절한 효력을 발휘하는 것이 부드러움이다. 지는 것 같아 보여도 결국엔 이기는 것이 부드러움이다. 그래서 부드러움은 위대한 성공을 추구하는 리더가 반드시 갖추어야 할 필수 덕목이 되는 것이다.

그러나 한편으로는 탈권위적 리더십이라고 볼 수 있는 부드러움만이 능사는 아니다. 제프리 이멜트 GE 회장은 자신과 같은 리더는 1년에 7번에서 12번 정도는 '시키는 대로 해!'라고 이야기할 수 있어야 한다고 했습니다. 개성과 창의를 존중하되 분명한 방향과 규칙이 숨 쉬는 생명체로서의 리더십이 필요하다는 말이다.

리더가 부드러워야 한다는 말은 곧 구성원들의 가능성에 대한 믿음과 사랑에 리더십의 기반을 두라는 의미이다. 일찍이 장자(莊子)는 '무용지용(無用之用)'이라 하여, 어릴 때 주목 받지 못하던 사람이 나이가 들어 마음껏 재능을 발휘하는 경우에서 보는 것처럼 당장의 능력이 없다고 다그치지 말고 그 쓸모없음이 위대한 인물이 되게 하는 계기가 될 수 있음을 생각하라고 역설하였다.

좋은 태도가 좋은 리더를 만든다

존 맥스웰은 '우리의 삶은 10%의 외부 상황과 그 상황에 대해서 반응하는 90%의 태도에 달려 있다고 확신한다.'고 주장했다. 그 말은 리더십에서 '태도 역량'이 얼마나 큰 비중을 갖는지 잘 나타내고 있다.

'태도 역량'은 그 근본이 우리의 '영(Spirit)'에 근거한 역량으로 인간의 성품 즉, 마음과 깊은 관련이 있다. 따라서 '태도 역량'이야말로 리더십의 가장 기본이라고 할 수 있다. 즉, '인간 됨됨이', '가치의 추구', '인간에 대한 존중', '성실성' '책임감' 등이 모두 '태도 역량'의 영역에 속하고, 이 능력은 결국 리더로 하여금 자신의 능력을 최대한 발휘할 수 있게 하는 에너지 보관소 같은 기능을 하게 된다. 그러나 '태도 역량'은 네 가지 역량 중에서 가장 계발하기가 어렵고, 어느 정도 효력을 발휘할 수 있는 수준에 도달하기까지 오랜 시간을 필요로 한다. 하지만 리더십의 가장 핵심이 되는 역량인 것만큼은 틀림없다고 말할 수 있다. 스티븐 코비 박사가 '실패하는 리더십의 90%는 성품의 결핍에서 비롯된다.'라고 말한 것만 봐도 우리는 '태도 역량'이 리더십에서 얼마나 중요한 부분을 차지하는지를 알 수 있다.

흔히 리더를 지장(智將) · 용장(勇將) · 덕장(德將)으로 분류하기도 하는데, 물론 상황에 따른 평가가 다를 수 있기는 하지만 역시 그중의 제일은 '덕장'이라고 할 수 있겠다. 리더는 명실 공히 그 끝을 볼 줄 알아야 하고, 아울러 그 끝이 좋아야 한다는 것을 우리는 잘 알고 있다. 리더들 가운데 지적 · 감성적 · 신체적 능력을 두루 겸비했음에도 불구하고 리더로서 좋은 결과를 맺지 못하는 것은 대개 그의 '태도 역량'이 부족하기 때문이다.

리더의 삶에서 '태도 역량'이 차지하는 중요성은 아무리 강조해도 지나치지 않다. 특히 그 '태도 역량'은 조직의 '상승기'나 '성숙기' 등 성공 모멘텀이 감지되는 시기보다는 '하강기'나 '침체기'의 어려움 속에서 그 빛이 더욱 빛난다는 사실을 기억해야 할 것이다.

잭 웰치냐 빌 게이츠냐

우리는 현장 리더십을 수행하는 과정에서 간혹 '관계 역량'과 '비전 역량' 중 어느 역량이 조직 관리나 목표 달성을 위해 좀 더 효과가 클 것인가 하는 의문을 갖게 될 때가 있다. 지금부터 현존하는 리더 두 사람을 예로 그 효과를 비교해 보자.

먼저 마이크로소프트 사의 창업자인 빌 게이츠 같은 경우는 '비전 역량'을 더 우위에 두고 기업 경영을 한 것 같다. 그는 높은 IQ를 지닌 사람들을 채용하며 항상 최고의 지성을 강조했다. 그가 마운틴휘트니 고등학교의 학생들을 대상으로 인생에서 꼭 유념해야 될 것 10가지에 대한 연설을 하면서 '공부밖에 모르는 바보한테 잘 보여라. 사회에 나온 다음에는 아마 그 바보 밑에서 일하게 될지도 모르니까.'라고 충고한 대목만 보더라도 그는 '비전 역량'을 높이 평가한 것이 분명한 것 같다. 아마도 컴퓨터 소프트웨어 산업의 개척자로서 무에서 유를 창조해 나갔던 그로서는 당연히 '비전 역량'을 가장 중시할 수밖에 없지 않았나 추측해 볼 수 있을 것이다.

반면, 제너럴 일렉트릭 사의 전 CEO 잭 웰치는 최고의 경쟁력으로 '관계'를 통한 열정을 꼽았다. 그가 GE의 회장이 된지 얼마 되지 않았을 때 회사 내의 어느 부서를 방문하고는 부서원들에게 열정이 없다고 판단한 나머지 그 부서를 통째로 아웃소싱 했다고 한다. 특히, 그 자신만의 독특한 리더십 철학을 담고 있는 '4E 1P'를 내세울 때에도, '4E(Energy, Energizer, Edge, Execution)'를 강조하는 한편 '1P'인 열정(Passion)으로 '4E'를 감싸는 리더십이 진정한 리더십이라고 역설하였다. 물론 사람을 채용할 때는 '4E 1P'를 보기 전 '성실성(Integrity)'이 있느냐와 우수한 사람들을 지휘할 만큼 폭넓은 지식을 가진 '똑똑한(Intelligent)' 사람인가를 먼저 보기는 했다. 그러나 잭 웰치는 기업에 입사하여 최연소 회장의 자리에까지 오르게 되면서 '관계 역량'이 가장 중요하다고 보았을 것이다. 그래서 그는 바쁜 일정 중에도 관계를 개선하는 리더십 교육에 업무 시간의 30%를 사용했다고 한다.

하지만 빌 게이츠나 잭 웰치가 각각 '비전 역량'과 '관계 역량'만으로 리더십의 요체를 삼았을 리는 없다. 그들은 자신이 보다 중시하는 리더십 역량을 주축으로 하되 나머지 역량들을 유효적절하게 조합하여 발휘하면서 조직을 이끌었기 때문에 위대한 성과를 이루어 낼 수 있었고, 이 시대의 수많은 사람들로부터 리더십의 교범으로 존경을 받게 된 것이다.

따라서 세계적인 리더들에 있어서도 단순히 어떤 능력을 중시했느냐 하는 식의 판단은 별로 의미가 없을 것이다. 그들이 위대한 리더로서 우뚝 설 수 있었던 것은 매번 자신들이 직면한 상황에 맞는 리더십을 그때그때 발휘함으로써 끊임없이 조직의 능력을 최대한으로 끌어 올리는 역할을 유지했기 때문일 것이다.

타이밍은 리더십의 예술이다

프래그머티즘 철학의 창시자로 알려진 윌리엄 제임스(William James)는 '생각을 바꾸면 세상이 바뀐다.'라는 명언에 대해 금세기 최고의 발견이라며 찬사를 아끼지 않았다. 이제 우리도 리더십에 대한 패러다임을 바꾸어야 하는 시대를 맞게 된 것이다. 현실은 엄청난 속도로 변화를 요구받고 있을 뿐만 아니라, 실제로 진행되는 변화의 속도 역시 어지러울 정도이다. 물론 '조직 순환 사이클'도 예외는 아니다.

따라서 리더가 몇 가지 리더십의 자질만을 고수하는 것은 이미 시대착오적이며 어리석은 것이다. 상황과 타이밍에 맞는 적극적이고도 시의 적절한 리더십의 발휘야말로 현대를 살아가는 리더의 사명일 것이다.

아일랜드의 극작가 조지 버나드 쇼(Shaw, George Bernard)는 '내가 우물쭈물하다가 이렇게 될 줄 알았다!'라는 문구를 묘비명으로 사용해 달라는 유언을 남겼고, 실제로 그의 묘비명은 그의 유언대로 새겨졌다. 수많은 작품을 통해 많은 업적을 남긴 위대한 작가였지만, 그 묘비명을 떠올릴 때 그도 인생의 중요한 고비에서 타이밍을 놓친 경험이 많았으리라 짐작해 봄 직하다.

개인이나 조직은 정해진 사이클대로 늘 정확하게 움직이지 않는다. 다만, 개인이나 조직의 움직임은 출렁이는 물결처럼 일정하지는 않더라도 높음과 낮음을 반복하며 흘러가는 생명체와 같다는 것만은 분명하다. 오케스트라의 지휘자가 지휘의 타이밍을 놓쳤다면 연주가 어떻게 되겠는가? 리더의 현장도 이와 별반 다르지 않다는 것에 주목해야 한다.

이제 우리 리더들은 정신을 바짝 차려야 하는 것이다. 최소한 박자를 놓치거나 잘못된 박자로 지휘를 해서는 안 된다는 것이다. 하강 국면이라면 조연으로서 희생하며 동기부여를 하는 책임감 있는 리더가 되어야 할 것이다. 침체 국면이라면 관계 개선을 통하여 재건을 위한 열정에 불타오르는 리더의 모습을 보여야 한다. 상승 국면이라면 조직원들과 같은 비전을 바라보고 비전을 이뤄 가기 위한 연출을 해야하며 멘토로서의 역할을 잘 감당하는 비전의 리더가 되어야 한다. 마지막으로 성숙 국면이라면 시스템을 통해 성공 문화를 정착시키며 다음의 비전을 바라봄으로써 한발 앞서 미래를 통찰하는 리더가 돼야 할 것이다.

그러나 우리의 조직은 이렇게 일정한 궤적을 밟으며 매번 규칙적으로 움직이는 것만은 아니다. 여기에 리더의 고민이 있다. 예측하기 힘든 변화가 빠르게 전개되는 현실에 던져진 리더들이란 어떻게 변화할지 모르는 조직의 흐름을 예의 주시하면서 끊임없는 혁신과 도전을 계속해 가야 하는 사람들이다. 흐르지 않는 물은 썩게 될 것이고 구르지 않는 돌에는 이끼가 낄 것이다. 늘 창조적인 시각으로 조직의 흐름을 예견하며 비전을 바라보고 사명감에 불타오르는 리더가 결국에는 승리자가 되는 것이다. 이것이 엄연한 현실이며 진실인 것이다.

농사꾼이 때에 맞는 비와 바람과 햇볕을 기다리듯, 우리의 구성원들도 때에 맞는 리더십이 발휘되기를 원하고 있다는 것을 알아야 한다. 때에 맞는 리더십의 발휘는 구성원들을 감동시킬 뿐만 아니라, 결국 또 다른 위대한 리더를 배출해 내게 되는 것이기 때문이다. 이런 순기능을 통해 조직의 목표를 수십 배, 수백 배까지 초과 달성하는 결과를 얻게 되기도 하는 것이다. 그 때를 얻는 것이 진정한 리더십을 갈망하는 리더들의 궁극이며 또한 보람이자 자랑인 것이다.

에필로그

2010년의 여름은 유난히도 덥고, 긴 장마와 태풍 등이 잇따랐던 것으로 기억된다. 이미 오래 전에 냉방장치의 가동이 멈춘 사무실에 홀로 남아 밤늦도록 무엇에 이끌린 듯 이 땅의 리더들을 마음속에 떠올리며 묵직한 사명감으로 이 원고를 집필했다. 아무튼 인내심으로 이 글을 읽어 주신 독자들께 머리 숙여 감사를 드린다.

리더이거나 리더가 되고자 하는 분이라면 리더십의 원리나 리더의 행동 원칙 등에 대해 이미 여러 경로를 통해 많은 지식을 습득하였을 것으로 알고 있다. 그럼에도 불구하고 여전히 리더십에 대한 풀리지 않는 궁금증을 가지고 있던 분들에게 이 책이 다소나마 도움이 되었기를 바란다. 더구나 작은 의문점이라도 해소되어 현장에서의 활동에 실질적인 도움이 되었다면 필자에게는 더할 나위 없는 영광이자 보람이 될 것이다.

이 글을 마치면서 독자 제위들께 다음의 3가지를 제안하고자 한다.

첫째, 리더십에서 타이밍을 맞추는 일이 얼마나 중요한가에 동감해 주셨기 바란다. 원래 역사엔 만약이란 가정이 있을 수 없다. 동일 사안에 대해 비교 분석할 수 있는 대상이 없기 때문이다. 지나간 시간대의 어떤 결정이 옳았고 잘못이었는지에 대해서는 그 누구도 장담할 수 없다. 그래서 가볍게 내던지는 '이랬어야 했느니 저랬어야 했느니' 하는 식의 비판은 결코 유익하지 않다. 왜냐하면 현재의 사람은 그때 상황에 따른 여건과 주변의 제반 환경들에 대해 잘 알지 못할 것이기 때문이다. 다만, 사람들은 세월이 지난 후 그 결과를 가지고 판단할 수밖에 없다. 그렇기 때문에 리더들의 타이밍에 맞는 리더십이 얼마나 중요한가를 더욱 절감하게 된다. 아마 리더로서 조직을 운영하고 관리해 본 경험이 있는 분들이라면 이에 충분히 공감하였을 것이다.

둘째, 리더십의 4가지 역량에 대한 타이밍을 응용하여 현실에서 활용할 수 있게 되기를 바란다. 물론, 구성원들의 수준, 조직의 문화나 속성, 조직이 추구하는 가치관 등 너무나 다양한 변수가 있지만 '조직의 순환 사이클'에 따른 리더십 발휘는 매우 생동감 넘치는 것이며 흥미진진하기까지 하여 가히 예술의 경지에 필적한다고밖에 표현할 수 없을 것이다. 리더로서 거둘 수 있는 가장 큰 보람 중의 하나가 타이밍을 절묘하게 활용한 리더십으로 위대한 업적을 이루어 냈을 때 얻어지는 것이라고 생각한다. 이는 리더만이 할 수 있는 멋진 작업일 것이다.

셋째, 이 책에서 소개한 4가지 역량을 최대화하기 위한 각자의 역량 개발에 투자가 있으시길 바란다. 모름지기 현대의 모든 조직의 사활 및 발전은 구성원들의 가능성과 능력을 얼마나 잘 발휘하게 하느냐에 달려 있다고 본다. 그런 점에서 구성원들이 자신의 위치에서 최선을 다할 수 있게끔 끌어 주고 도와주는 것이 리더의 가장 큰 본분이라고 해도 과언이 아닐 것이다. 즉 오케스트라의 지휘자와 같이 음악을 연주하기 전에 각 악기 파트를 적재적소에 배치하여야 됨은 물론이거니와 음악을 연주하는 동안에는 연주자에게 타이밍에 맞는 사인을 적기에 줌으로써 전체 연주의 조화로움을 구현해 내야 아름다운 음악 연주를 할 수 있는 것과 같은 이치일 것이다. 그리하여 위대한 리더가 많이 배출되는 조직일수록 건강하고 발전하는 조직이라고 할 것이다.

끝으로 이 책이 나오기까지 격려와 배려를 아끼지 않으신 PCA생명의 김영진 사장님과 Training Academy의 김상래 부장과 스태프들 및 양우석 차장에게 감사드리며 부족한 원고를 출판하기까지 수고를 아끼지 않으신 도서출판 물푸레의 우문식 사장님과 그 스태프들 모두에게 깊은 감사를 드린다.

아울러 늘 기도로 용기를 준 사랑하는 아내 김혜선, 포병 장교로 국토방위에 여념이 없는 큰아들 김성찬 중위, 외국 유학의 길을 선택한 막내아들 김예찬, 또한 선한교회 임춘배 담임목사님과 성도들, 특히 고상돈 님에게 이 지면을 빌어 깊은 감사를 드립니다.

미천한 지식을 극복하고 이 책을 탈고할 수 있도록 영감을 허락하신 하나님께 영광을 돌린다.

부족함에 대한 독자 제위의 지도 편달을 기다리며…….

2011년 3월

저자 김대희